プロダクト・イノベーションの経済分析

OHASHI Hiroshi
大橋 弘 ◆ 編

PRODUCT
INNOVATION

東京大学出版会

The Economics of Product Innovation: An Empirical Approach
Hiroshi OHASHI, Editor
University of Tokyo Press, 2014
ISBN978-4-13-040261-3

はじめに

わが国における経済・社会の活性化を図るうえで，需要を創出するような技術革新——プロダクト・イノベーション——が重要な役割を果たしうることは，これまで多くの識者に指摘をされてきた．しかしながら，経済学の分野に限ってみても，プロダクト・イノベーションに対する理解は未だ十分とは言えない状況にある．その大きな理由の1つは，プロダクト・イノベーションのもつ本来的な特性に由来する．つまりプロダクト・イノベーションは，それぞれの事例がユニークな画期性を有することにその特徴があることから，横断的に比較・対照しながら普遍的に論じることが難しい研究対象なのである．

こうしたプロダクト・イノベーションを巡る研究の状況を十分に認識したうえで，本書はわが国でこれまでなされてきた「イノベーション研究」とは異なるアプローチを用いることで，経済学の観点からプロダクト・イノベーションの理解を深めようとする試みである．本書では経済学の最先端の手法を用いた研究成果を踏まえつつ，この分野に関心のある初学者や実務家にも手に取ってもらえるよう，章立てやイノベーション事例の選定に特に意を払っている．また政策的な含意に対しても一定程度の紙幅を割いた．本書がわが国におけるプロダクト・イノベーション研究にわずかながらでも画期性（強いていうならばイノベーション）をもたらしうるものとなっているか，読者諸兄姉のご批判を乞いたい．

本書は，2007年度から2010年度にかけて文部科学省 科学技術政策研究所（2013年度から科学技術・学術政策研究所と改称．以下「NISTEP」）の第1研究グループにて編著者（大橋）が客員総括主任研究官を務めていた当時に，同グループの研究員・客員研究官だった本書の執筆者等と行った共同作業の成果が出発点になっている．今回本書を上梓するに当たり，新たな定量分析を加えるなどして，学術的にも一定レベルの高い質を維持することを心がけるととも

に，書籍全体としての統一感を出すために，全章を通しで書き下ろした．

多くの方々の支援の下に本書は書き上げられた．まず本書の執筆者は NISTEP の第 1 研究グループに集った研究者であり，そうした縁と研究環境を与えてくれた NISTEP に感謝を申し上げたい．本書の下敷きになっている調査研究に対しては，(以下敬称略) Anthony Arundel (国連大学/タスマニア大学)，Ashish Arora (デューク大学)，青木玲子 (一橋大学)，安藤晴彦 (一橋大学)，伊地知寛博 (成城大学)，岡田羊祐 (一橋大学)，小田切宏之 (公正取引委員会)，桑原輝隆 (政策研究大学院大学)，後藤晃 (政策研究大学院大学)，中馬宏之 (一橋大学)，長岡貞男 (一橋大学)，深尾京司 (一橋大学)，藤田昌久 (経済産業研究所)，宮川努 (学習院大学)，元橋一之 (東京大学)，森川正之 (経済産業研究所)，吉川洋 (東京大学) を含む数えきれない方々から貴重なコメントを頂いた．記して謝辞に代えさせて頂きたい．

2014 年 1 月　大橋　弘

目 次

はじめに i

第1章 わが国におけるイノベーションを取り巻く環境 1

第Ⅰ部 イノベーション測定　俯瞰的アプローチと微視的アプローチ 15

第2章 俯瞰的アプローチ——JNIS にみるわが国のイノベーションの現状 17
　第1節　イノベーションに関する調査 17
　第2節　わが国のイノベーションの現状 21
　　2.1　JNIS の調査概要 21
　　2.2　技術的イノベーションの実現状況 28
　第3節　プロダクト・イノベーションの特徴 33
　　3.1　わが国における現状 33
　　3.2　画期性と売上高 38
　第4節　国際比較からみたわが国の現状 41
　　4.1　国際比較における留意点 41
　　4.2　調査結果 43
　第5節　小括 46

第3章 微視的アプローチ——構造形推定 49
　第1節　微視的アプローチの目的と射程 50
　第2節　イノベーション測定手法 52
　　2.1　新商品の画期性 52

	2.2 画期性と厚生評価	54
	2.3 厚生評価と需要推定	55
第3節	データの特性	57
	3.1 顕示選好と表明選好	57
	3.2 市場データと個票データ	58
第4節	需要推定の手法	59
	4.1 問題の所在	59
	4.2 解決方法	60
第5節	構造形推定とイノベーション評価	63

第II部 事例研究 微視的アプローチによる定量分析 … 67

第4章 事例 I：太陽光発電——公的補助の役割 … 69

- 第1節 背景 … 69
- 第2節 対象 … 70
  - 2.1 太陽光発電とは … 70
  - 2.2 太陽光発電の導入量 … 71
  - 2.3 太陽電池セルの種類とその特徴 … 73
  - 2.4 太陽電池の生産量と学習効果 … 75
- 第3節 分析 … 78
  - 3.1 政府による普及政策 … 79
  - 3.2 公的補助金の普及へのインパクト … 81
  - 3.3 太陽光発電のCO_2削減効果 … 90
  - 3.4 補助金の社会厚生 … 93
- 第4節 小括 … 93

第5章 事例 II：ハイビジョンテレビ——補完財の役割 … 97

- 第1節 背景 … 97
- 第2節 対象 … 99
  - 2.1 地上デジタル放送とハイビジョン化 … 99
  - 2.2 薄型テレビの普及 … 101
  - 2.3 生産技術の革新 … 103
- 第3節 分析 … 107

3.1	需要モデル	*107*
3.2	データ	*108*
3.3	推定手法	*110*
3.4	推定結果	*111*
3.5	新製品がもたらす経済価値の測定手法	*114*
3.6	厚生分析	*116*
3.7	地上デジタル放送が新製品の普及に与えた影響	*121*
第4節	小括	*124*

第6章　事例III：スタチン系製剤——フォローオン・イノベーションの役割 *127*

- 第1節　背景 *127*
- 第2節　対象 *129*
- 第3節　分析 *135*
  - 3.1　需要関数の推定 *137*
  - 3.2　先発スタチンの収益に対する影響 *142*
  - 3.3　コレステロール値改善への効果 *145*
  - 3.4　品質調整済み価格指数による経済厚生評価 *148*
- 第4節　小括 *152*

第III部　イノベーション創出に向けて　市場の役割と政策への含意 *155*

第7章　市場の役割と限界——「4つの視点」から *157*

- 第1節　4つの視点 *158*
- 第2節　市場規模 *158*
- 第3節　技術機会 *162*
- 第4節　市場構造 *164*
- 第5節　専有可能性 *166*

第8章　イノベーション政策に向けて *171*

- 第1節　市場の失敗 *172*
- 第2節　イノベーション政策体系 *175*

第 3 節　JNIS から得られる 3 つの論点 *176*
　　　　　3.1　知的財産権 *177*
　　　　　3.2　企業提携・合併 *179*
　　　　　3.3　公的助成 *181*
　　　　　3.4　中小企業政策 *184*
　　　第 4 節　小括 *191*

補論 A　構造形推定 *193*
　　　第 1 節　離散選択モデルによる需要関数 *194*
　　　第 2 節　内生性への対応 *201*
　　　第 3 節　消費者厚生 *205*
　　　第 4 節　供給モデル *206*

補論 B　イノベーション事例の選定方法 *209*
　　　第 1 節　インパクト調査 *209*
　　　第 2 節　経済的・社会的インパクトからの事例選定方法 *210*

補論 C　ヘドニック法 *217*
　　　第 1 節　ヘドニック法による欠損値の補完 *217*
　　　第 2 節　品質調整済み価格指数 *218*

補論 D　技術の取得・提供に関する定量分析 *221*
　　　第 1 節　分析モデルと推定手法 *221*
　　　第 2 節　推定結果 *223*
　　　　　2.1　特許のライセンス契約 *223*
　　　　　2.2　企業提携 *224*
　　　　　2.3　オープンソース *224*

おわりに *229*

参考文献 *231*

事項索引 *241*

人名索引 *248*

執筆者および分担一覧 *251*

第1章

わが国におけるイノベーションを取り巻く環境

　日本はいま社会的・経済的な活力の減退につながりかねない数多くの問題に直面している．人口減少下での高齢化によって，新興国に比べて労働力が長期的に減少し，多くの分野で国内市場が縮小することが予想されている．歳出の半分以上を国債発行に頼らざるをえない深刻な財政赤字と累積債務により，増税を含む国民負担の更なる増加は避けがたい．加えて2011年3月の東日本大震災によって，わが国は人的・物的に甚大な被害を受けた．震災時の大津波によって発生した東京電力福島第一原子力発電所における事故をきっかけとして，わが国の自然災害リスクまでもが顕在化し，産業空洞化が懸念されている．

　こうした様々な問題を乗り越え，社会的・経済的な活力を取り戻すために，「イノベーション」に対する期待がわが国においてこれまでになく高まっている．

イノベーションとは

　「イノベーション」という用語は科学技術と並列して語られることが多い．実際に2011年の「科学技術白書」には「科学技術イノベーション政策」という用語も登場している[1]．しかしこの「イノベーション」という言葉は，その定義となると識者や文脈によってまちまちではっきりしない．

　わが国ではイノベーションをしばしば「技術革新」と訳すことが多いが，本書では「新たな製品やサービスを登場させ，あるいは既存製品やサービスをより効率的に生み出すことなどを通じて，社会的・経済的な価値を新たに創りだす活動」と定義したい．このイノベーションの定義は，「科学技術」の1つの側面を取り出して再定義したものと捉えることができる．「科学技術」とは，知識獲得や学理構築のために知識を生み出す「科学」と，社会の利益に直結するよう

---

[1]　「科学技術イノベーション政策」の対象となる科学技術イノベーションとは，「科学的な発見や発明等による新たな知識を基にした知的・文化的価値の創造と，それらの知識を発展させて経済的，社会的・公共的価値の創造に結び付ける革新」（文部科学省 (2011)）とされている．

な実用可能な応用研究を行う「技術」とを融合させた概念である．しかし明治維新期に学問体系をヨーロッパから移入した日本は，欧米の脅威の前に国家基盤を短期間に固めなければならなかったことから，研究成果がすぐ利用可能となるような「技術」を重視する形で科学技術の振興がはかられた歴史がある[2]．つまり，わが国における「科学技術」は，科学的原理や技術的課題の解決方法を発見することによって新たな知識を創出する活動（狭義の「科学技術」）のみならず，その知識で社会に貢献する活動（広義の「科学技術」）を意味する用語といえるだろう．本書では，こうした多義的な意味合いを持つ「科学技術」のうち，研究成果が経済・社会に対して貢献する側面に分析の焦点を絞ることを明確にするために，「イノベーション」という用語を使うことにしたい．

　本書の定義によれば，たとえば重要な科学的発見と考えられる下村脩氏（2008年にノーベル化学賞受賞）による緑色蛍光タンパク質や，技術的な発明である岩崎俊一氏による垂直磁気記録方式は，現段階ではイノベーションとは言い難いことになる．これらの発見や発明が，製品やサービス[3]に体化されて社会的・経済的な価値を生み出すには，更なる研究開発を必要とされるからである．またわが国が取り組んでいる環境や医療に関わるイノベーションの中にも，イノベーションの範疇に入らないものがありそうだ．たとえば，iPS 細胞の発見は，将来の医学における治療に変革を与えるような科学的発見であるが，実用化の道のりを考えると現在のところ未だ「イノベーション」とよぶ段階にあるとは言い難い．

　なおイノベーションによって新たに作り出される「経済的・社会的な価値」は，念頭に置く事例や状況に応じて様々な態様をとりうる．たとえば経済的な価値とは，イノベーションの市場規模を指すこともあるだろうし，そのイノベーションを生み出した企業の利潤を意味することもあるだろう．あるいは社会的な価値とは，ツイッターやフェイスブックといった交流サイト (SNS) の普及に伴うコミュニケーションの増加による便益と考えられるかもしれない．ここではイノベーションの価値とは必ずしも商業的な側面にとどまるわけではない，という点を指摘しておきたい[4]．

---

2) たとえば村上 (2010) はわが国が技術偏重であることを指摘している．中山 (1995: 1) はわが国が「市場目当ての，いわば金儲けの科学技術に徹してきた」としているが，技術的な応用研究を重視してきたという点で同様の指摘と考えられる．小林 (2012) も参照のこと．
3) 以下では製品・サービスを総称して「商品」という．
4) 科学技術で見られるように，新たな知識の創出や発見が人類を啓発するということがイノベーションでも見られれば，それはイノベーションの価値として含まれるだろう．

上で述べたイノベーションと科学技術のマッピングを試みると図表1-1のように表せるように思われる．この図表は科学技術とイノベーションの相互関係をインプット（新規の科学的知見を利用するか否か）とアウトプット（商品として社会に還元されているか否か）の2つの軸で表現したものである．

　科学技術は，狭義には科学的原理や技術的課題の解決方法を発見することによって新たな知識を創出する「知識創出活動」を指すが，広義には「知識創出活動」に基づいて商品を社会に提供し，社会・経済に貢献することを意味する．他方でイノベーションは，商品の形で新たに創り出された社会的・経済的な価値を社会に還元する活動を指している．もちろんイノベーションを起こすために科学や技術から生み出される最先端の成果が不可欠とされるわけではない．既に知られている科学的知識や技術的な手法を巧みに組み合わせることによって，イノベーションが起こることもある．この点で図表のように，科学技術から見たイノベーションがカバーする範囲は，イノベーションそのものの活動範囲よりも狭いことになる．

　これまで「知識創出活動」に特化していた科学技術は，図表1-1の矢印のように，次第にイノベーションへとその射程範囲を拡大してきたというのが最近の状況であろう．冒頭で触れた「科学技術イノベーション」は，その問題意識が科学技術から派生していることから，図表のように科学技術から生み出されたイノベーションに限定されているものと考えられる．言い換えれば「科学技術イノベーション」には，科学や技術に依らずに生まれたイノベーションや，イノベーションに繋がらなかった科学や技術は含まれない．

　なお図表1-1はあくまで科学，技術，イノベーションについて静的な分類を試みたに過ぎず，イノベーションが誕生する道筋・過程を表現したものではない．現実にはイノベーションが生み出されてくる道のりは，それぞれのイノベーションに応じて千差万別のはずであり，直線的に唯一の道筋があるわけではない．本書はイノベーションが持つ異質性に配慮しながら，イノベーションに影響を与える経済要因を特定化し，その定量的なインパクトを評価しようとする試みである[5]．

---

5) ここで説明したように科学的発見や技術的発明とイノベーションとの多様な相互作用を認める見方を「連鎖モデル」ということがある．この見方は，科学・技術が単線的にイノベーションを生み出すという「リニアモデル」と対比されることが多い．小田切 (2006) や一橋大学イノベーション研究センター (2001) を参照のこと．

図表 1-1 「科学技術」とイノベーション[6]

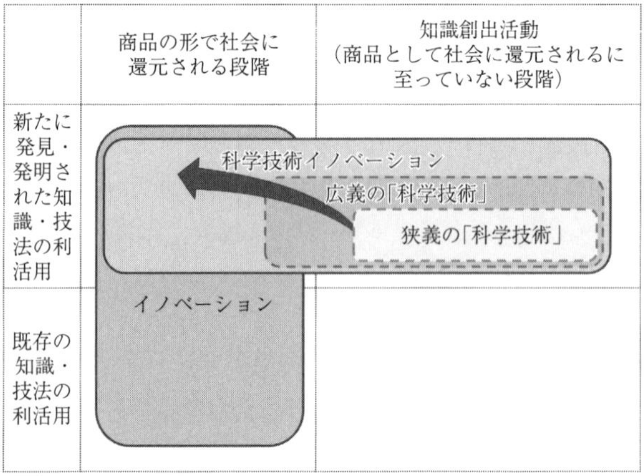

	商品の形で社会に還元される段階	知識創出活動 （商品として社会に還元されるに至っていない段階）
新たに発見・発明された知識・技法の利活用	科学技術イノベーション 広義の「科学技術」 狭義の「科学技術」	
既存の知識・技法の利活用	イノベーション	

　本書におけるイノベーションの定義は Schumpeter (1934) が新結合の例として挙げた4類型を意識したものでもある．4類型とはプロダクト・イノベーション（新しい財貨の生産）とプロセス・イノベーション（新しい生産方法の導入），マーケティング・イノベーション（新しい販売先の開拓・新しい仕入先の獲得[7]），そして組織イノベーション（新しい組織の実現）である．慢性的なデフレギャップ（国内需要の縮小と過剰供給）に悩むわが国において，この4つのイノベーション類型の中でも特に注目をされているのが新たな需要を創出するプロダクト・イノベーションであろう．本書では後述する理由から，とりわけプロダクト・イノベーションに焦点を当てた分析を行う[8]．

「イノベーション政策」の重要性

　知識創出活動（図表 1-1 右側）において政策的介入の必要性を最初に指摘したのは，Nelson (1959) と Arrow (1962) である．彼らの主張のポイントは，知識は模倣が容易であるが故に私的な経済主体が独占的に有することが困難だと

---

6) なお図表 1-1 における面積は必ずしもそれに対応する活動の相対的な広がりや活性度を表しているわけではない．
7) Schumpeter (1934) では本文のマーケティング・イノベーションのうち，新しい販売先の開拓を独立のイノベーションと見なして計5類型として議論している．
8) 本書1ページ目におけるイノベーションの定義からプロセス・イノベーションの概念を除くことで，プロダクト・イノベーションを定義することができる．つまり「新たな商品を登場させることを通じて，経済的・社会的な価値を新たに創りだす活動」がプロダクト・イノベーションの定義となる．

いう点にある．さらに知識の模倣が容易であればあるほど知識を生産することへの誘因は削がれてしまう．研究開発に費用と時間を投じて生み出したせっかくの知識が，第三者に簡単にまねをされてしまうのであれば，誰も新しい知識を率先して生み出そうとはしないだろう．経済学的にいうと知識が公共財的な側面をもつことからくる「市場の失敗」が起きているのだ．その結果として生産される知識の量[9]は社会的に望ましいとされる水準よりも過少になるおそれがある．このとき市場が提供できない知識を生産するための誘因を，政策的な手段を用いて補完することで，社会的に最適なレベルへ回復することが可能である．経済学では，以上の点から知識創出活動に対する政策関与が理論的に正当化できるとされる．

「知識創出活動」では市場の失敗による政策関与が学問的にも正当化され，様々な施策がとられてきたが，「イノベーション活動」では政策的な関与を行うことにわが国を含め海外諸国ではどちらかといえばこれまで抑制的であったと言える．おそらく理由として，イノベーションは営利目的で企業等が商品を提供することを通じて，社会的・経済的な付加価値を創出すると想定されたからではないかと思われる．イノベーションを民間企業が担うべき活動であるとするならば，市場が正常に機能している限り，政策の関与は逆に民間活動を圧迫（クラウド・アウト）することが懸念される．

しかし 21 世紀に入ってから欧米諸国では国家戦略としてイノベーションを重視する姿勢が打ち出されるようになり[10]，2008 年秋のリーマンショック[11]以降，経済政策とも連携させることによる本格的な動きが強まっている．たとえば米国はイノベーションを将来の高い生活の質や雇用確保の梃子として推進することを謳った「米国イノベーション戦略」(2009) を発表し，EU は知識・イノベーションを基盤とした経済の発展を優先事項とする「EU 新戦略」(2010 年 3 月) を打ち出した．さらには OECD でも「OECD イノベーション戦略」を発

---

9) 知識の「量」をどのようにして測るのかは第 3 章でも触れるように難しい問題である．ここでは仮に知識を計量できたものとして議論をしている．
10) たとえば米国では "Innovate America"（Palmisano report (Council on Competitiveness, 2004)：民間組織である「競争力協議会」が産学官のトップ 400 名を擁して発足したナショナル・イノベーション・イニシアティブによる議論を IBM Palmisano CEO（肩書当時）が取りまとめたレポート），欧州では "Creating an Innovative Europe"（Aho Report (European Communities, 2006)：EU ハンプトン・サミットの議論を受けてフィンランド Esko Aho 前首相（肩書当時）を議長とする独立専門家グループによって取りまとめられたレポート）が出されている．この時期の政策動向については，科学技術政策研究所 (2007) が詳しい．
11) 2008 年 9 月 15 日に，米国の投資銀行リーマン・ブラザーズが破たんした出来事が，世界同時不況の引き金になったことを指す．

表し，企業のイノベーションを喚起する取り組みを求めている[12]．

　わが国においても，冒頭で述べた急激な少子高齢化を初めとする様々な課題を克服すべく，知識創出活動によって得られた成果を新たな需要創造に繋げるようなイノベーションの役割に大きな期待がよせられている．他方で，これまで厳しい財政状況の中で科学技術に対する投資を継続的に行ってきたにもかかわらず，科学技術の成果が社会に十分生かされていないのではないか，という懸念も根強くある．2011年秋に策定された第4期科学技術基本計画で，「科学技術イノベーション」政策という用語が初めて登場したのも，従来のように知識創出活動に重点を置いた科学技術政策では，わが国が直面する課題を乗り越えることができないとの強い危機感の顕れのように思われる．

　科学技術の範囲を逸脱することなく，政策の中核的な柱としてイノベーションを科学技術の出口とする意図が「科学技術イノベーション」政策という言葉に込められているのかもしれない．しかし，図表1-1でも触れたように科学技術が生み出す新しい知識のみが必ずしもイノベーションに繋がるわけではない．既に知られた技法であっても，たとえばユーザーが改良することによって社会的・経済的な価値を生み出すようなイノベーションとなりうる (von Hippel, 2006; 小川, 2013)．イノベーションを促進するための「イノベーション政策」は，イノベーションの創出を科学技術に限定しないという意味で，科学技術イノベーション政策よりもその対象範囲を広くみなすことができるだろう[13]．本書では，科学技術がシーズとなっているかどうかに囚われることなく，従来の科学技術の範囲を超えてイノベーションを創出することの政策的な意義を考えたいとの思いから，あえて科学技術の用語を排した「イノベーション政策」という言葉を用いて以下議論をしたい．

イノベーション政策における定量分析

　従来の科学技術政策では，科学技術分野の中から特定された複数分野を抽出し，その分野に対して研究開発を重点的に行ってきた．たとえば，第3期科学技術基本計画（2005～2010年度）では，重点8分野（ライフサイエンス，情報

---

[12] 米国やEU（欧州連合）およびOECD（経済協力開発機構）のイノベーション政策の動向については，たとえば科学技術振興機構 (2010) に詳しい．また米国イノベーション戦略やEU新戦略については，たとえば国立国会図書館 (2011) を参照のこと．

[13] 科学技術は文部科学省が主として担当し，イノベーションは経済産業省が主に担当するというような縦割りの考え方がわが国に存在するように見受けられる．他方で，こうした縦割り行政を見直す動きは加速している．

通信，環境，ナノテクノロジー・材料の重点推進 4 分野とエネルギー，製造技術，社会基盤，フロンティアの推進 4 分野）を設定し，その分野において大学・企業を中心とした研究と開発を重点的に進めていく体制を作った．この基本計画では「イノベーションの戦略的な創出」が掲げられ，イノベーションという用語が実に 40 回近くも登場したことが話題になったが，その内実は各分野における科学技術の推進が関心の的であり，知識創出活動の主体は科学者や技術者，あるいは彼らが属する企業や大学等であった．

「イノベーション政策」においては，新製品やサービス（以下「新商品」という）を生み出す企業等の供給主体のみならず，そうした新商品を購入する需要家も重要な役割を担う．どんなに画期的な商品が生み出されたとしても，それが世の中に普及しなければ，社会的な価値は乏しくまた経済的な付加価値も生み出されない．つまり，イノベーション政策には国民社会のニーズ・要請をくみ取って施策に生かすという，これまで十分に検討されてこなかった需要家側の視点が必要とされる．新たに生み出された商品がどのように需要家に受け入れられて普及するのか，それによってどの程度の社会的・経済的な価値が創造されるのか．どのような政策がイノベーション創造による付加価値を費用対効果の点で向上させるのか．こうした視点からの定量的・定性的な分析は，イノベーション政策を立案・検討していくうえできわめて有効と考えられるにもかかわらず，これまで経済学の研究対象にはされてこなかったように見受けられる[14]．

最近になってわが国では，科学技術イノベーション政策の企画立案やその評価・検証にあたって，エビデンスに基づく客観的・定量的な視点を持つことの重要性が認識され[15]，それを踏まえて「政策のための科学」推進事業が文部科学省を中心にして 2011 年度から進められている．データ情報基盤の構築のみならず，人材育成を行う拠点づくりまで行うこの事業は，2009 年の行政刷新会議にて科学技術関連予算の大幅縮減を迫られた事業仕分け[16]に対する理論武装と考えられなくもないが，他方で政策の定量的な評価分析の流れは米国をはじめとする国際的な流れでもある．

---

14) 同様の問題提起は吉川 (2000) にも見られる．
15) たとえば，内閣総理大臣による諮問第 11 号「科学技術に関する基本政策について」に対する総合科学技術会議の答申（平成 22 年 12 月 4 日）を参照のこと (http://www8.cao.go.jp/cstp/output/toushin11.pdf)．
16) この事業仕分けにおいて次世代コンピュータ事業は予算計上見送りに近い「縮減」との判定が下された．

2005 年の全米科学振興協会（American Association for the Advancement of Science, AAAS）における第 30 回年次フォーラムにて，大統領府科学技術政策局（Office of Science and Technology Policy）の Marburger 大統領補佐官は，科学技術政策を評価する分析枠組みが欠如している点を憂慮し，人文・社会科学分野を含む知見を総動員してイノベーションが社会に与えるインパクトおよび政策の効果を定量的に分析するための手法開発の必要性を訴えた．この Marburger 氏のアイディアは，米国立科学財団（NSF）の「科学イノベーション政策の科学」（SciSIP（Science of Science and Innovation Policy の略称）とも呼ばれる）というプログラムの発足に繋がり，科学技術イノベーションが社会にもたらす影響や効果を定量的に把握するための取り組みが進められている．わが国の「政策のための科学」推進事業は，米国 SciSIP の日本版としての取り組みと考えられている[17]．

イノベーション政策の定量分析を行う際にまず考えるべきは，政策の「成果」達成を測る目安にどのような指標を用いるかである[18]．既存文献で研究対象となってきた科学技術では，特許数や論文数等に関連する指標（主として公刊数）や研究開発 (R&D) 費等の関連データを用いるのが通常であった．そしてこれらの「成果」指標を用いて多くの優れた分析が行われてきた[19]．

しかし科学技術に関わる成果としてあるべき指標を改めて問い直してみれば，科学技術が知識を創出することを主な活動とすることから，どれだけの知識が科学技術によって生み出されたかが成果とされるべきと考えられる．つまり経済理論的にいえば科学技術によって新しく生み出された知識の量に，新しい知識 1 単位当たりが持つ潜在価値（いわゆる機会費用）を掛け合わせたものが科学技術の成果だとみなされる．もちろん知識そのものは見ることができず，まし

---

17) わが国で「政策のための科学」の取り組みが国際的に見て若干出遅れた理由の 1 つに，日本は他国と比較して研究開発費に占める公的資金の割合がこれまで低かった点が挙げられる．たとえば国立国会図書館 (2011) によると，研究開発費総額に占める政府負担割合は，2008 年時点でわが国は 15.6％であり，米 (27.0％)，韓国 (25.0％) などと大きく水をあけられている．2008 年秋のリーマンショック以降，自動車・家電産業を中心に民間企業の研究開発投資額が急減していることを踏まえると，今後わが国の研究開発においても公的部門の果たす役割が高まっていくことが予想される．

18) わが国の政策では，成果をアウトプットやアウトカムという言葉で表現することもある．ここでは両者を包括的に含む概念として「成果」という用語を用いることにする．

19) 企業の研究開発投資と特許との関係については Pakes and Griliches (1984)，大学から企業へのスピルオーバーを企業の特許数をアウトカムとして評価したものでは Jaffe (1989) が古典的に有名な論文である．イノベーションの指標として特許を用いることの有用性に関するサーベイとしては，Nagaoka, Motohashi and Goto (2010) および Griliches (1990) がある．

てや1単位などと数える形では存在しないことから,多くの過去の研究では創出された知識を近似するものとして先に挙げた特許数や論文数等に関するデータを用いて科学技術の成果指標とみなしてきた.さらに創出される知識の異質性の程度を反映するために,特許や論文の被引用回数を用いるようにもなったというのが学術上の系譜であろう[20]).

従来から用いられてきた上記の科学技術の成果指標に対して,古くから多くの批判がなされてきた.そもそも科学技術で生み出された知識の全てが特許や論文の形で公開されるわけではなく,秘匿情報として企業内に蓄積されることも多くあることから,特許数や論文数を知識の代理変数として用いることの問題点が指摘されてきた (Levin et al., 1987).また知識には大きな異質性が存在するが,その異質性を特許・論文の数(被引用回数も含む)という尺度で捉えられるのか,という疑問も提起されてきた.本章冒頭で紹介した緑色蛍光タンパク質の発見と垂直磁気記録方式の発明等の例が明らかなように,知識創出活動における成果は画期性があることがその活動にとって本質的に重要であり,そうした側面を関連特許数や被引用回数に押し込めて比較することへの批判はある意味適当といえるだろう.

イノベーション測定においても,知識創出活動と同様の困難が成果指標を考えるうえで存在する.つまり科学技術と同様に,イノベーションの成果として創出される付加価値そのものは客観的なデータで確認をすることはできず,また創出されるイノベーションには異質性の大きな分散が存在する.しかしイノベーション測定における指標には,科学技術の成果指標とは異なるアプローチが必要と思われる.なぜなら特許や論文,それらの被引用回数が多いことが社会的・経済的な付加価値を創出するわけではないからだ.そもそも優れた科学技術の成果がいつも高い社会的・経済的な価値を生むイノベーションの創出に繋がっているわけではない点は,本章でも図表1-1を用いて明らかにしたところだ.特許や論文の関連指標が示す成果は,イノベーション活動から見れば中間投入の1つと考えるのが適当である.

現にイノベーションを科学技術の成果とは異なる方法で測定する必要性については古くから指摘がある.たとえば,当時のイノベーション測定の現状に対して Arrow (1984) は「余りにも研究者の多くのエネルギーが別の目的で収集された伝統的なデータに固執し過ぎている」と指摘し,また Griliches (1987) は

---

20) たとえば Trajtenberg (1990) を参照のこと.

「(イノベーションを捉える)視点からのデータ収集があまりになされていない」と苦言を呈している．第Ｉ部にて紹介するようにこうした批判に対応して新たなデータ収集の試みがこれまで部分的になされてきたものの，それらのデータを用いての体系立った分析手法の確立までは筆者が知る限り行われていない．本書は，イノベーションのなかでもプロダクト・イノベーションに注目をして，定量的な分析を行うための新しい方法論とデータセットを用いて，Arrow (1984) や Griliches (1987) の批判に対する我々なりの回答を示そうという意欲的な試みである．

プロダクト・イノベーションの測定

イノベーションと聞けば多くの人がプロダクト・イノベーションを思い浮かべる中で[21]，これまでの経済学の定量分析がプロセス・イノベーションに偏重してきたことは否定しがたい事実である．分析対象が偏ってきた大きな理由の１つに，プロセス・イノベーションは経済学の既存の分析枠組みにて容易に捉えられるのに対して，プロダクト・イノベーションは古典的な経済学では扱いが困難である点が挙げられる．プロセス・イノベーションが典型的に想定する生産性の向上は，既存商品を産み出す生産関数の上方シフトと解釈され，その推定は生産関数の定数項や残差を計算するという計量経済学的な手法を用いて比較的容易に分析が可能である．他方でプロダクト・イノベーションは，従来なかったような商品が新たに登場するという状況を経済学的に考える必要がある．そのような商品が登場することの影響を考えるには，「イノベーションがない」という仮想的な状況と，「イノベーションがある」という状況(つまり現実)とを比較する作業が要る[22]．

---

[21] たとえば古くは Mansfield (1968) を参照のこと．Nagaoka and Walsh (2009) によれば，研究開発プロジェクトの８割はプロダクト・イノベーションに関わるものとされる．

[22] プロダクト・イノベーションとプロセス・イノベーションとの区別を数学的概念として明確に提示した研究に Fisher and Shell (1998) がある．彼らの議論は直感的には以下のように解釈ができる．つまりイノベーションの結果による品質の向上を実質的な価格の低下として表現できる場合にはプロセス・イノベーションと分類でき，そうでない場合にはプロダクト・イノベーションと考えることができる，というものである．具体的には，品質向上と価格の上昇とが等価関係で示される場合においてのみ，品質の向上はプロセス・イノベーションと同値と考えることができるとされる．そうした例として Nordhaus (1997) が分析した電球を取り上げることができるだろう．初期のイノベーション測定の定量研究は，品質と価格との間に等価関係が存在するとの仮定のもとにしたものが多く，たとえば Mansfield (1968) は 17 のイノベーション事例について，また Bresnahan (1986) はコンピュータについて，価格の下落を通じたイノベーションの社会厚生への影響を調べている．しかし品質と価格とを等価とみなせるようなイノベーション

本書で取り上げる分析手法の特徴は，これまで伝統的には扱うことができなかった「イノベーションがない」という仮想的な状況を評価することができるところにある．この手法ではイノベーションの存在には影響を受けない要素である需要や供給に関わるパラメータを推定し，その推定値を用いて仮想的な状況での市場構造をシミュレーションに基づいて考察することが可能となる．この分析手法を用いることによりプロダクト・イノベーションの社会的・経済的な付加価値を計測できるばかりでなく，こうしたイノベーションの普及に関わる政策の効果を定量的に評価できるようになる．本書はこれまでの研究の厚みが乏しいプロダクト・イノベーションに関わる研究手法とその手法の応用事例を提供するわが国で初めての研究書の役割も担っている．

本書の特徴と分析アプローチ

　経済学の観点からプロダクト・イノベーションについて本格的な実証分析を行っている点で，本書は既存の文献にはない特徴を有している．とりわけイノベーションについて政策的な観点からその正当性の是非も含めて定量的に議論を行っているのも本書のユニークな点といえるだろう．

　本書では2つのアプローチを用いて定量分析を行う．1つは「俯瞰的アプローチ」であり，個々の新商品に平均的に見られる傾向を取り出して，イノベーションの特性を総体的に論じようとするものである．ここでは NISTEP にて 2009 年に実施された「全国イノベーション調査」(JNIS[23])) を用いて，わが国におけるイノベーション活動の現状を浮き彫りにする．JNIS は企業に対するアンケートを通じて，企業自らが行ったイノベーションについて回答をしてもらう調査である．JNIS に基づいてプロダクト・イノベーションの持つ特徴を明らかにすることによって，わが国におけるプロダクト・イノベーションの現状における全体像を描き出すことを目的にする．

　俯瞰的アプローチとともに，本書では「微視的アプローチ」も採用し，特定の新商品を取り上げて，具体的事例に即してイノベーションの特徴を明らかにする．微視的アプローチにて対象とする技術として，太陽光発電，ハイビジョンテレビ，スタチン系製剤の3つを取り上げる．これらの技術は，現在まさに

事例は極めて限られるのではないかと思われる．この点について，本章附録にて更に議論をしてみたい．

23) わが国の全国イノベーション調査は Japanese National Innovation Survey と訳される．第1回目は 2003 年に行われた．以下では 2009 年に実施された全国イノベーション調査を略称して JNIS と呼ぶ．

政府が推し進めているグリーン・イノベーションやライフ・イノベーションの中核的な技術であり，画期的な技術の普及過程をそれぞれ定量的に解析することを通じて，イノベーションを活性化するうえで重要と考えられる要因を特定化して議論を深める．

俯瞰的アプローチは，現実の普及の諸問題に対する具体的な解決策を考えるうえではやや大雑把に過ぎるものの，イノベーション政策を考えるうえでの入り口として有効な見方である．他方で，微視的アプローチは，対象とする特定の新商品に囚われすぎる欠点があるものの，具体的な技術を議論の俎上にのせるだけに，その経済的な分析は鋭い切れ味をみせる．本書では，両アプローチの得失を念頭におきつつ，2つのアプローチを補完的に併用しながらイノベーションに対する定量的分析に取り組む．

本書の構成

本書は3部構成になっており，8つの章と4つの補論が収められている．第I部ではイノベーションの測定にあたって俯瞰的アプローチと微視的アプローチを紹介する．第2章では俯瞰的アプローチにおける国際的な取り組みを歴史的に俯瞰しながら，わが国で行われた調査の主要結果を紹介する．プロダクト・イノベーションに焦点を当てながら，画期性の有無と売上高との相関関係など幾つかの分析を紹介し，併せて国際比較も試みている．第3章では，微視的アプローチの意義とその内容を理論的な観点も加味しつつ説明する．経済学でいう「社会厚生」の視点からイノベーションを評価することの重要性を説くとともに，そのための有効な手法として「構造形推定」という考え方を紹介する．従来の経済学ではイノベーションを発明者や企業等の供給者側の観点から議論することが多かったが，本章では需要家・消費者の観点も併せてイノベーションを定量的に評価することの意義が強調される．構造形推定の技術的な側面は補論Aにまとめられている．

第II部では，社会的・経済的にインパクトを与えたイノベーション事例を3つ選定し，微視的アプローチを具体的に応用している．選定手順については補論Bに詳述している．第4章では太陽光発電を取り上げる．この分野におけるわが国の研究開発の歴史は1970年代にまで遡り，技術的にも世界をリードする立場にあるなかで，太陽光発電は2011年3月の東日本大震災以降のエネルギー政策転換の流れにおいて大きな注目を浴びている．この章では太陽光発電への公的設置補助に注目し，その政策効果の検証も試みながら，イノベーショ

ンの普及に価格が果たす役割を中心に分析を行っている．

　第5章では2009～2010年にかけてエコポイントでも沸いたハイビジョンテレビを取り上げる．ハイビジョンテレビは，新しい地上デジタル放送（いわゆる地デジ放送）に対応する過程で発展普及してきた．2011年7月に地デジ放送への完全移行が控えていたこともさることながら，デジタル放送による双方向の送受信が可能となり，高精細なハイビジョン放送を受信できることが，ハイビジョンテレビを本格普及させた一因と考えられる．本章では，POS（販売時点情報管理）データを用いて，型番別のテレビの需要関数を推定しつつ，補完財がプロダクト・イノベーションの普及に果たす役割を議論する．

　第6章では，医薬品市場のなかでも世界で急成長を遂げたスタチン系製剤に焦点を当てて定量的な分析を行った．スタチンとは，コレステロール値が高い脂質異常症患者に用いられる治療剤である．1989年に三共（現第一三共）が開発したメバロチンにより，スタチン市場は誕生した．メバロチンは高い波及効果を有し，その開発過程で生まれた知識を活用して，リピトールなど後続の改良スタチンが次々と上市された．後続スタチンは，メバロチンよりも優れた薬効を持つものが多く，患者の健康状態の改善に貢献したことは疑いがない．本章では画期的新薬の代表例であるメバロチンの分析を通じて，波及効果を持つがゆえにプロダクト・イノベーションが社会的にみて過少供給となりがちである点を明らかにする．

　第III部では，第I部および第II部での議論を踏まえて，イノベーション創出に向けての市場の役割と政策への含意について考察を加える．第7章では，イノベーションを創出するうえでの市場の役割について4つの視点を提示する．それらは市場規模，技術機会，市場構造，そしてイノベーションから得られる利潤の専有可能性である．この章では第2章での俯瞰的アプローチで用いたわが国での調査結果を用いつつ，わが国においてこれら4つの視点の妥当性について検証する．とりわけ専有可能性に起因する「市場の失敗」の存在は，市場に任せておくだけでは民間部門におけるイノベーション活動が過少となることから，それを補うための政策的な関与を正当化する．第8章では，本書で用いた調査結果を用いながら，イノベーション政策について4つの論点（知的財産権，企業提携・合併，公的助成，中小企業政策）から論じ，今後必要とされる研究の方向性についても併せて提案を試みている．なお補論C・Dは本論で言及した定量分析を詳述したものになっている．

　本書は，科学技術イノベーション政策に関心を持つ研究者のみならず，実務

家や政策担当者も読者として念頭に置いている．各章の内容は学術的な質を落とさないように心がけた．本書は，科学技術イノベーションに対する読者の関心の程度と理解の度合いに応じた読み方を可能とするように工夫している．たとえば，最近のわが国におけるイノベーションの全体像について実証的な観点から関心のある読者は，第 2・7・8 章を中心に読まれると良いだろう．また最近のグリーン・イノベーションにおいて政策的な目玉となっている太陽光発電について興味のある読者は第 4 章，ハイビジョンテレビや地デジ放送については第 5 章，そして医薬品に関わるライフ・イノベーションは第 6 章をご覧になるとよい．また本書で用いた最近の経済学の実証手法（構造形推定手法）について理解を深めたい読者は，第 3 章と補論 A を読んだうえで，その応用問題として第 4 章から第 6 章を読まれることを勧めたい．

【附録】プロセス・イノベーションとプロダクト・イノベーションとの境界

　ここではプロセス・イノベーションとプロダクト・イノベーションとの違いを経済学の観点から概念的に紹介したい．まず留意すべき点は，イノベーションがプロセスとプロダクトとのいずれに属するかはそれほど明確に判断ができないという点である．Bresnahan and Gordon (1997) の第 1 章にも触れられている例としてコンピュータを取り上げてみよう．もしコンピュータを過去に類を見ない新商品と考えればプロダクト・イノベーションと捉えることが自然だ．他方でコンピュータを計算機機能とタイプライター機能，それにスケジュール管理機能とを 1 つに束ねた機器であり，コンピュータがこれらの機能を相互に融通して用いる際のコストを低減させていると考えるならば，プロセス・イノベーションと捉える方が適切になる．同じ点は自動車についても当てはまる．もし A 地点から B 地点へ向かうための手段として自動車を捉えるならば，旧来の手段（たとえば馬車）と比較して地点間の移動時間を短縮している点で，プロセス・イノベーションと捉えることができる．

第Ⅰ部 イノベーション測定
俯瞰的アプローチと微視的アプローチ

　第Ⅰ部では，本書で用いるイノベーション測定についての2つのアプローチ——俯瞰的アプローチと微視的アプローチ——を紹介する．
　イノベーションという言葉の定義に照らしてみると，イノベーションを測定すること自体そもそも不可能ではないかとの指摘がある．イノベーションとはこれまで世の中になかったような画期性(novelty)を有すると解釈されるが，もしそうだとすれば測定対象となるイノベーションは個々にそれぞれ全く異なる——がゆえにイノベーションである——はずで，それらを測定するための定量的な共通尺度など存在しないと考えられるからだ．たとえばiPadはそのデザイン性やタッチパネル機能など既存商品にはない画期性を有しており，他商品との比較は不可能ではないか，というのが上述の考え方から出てくる指摘である．こうした指摘に対応しつつイノベーションの測定を行うためには，測定対象となるイノベーションの概念を整理し，測定手法における考え方と手法の限界を明確にする必要がある．
　第Ⅰ部では，イノベーションを測定するうえで，相互に補完性を持つと考えらえる2つのアプローチを提案し，上記の指摘に対する1つの解決の方向性を提示する．第2章は，イノベーションの全体的な特徴を測定可能な次元で定量的に把握する手法——俯瞰的アプローチ——について触れる．この章では，わが国で実施された全国イノベーション調査を取り上げ，その調査結果を国際的な比較のなかで紹介する．第3章では，第2章とは対照的に，個別のイノベーション事例を取り上げて，特定のイノベーションが生み出す経済的・社会的な付加価値を定量的に計測する手法——微視的アプローチ——を紹介する．この章では，イノベーションが本来的にもつ異質性や画期性に注目し，俯瞰的アプローチで得られる示唆とは違った視点からイノベーションの性格を定量的に明らかにする．第3章で紹介される微視的アプローチは，本書の第Ⅱ部にて応用されることになる．

俯瞰的アプローチはイノベーションの全体像を明らかにするいわば「森」を見る手法であるのに対して，微視的アプローチは個別事例に立ち入った分析を可能とする「木」を見る手法である．双方の手法をバランスよく用いることでイノベーションが持つ多面性に対する理解を深めることが本書の1つの目的でもある．

第2章
俯瞰的アプローチ――JNISにみるわが国のイノベーションの現状

本章では，欧州を中心に行われているイノベーション測定についての取り組みを紹介し，そのわが国への応用事例の1つとして「全国イノベーション調査」の解説を通じて，わが国のイノベーションの現状を概観する．なお本章で議論するイノベーション測定は，国や産業レベルでのイノベーションの全体像を把握するための俯瞰的アプローチであり，個別イノベーション事例で用いる定量的アプローチについては次章にて説明する．

第1節　イノベーションに関する調査

第1章で議論したように，科学技術の成果指標として特許数や論文数あるいは研究開発 (R&D) 費のデータが古くから用いられてきた．イノベーションに対してもこれらの指標を援用することが専らであったものの，他方で欧州を中心としてイノベーション活動を捉えるための新たなデータ収集の試みも進められてきた．本節ではこの欧州での試みについてまず触れたい．

欧州におけるデータ収集の取り組みは，その方法の違いから大きく分けて2つの流れを指摘することができる．1つは専門家らにインタビュー調査を行うことを通じて画期性のあるイノベーションを特定するものであり，もう1つは企業に対して自らのイノベーション活動の状況についてアンケート調査を行うものである[1]．なお第2節以降で用いる全国イノベーション調査は後者の企業

---

[1] Smith (2005) はイノベーション測定に関する文献サーベイにおいて，前者（専門家らに対するインタビューによって画期的なイノベーションを特定する調査）を客観的調査，後者（企業に対するイノベーション活動についてのアンケート調査）を主観的調査と呼んでいる．専門家らはイノベーション活動を担う主体ではないことから「客観的」と呼んでいるものと考えられるが，他方で専門家らの見方に基づいた調査は主観的と考えられる．こうした点を踏まえて本章で

に対する調査に相当するものである．

　前者の代表例は SPRU データベースである．SPRU (Science Policy Research Unit) とは英国サセックス大学にある研究機関を指し，そこでは約 400 人の技術系専門家が 1945 年から 1983 年までの期間に英国で実現したイノベーションのうち画期的と考えるものを選定し，それらのイノベーション各々についての特性に関する情報をすべての産業分類について調査している[2]．結果として SPRU は 4,300 を超えるイノベーション事例を収集した．SPRU データベースにおいては，各々のイノベーションがいつどのように誕生したのかを遡って調査し，これらの情報に発明した企業の業績などのデータを統合することによって，イノベーションと企業成長との関係を分析する学術研究を行ってきた[3]．

　しかしながら SPRU データベースは 1983 年を最後にデータの更新はされておらず，このデータベースを用いた研究は 2000 年代に入ってほとんど見られない．SPRU データベースが廃れてしまった大きな理由の 1 つに，データベースが網羅性に欠けることによるサンプルセレクション（データ標本が恣意的に選択されてしまう現象）の問題がある．また SPRU データベースと同じ試みが英国以外にもアメリカ，スウェーデン，オランダ，イタリア等で行われたものの[4]，各国間のデータの相互連関性を確立するのが困難であり，国際比較を行うことができていない点も指摘できる．これは各国の技術系専門家が画期的と感じるイノベーション事例において，国際的な観点から共通項を見出すことが容易でないことを意味する．こうした理由から，現在では SPRU データベースが用いられることは少なく，代わりに以下で述べる CIS (Community Innovation Survey) が注目を浴びているのが実情である．しかしここで述べた SPRU による方法は，画期性をもつイノベーションを見出す手法としては有効であると考えられ，第 II 部にて取り上げるイノベーション事例の選定においては，SPRU に準じた手法を用いている（詳しくは補論 B を参照のこと）．

　SPRU データベースと比較して，イノベーションの主な実施主体である企業に対して行う調査が CIS である．CIS は OECD によって 1992 年に作成された

　　は Smith (2005) の類型に依らない形での紹介を行う．
　2)　同様の調査は SPRU 以前にも試みられている．たとえば Acs and Audretsch (2010) には German Research Association による 1976 年の調査が紹介されており，500 程度のイノベーション事例に対して調査が行われている．
　3)　代表例として Pavitt (1983, 1984), Robson et al. (1988) が挙げられる．
　4)　なかでもアメリカで行われた Small Business Administration's Innovation Database (SBAIDB) が有名である．同データベースに収集されたイノベーションの事例は 8,074 件に上り，同データベースを用いた企業規模・産業構造・技術変化に関する研究が行われている．

オスロ・マニュアルに準拠したものであるが[5]，そのモデルはオスロ・マニュアルが作成されるちょうど10年前の1982年に米国で実施されたYale Surveyを源とすると言われている (Foray and Lissoni, 2010). オスロ・マニュアルではイノベーションの定義や調査の設計方法から始まり，調査集計の仕方に至るまで詳細に規定している．そのためオスロ・マニュアルに則った調査では国際比較が可能になっている[6].

最初に調査が行われた1993年において，CISはプロダクト・イノベーションに焦点を当てた調査とみなされていた (Smith, 2005: 163). その後，2～4年ごとにCISが継続して実施されるにつれて，他の様々なイノベーションの概念に対しても質問項目が広げられ今日に至っている．なおCISの調査結果はOECD等への報告を通じて，科学技術イノベーション政策への基礎資料として利活用がされている．現在までに50以上の国々でCISを参照した調査が実施されており，実施する国はさらに増えている現状にある．たとえば2007年には中国でも「第1回工業企業イノベーション調査」を行い，そして米国も従来の企業の研究開発に関する調査 (Industrial Research and Development) の範囲をイノベーションにまで広げた調査 (Business R&D and Innovation Survey) を実施している．

わが国においても2003年に初めての調査がNISTEPのもとで行われ，2009年に第2回全国イノベーション調査（以下「JNIS」という）が日本版CISとして実施された[7]．JNISを用いた分析が，イノベーション測定の際に本書で用いる俯瞰的アプローチの代表的なものとなる．

CISは企業に対してアンケート票を送付し，特定の期間に当該企業がイノベーションを実現したか否かを質問することで，イノベーションの把握を試みている．オスロ・マニュアルに則り，調査票にはイノベーション活動における研究開発費や情報源といったインプットに関する事項，実現したイノベーションの

---

5) オスロ・マニュアルという名は，スタンフォード大学教授（当時）であるNathan Rosenbergを中心とするグループが草案を作成した場所に由来する．

6) 米国で行われたYale Surveyを拡張し，日欧が参加する形で国際比較を行った調査がCarnegie Mellon Surveyである．日本では「産業技術のイノベーションに関する調査」，ヨーロッパではPACE Surveyとも呼ばれている．わが国においては「産業技術のイノベーションに関する調査」が俯瞰的アプローチを用いた最初のイノベーション測定の試みと言えるかもしれない．国際比較を含む同調査の詳細は，後藤・永田 (1997) にまとめられている．なおイノベーションの実施主体に対する調査としては，ドイツのIfo Institute Surveyが最初の調査との指摘がある (National Research Council, 2004).

7) 第3回の調査も2013年に実施された．

図表 2-1　SPRV と CIS の比較

	SPRU	CIS
調査単位	イノベーション事例	企業
主な目的	イノベーションで利用された技術情報の把握	企業のイノベーション活動の実態把握
調査対象の選定方法	技術系専門家による選定	無作為層化抽出法により選定された企業へアンケート票を送付
イノベーションの定義	各専門家の判断	オスロ・マニュアルの定義を使用
調査対象の網羅性	画期的なイノベーションに偏る傾向あり	画期的，漸進的なイノベーションの双方を含む
個別のイノベーションの情報	把握可能	把握不可能
国際比較	アメリカ，スウェーデン等でも同様の取り組みが行われているが，異なる定義の下で選定が行われるため困難	企業規模の分布，回収率の違いへの対応という課題はあるが，同じ定義が用いられているため比較的容易

出典）Archibugi and Pianta (1996) を基に作成.

成果といったアウトプットに関する事項，基本的な企業情報（売上高，従業者数など）を盛り込んでいる．

　CIS が SPRU データベースよりも優れている点は，国際比較という観点にとどまらない．オスロ・マニュアルに記載されたイノベーションには，市場にとって全く新しいものばかりでなく，既存商品や既存製造方法・流通方法の改良といった漸進的な変化もイノベーションの定義に包含されている．イノベーションを限定的に捉えず幅広く把握をしようと試みた調査設計がされており，その点で政策立案以外にも学術的な目的で CIS が利用されることも多い[8]．図表 2-1 に SPRU と CIS の特徴をまとめている．

　次の第 2 節では，JNIS の調査概要を紹介し，わが国のイノベーションの現状を概観する．第 3 節では，イノベーションの成果に着目し，画期性のあるイノベーションが市場を創出する効果を有していることを明らかにする．第 4 節では，欧州を中心とした諸外国の CIS の結果を用いて国際比較を行う．第 5 節でまとめを行う．

---

8) Smith (2005) は 2001〜2004 年にかけて CIS を用いて行われた学術論文 17 本を挙げ，研究内容がイノベーション実現に関する要因分析，イノベーションと企業業績に関する分析，企業間の技術的な協力とイノベーションに関する分析など多岐に亘っていることを指摘している．

第 2 節　わが国のイノベーションの現状

JNIS はオスロ・マニュアルに基づき調査設計がなされており，その結果については他国で行われた CIS との比較が可能である．本節では，オスロ・マニュアルにおける調査設計を紹介しながら，わが国におけるイノベーションの現状を概観する．まず 2.1 項で JNIS の調査概要を説明し，2.2 項にてプロダクトおよびプロセス・イノベーションの実現状況をみる．

2.1　JNIS の調査概要
● 調査対象

オスロ・マニュアルでは調査対象とすべき企業を従業員数 10 人以上のものとし，それら企業が属する産業については図表 2-2 のように定めている．

マニュアルでは調査対象となる企業の選出には無作為抽出法を用いることが基本的には推奨されているものの，わが国においては従業員数 50 名以下の中小企業が全企業数の 8 割近くを占めていることから，単純に無作為抽出を行うと，規模の小さな企業ばかりが抽出され，規模の大きい企業のイノベーション活動が調査対象から外れてしまう恐れがある．オスロ・マニュアルにはこのような問題への対処策も提示されており，そこでは企業規模，産業ともに層を作成し，各層の必要標本数を踏まえたうえで層化無作為抽出を行うことを推奨している．JNIS ではこの層化無作為抽出を採用し，従業者数 10 人以上 49 人以下（以下，小規模），50 人以上 249 人以下（以下，中規模），250 人以上（以下，大規模）の 3 つの層を形成した．産業については図表 2-2 で示す各産業がそれぞれ 1 つの層を形成するものとした．

● 対象企業数と回収率[9]

図表 2-3 は JNIS で抽出された企業数および回答企業数を示している．ただし，図表 2-2 で示した産業区分でみると，母集団に属する企業数が少ない産業や回収された標本数が著しく小さい産業がある．このため，図表 2-3 では個々の産業を統合した結果を示している．製造業については，経済産業省が実施し

---

[9]　JNIS の調査設計および調査票，調査結果の詳細は，科学技術政策研究所 (2010) に記載されている．

図表 2-2　オスロ・マニュアル推奨および JNIS の調査対象となる産業 (1)

第 2 回全国イノベーション調査		国際標準産業分類 3.1 訂版	Oslo manual(3rd editon)	
日本標準産業分類 12 訂版	産業名		産業名	
01	農業			
02	林業			
03	漁業（水産養殖業を除く）			
04	水産養殖業			
05	鉱業，採石業，砂利採取業	10～14	Mining and Quarrying	
09	食料品製造業	15	Manufacture of food products and beverages	
10 (105 除く)	飲料・たばこ・飼料製造業（たばこを除く）	15	Manufacture of food products and beverages	
105	たばこ製造業	16	Manufacture of tobacco products	
11 (116, 117, 118 除く)	繊維工業（衣服製造業を除く）	17	Manufacture of textiles	
116+117+118	衣服製造業	18	Manufacture of wearing apparel; dressing and dyeing of fur	
20	なめし革・同製品・毛皮製造業	19	Tanning and dressing of leather; manufacture of luggage, handbags, saddlery, harness and footwear	
12	木材・木製品製造業（家具を除く）	20	Manufacture of wood and of products of wood and cork, except furniture; manufacture of articles of straw and plaiting materials	
14	パルプ・紙・紙加工品製造業	21	Manufacture of pulp paper and paper products	
15	印刷・同関連業	22	Publishing, printing and reproduction of recorded media	
17	石油製品・石炭製品製造業	23	Manufacture of coke, refined petroleum products and nuclear fuel	
16 (165 除く)	化学工業（医薬品製造業を除く）	24 (2423 除く)	Manufacture of chemicals and chemical products less pharmaceuticals	
165	医薬品製造業	2423	Manufacture of pharmaceuticals, medicinal chemicals and botanical products	
18	プラスチック製品製造業	25	Manufacture of rubber and plastics products	
19	ゴム製品製造業	25	Manufacture of rubber and plastics products	
21	窯業・土石製品製造業	26	Manufacture of other non-metallic mineral products	
22	鉄鋼業	271+2731	Manufacturing and casting of iron and steel	
23	非鉄金属製造業	272+2732	Manufacturing and casting of non-ferrous metals	
24	金属製品製造業	28	Manufacture of fabricated metal products, except machinery and equipment	
25	はん用機械器具製造業	291	Manufacture of general-purpose machinery	
26	生産用機械器具製造業	292	Manufacture of special-purpose machinery	
303	電子計算機・同附属装置製造業	30	Manufacture of office, accounting and computing machinery	

第 2 節 わが国のイノベーションの現状 23

図表 2-2 オスロ・マニュアル推奨および JNIS の調査対象となる産業 (2)

日本標準産業分類 12 訂版	産業名	国際標準産業分類 3.1 訂版	産業名
29	電気機械器具製造業	31	Manufacture of electrical machinery and apparatus n.e.c.
28	電子部品・デバイス・電子回路製造業	321	Manufacture of electronic valves and tubes and other electronic components
30 (303 除く)	情報通信機械器具製造業 (電子計算機・同附属装置製造業を除く)	32 (321 除く)	Manufacture of television and radio transmitters and apparatus for line telephony and line telegraphy; and of television and radio receivers, sound or video recording or reproducing apparatus, and associated goods
27	業務用機械器具製造業	33 (333 除く)	Medical, precision and optical instruments, watches, clocks (instruments)
323	時計・同部分品製造業	333	Manufacture of watches and clocks
311	自動車・同附属品製造業	34	Manufacture of motor vehicles, trailers and semi-trailers
313	船舶製造・修理業、舶用機関製造業	351	Building and repairing of ships and boats
314	航空機・同附属品製造業	353	Manufacture of aircraft and spacecraft
310+312+315+319	輸送用機械器具製造業 (自動車・同附属品製造業、船舶製造・修理業、舶用機関製造業、航空機・同附属品製造業を除く)	352+359	Manufacture of other transport equipment n.e.c.
13	家具・装備品製造業	361	Manufacture of furniture
32 (323 除く)	その他の製造業 (時計・同部分品製造業を除く)	369	Manufacturing n.e.c.
33	電気業	401	Production, transmission and distribution of electricity
34	ガス業	402	Manufacture of gas; distribution of gaseous fuels through mains
35	熱供給業	403	Steam and hot water supply
36	水道業	41	Collection, purification and distribution of water
06	総合工事業	45	Construction
07	職別工事業 (設備工事業を除く)	45	Construction
08	設備工事業	45	Construction
542	自動車卸売業	50	Sale, maintenance and repair of motor vehicles and motorcycles; retail sale of automotive fuel
591	自動車小売業	50	Sale, maintenance and repair of motor vehicles and motorcycles; retail sale of automotive fuel
6051	ガソリンスタンド	50	Sale, maintenance and repair of motor vehicles and motorcycles; retail sale of automotive fuel
89	自動車整備業	50	Sale, maintenance and repair of motor vehicles and motorcycles; retail sale of automotive fuel
50	各種商品卸売業	51	Wholesale trade and commission trade, except of motor vehicles and motorcycles

図表 2-2 オスロ・マニュアル推奨および JNIS の調査対象となる産業 (3)

日本標準産業 分類 12 訂版	産業名	国際標準産業 分類 3.1 訂版	産業名
51	繊維・衣服等卸売業	51	Wholesale trade and commission trade, except of motor vehicles and motorcycles
52	飲食料品卸売業	51	Wholesale trade and commission trade, except of motor vehicles and motorcycles
53	建築材料，鉱物・金属材料等卸売業	51	Wholesale trade and commission trade, except of motor vehicles and motorcycles
54 (542 除く)	機械器具卸売業 (自動車卸売業を除く)	51	Wholesale trade and commission trade, except of motor vehicles and motorcycles
55	その他の卸売業	51	Wholesale trade and commission trade, except of motor vehicles and motorcycles
56	各種商品小売業	52	Retail trade, except of motor vehicles and motorcycles; repair of personal and household goods
57	織物・衣服・身の回り品小売業	52	Retail trade, except of motor vehicles and motorcycles; repair of personal and household goods
58	飲食料品小売業	52	Retail trade, except of motor vehicles and motorcycles; repair of personal and household goods
59 (591 除く)	機械器具小売業 (自動車小売業を除く)	52	Retail trade, except of motor vehicles and motorcycles; repair of personal and household goods
60 (6051 除く)	その他の小売業 (ガソリンスタンドを除く)	52	Retail trade, except of motor vehicles and motorcycles; repair of personal and household goods
61	無店舗小売業	52	Retail trade, except of motor vehicles and motorcycles; repair of personal and household goods
75	宿泊業	55	Hotels and restaurants
76	飲食店	55	Hotels and restaurants
77	持ち帰り・配達飲食サービス業	55	Hotels and restaurants
42	鉄道業	60	Land transport; transport via pipelines
43	道路旅客運送業	60	Land transport; transport via pipelines
44	道路貨物運送業	60	Land transport; transport via pipelines
45	水運業	61	Water transport
46	航空運輸業	62	Air transport
47	倉庫業	63	Supporting and auxiliary transport activities; activities of travel agencies
48	運輸に附帯するサービス業	63	Supporting and auxiliary transport activities; activities of travel agencies
49	郵便業 (信書便事業を含む)	641	Post and courier activities
86	郵便局	641	Post and courier activities

第2節　わが国のイノベーションの現状

図表 2-2　オスロ・マニュアル推奨および JNIS の調査対象となる産業 (4)

日本標準産業分類 12訂版	産業名	国際標準産業分類 3.1訂版	産業名
37	通信業	642	Telecommunications
38	放送業	642	Telecommunications
41	映像・音声・文字情報制作業	642	Telecommunications
62	銀行業	65	Financial intermediation, except insurance and pension funding
65	金融商品取引業、商品先物取引業	65	Financial intermediation, except insurance and pension funding
67	保険業（保険媒介代理業、保険サービス業を含む）	66	Insurance and pension funding, except compulsory social security
64	貸金業、クレジットカード業等非預金信用機関	67	Activities auxiliary to financial intermediation
66	補助的金融業等	67	Activities auxiliary to financial intermediation
68	不動産取引業	70	Real estate activities
69	不動産賃貸業・管理業	70	Real estate activities
70	物品賃貸業（電子計算機・同関連機器賃貸業を除く）	71	Renting of machinery and equipment without operator and of personal and household goods
391	ソフトウェア業	722	Software publishing, consultancy and supply
39 (391除く)	情報サービス業（ソフトウェアを除く）	72 (722除く)	Computer and related activities, less software publishing, consultancy and supply
40	インターネット附随サービス業	72 (722除く)	Computer and related activities, less software publishing, consultancy and supply
71	学術・開発研究機関	73	Research and development
742+743 +744+745	土木建築サービス業、機械設計業、商品・非破壊検査業、計量証明業	742	Architectural, engineering and other technical activities
73	広告業	743	Advertising
72	専門サービス業（他に分類されないもの）	74 (742, 743除く)	Other business activities n.e.c.
74 (742, 743, 744, 745除く)	技術サービス業（他に分類されないもの）	74 (742, 743除く)	Other business activities n.e.c.

注）オスロ・マニュアルでは JNIS にある 25（はん用機械器具製造業）、26（生産用機械器具製造業）を国際標準産業分類（分類コード 29）に基づき 1 つの層としている。ただし、日本の他の統計調査とのデータ接合等を勘案し、JNIS ではあえてオスロ・マニュアルで推奨している 29 を 291 と 292 に分類して層を作成している。

図表 2-3　JNIS の調査対象企業数

	送付数（社）A				非該当数（社）B				修正送付数（社）C（=A-B）				回答企業数（社）D				回収率（%）（=D/C×100）			
	全規模	小規模	中規模	大規模	全規模	小規模	中規模	大規模	全規模	小規模	中規模	大規模	全規模	小規模	中規模	大規模	全規模	小規模	中規模	大規模
第1次産業																				
農林水産業	298	180	95	23	8	4	3	1	290	176	92	22	91	52	32	7	31.4	29.5	34.8	31.8
第2次産業																				
鉱業，採石業，砂利採取業	88	46	34	8	1	1	0	0	87	45	34	8	38	17	18	3	43.7	37.8	52.9	37.5
建設業	686	144	143	399	35	4	8	23	651	140	135	376	185	44	31	110	28.4	31.4	23.0	29.3
基礎素材型製造業	2,115	513	494	1,108	66	11	22	33	2,049	502	472	1,075	692	161	221	310	33.8	32.1	46.8	28.8
加工組立型製造業	2,303	508	487	1,308	96	18	33	45	2,207	490	454	1,263	741	143	190	408	33.6	29.2	41.9	32.3
生活関連型製造業	1,544	416	387	741	47	10	15	22	1,497	406	372	719	427	116	120	191	28.5	28.6	32.3	26.6
第3次産業																				
電気・ガス・熱供給・水道業	248	109	94	45	13	7	4	2	235	102	90	43	116	55	44	17	49.4	53.9	48.9	39.5
情報通信業	1,159	280	268	611	78	12	21	45	1,081	268	247	566	288	85	76	127	26.6	31.7	30.8	22.4
運輸業・郵便業	1,300	305	291	704	58	12	13	33	1,242	293	278	671	379	111	85	183	30.5	37.9	30.6	27.3
卸売業，小売業	3,191	613	589	1,989	145	33	37	75	3,046	580	552	1,914	797	154	148	495	26.2	26.6	26.8	25.9
金融業，保険業	686	183	165	338	83	28	32	23	603	155	133	315	209	64	52	93	34.7	41.3	39.1	29.5
不動産業，物品賃貸業	618	144	140	334	27	12	6	9	591	132	134	325	137	36	29	72	23.2	27.3	21.6	22.2
宿泊業，飲食サービス業	758	144	142	472	23	6	3	14	735	138	139	458	190	32	41	117	25.9	23.2	29.5	25.5
その他のサービス業	877	283	261	333	54	20	14	20	823	263	247	313	289	109	95	85	35.1	41.4	38.5	27.2
全体	15,871	3,868	3,590	8,413	734	178	211	345	15,137	3,690	3,379	8,068	4,579	1,179	1,182	2,218	30.3	32.0	35.0	27.5

ている工業統計を参考に,「基礎素材型製造業[10]」,「加工組立型製造業[11]」,「生活関連型製造業[12]」の3つに分類し,その他の産業については日本標準産業分類12改訂版の大分類に従い,「鉱業,採石業,砂利採取業」,「建設業」,「電気・ガス・熱供給・水道業」,「情報通信業」,「運輸業,郵便業」,「卸売業,小売業」,「金融業,保険業」,「不動産業,物品賃貸業」,「宿泊業,飲食サービス業」,「その他のサービス業[13]」としている.また,農業,林業,水産業については,日本標準産業分類12改訂版ではそれぞれ大分類となっているが,これらをさらにまとめて「農林水産業」と表記している.

標本抽出を行う際の母集団名簿には,全事業所・企業が調査対象である「平成18年事業所・企業統計調査」(総務省統計局)を用いた.企業規模および産業別の層をオスロ・マニュアルに基づき作成し,各層の精確性を考慮した標本抽出率を算定したうえで調査対象標本数を選定した結果,調査対象となる企業数は15,871社であった[14].なお調査対象期間は,2006年4月1日から2008年3月31日までの3年間である.売上高,売上原価,営業利益等の財務関係事項については2006〜2008年度の各会計年度となっている.

JNISの回収状況をみると,標本抽出した15,137社[15]のうち,4,579社から回答を得ている(回収率30.3%).企業規模別にみると,中規模に属する企業の回収率が35.0%と最も高く,次いで小規模32.0%,大規模の27.5%となっている.また産業別にみると,調査対象となる企業数の少ないところで数値の高低がみられるが,概ね3割前後の回収率が得られており,企業規模・産業による回答の偏りはないものと考えられる.

---

10) 「基礎素材型製造業」には,木材・木製品製造業,パルプ・紙・紙加工品製造業,化学工業,石油製品・石炭製品製造業,プラスチック製品製造業,ゴム製品製造業,窯業・土石製品製造業,鉄鋼業,非鉄金属製造業,金属製品製造業が含まれる.
11) 「加工組立型製造業」には,はん用機械器具製造業,生産用機械器具製造業,電気機械器具製造業,電子部品・デバイス・電子回路製造業,情報通信機械器具製造業,業務用機械器具製造業,輸送用機械器具製造業が含まれる.
12) 「生活関連型製造業」には,食料品製造業,飲料・たばこ・飼料製造業,繊維工業,印刷・同関連業,なめし革・同製品・毛皮製造業,その他の製造業が含まれる.
13) 「その他のサービス業」には,自動車整備業,郵便業,学術・開発研究機関,土木建築サービス業,機械設計業,商品・非破壊検査業,計量証明業,広告業,専門サービス業,技術サービス業が含まれている.
14) 層によっては母集団に属する企業数からの標本抽出率が1,すなわち悉皆調査となっているものもある.結果として全体の標本抽出率は4.8%となった.
15) 標本抽出した15,871社には,住所変更,合併・倒産などで調査票を送達できなかった企業が含まれていた.これら企業を除くと15,137社となる.詳しい内訳は図表2-3を参照のこと.

● 調査結果を解釈する際の留意点

　JNISからの調査結果を解釈するうえで留意すべき事項がいくつかある．以下では2点を指摘しておこう．第1にイノベーションに関する回答者の主観的判断を排除することが難しい点である．JNISではイノベーションに関する定義を示してはいるものの，客観的な尺度を提示しえないことから回答者の判断にある程度ゆだねられている．たとえば以下にて具体的に見るように，プロダクト・イノベーションには「既存商品の技術的な高度化」も含まれるとするが，どこからが高度化したもので，どこまでが高度化されていないかは回答者に判断を任せている．したがって，高い技術力を有している企業ではイノベーションと判断しない事例も，技術力の乏しい企業ではイノベーションと判断している可能性があり，回答する企業の技術進展の度合いによって，認識が異なる可能性は排除できない．この点は国際比較を行う際に改めて論点としたい．

　第2に複数のイノベーションを実現した企業の取り扱いについてである．オスロ・マニュアルは企業単位での調査を念頭においており，回答企業がどのようなイノベーションをいくつ生み出したかに焦点を当てていない．そこでJNISでも，企業のイノベーション活動を全体として調査する設計となっており，調査結果から回答企業が実現したであろう個別のイノベーションに関する情報を得ることができない点に留意すべきである．もっとも企業単位でデータを収集しているからこそ，企業間の異質性を勘案したうえでの産業単位，あるいは一国単位でのイノベーション活動の状況を描写することがJNISでは可能となっている．こうしたイノベーション活動の把握は，事例収集に限界のあるSPRUにはない利点と考えることができるものの，サンプルセレクションの問題は依然として残っており，CISの調査設計全体を含む改善が今後必要とされるだろう．

2.2 技術的イノベーションの実現状況

　オスロ・マニュアルでは，イノベーションを技術的イノベーションと非技術的イノベーションに分類しており，さらに前者をプロダクト・イノベーションとプロセス・イノベーション，後者を組織イノベーションとマーケティング・イノベーションに分類している．そのうえでOECDでは技術的イノベーションの実現状況を基礎的な指標として国際比較で用いている（たとえばOECD, 2009を参照のこと）．

　本節ではこの点を踏まえ，プロダクト・イノベーション，プロセス・イノベーションの定義を紹介し，わが国における技術的イノベーションの現状を紹介す

る．まずはオスロ・マニュアルにおける定義を以下に紹介しよう．

　プロダクト・イノベーション

　　新商品[16]の市場への投入として定義される．新商品には，機能・性能・設計・原材料・構成要素・用途を新しくしたものだけではなく，既存の技術を組み合わせたものや既存商品を技術的に高度化したものも含まれる．ただし，商品の機能面や使用目的が既存のものと変わらない単なるデザインのみの変更，他社商品の単なる販売・提供は含まれない．

・プロセス・イノベーション

　　新プロセスの導入または既存プロセスの改良をいう．プロセス・イノベーションには，商品の製造・生産方法あるいは物流・配送方法の新規導入や改良だけではなく，製造・生産あるいは物流・配送をサポートする保守システムやコンピュータ処理などの新規導入や改良も含まれる．

　ここで重要なのは，プロダクト・イノベーション，プロセス・イノベーションともに，画期性を有するものばかりでなく，漸進的なものも含めてイノベーションと定義されている点である．たとえばプロダクト・イノベーションの定義によれば，市場にとって新しい画期性のある商品だけではなく，既存技術を改良したものや，既存技術を組み合わせて作り出した商品もイノベーションに含まれることになる．

　次に技術的イノベーションの実現状況を見ていく．図表 2-4 はプロダクト・イノベーション，プロセス・イノベーションの双方もしくは一方を実現した企業の割合を示している．調査結果によると半数弱 (48.0%) の企業が少なくともプロダクト・イノベーションもしくはプロセス・イノベーションのいずれかを実現したことが確認できる．イノベーションの実現については，企業規模とともに実現した企業の割合は増しており，大規模企業では 58.2% の企業がイノベーションを実現したと回答している．

　実現したイノベーションをプロダクト/プロセス別にみると，全体では 31.4% (10.3% と 21.1% の和) の企業がプロダクト・イノベーションを，そして 37.7% (21.1% と 16.6% の和) の企業がプロセス・イノベーションを実現したと回答しており，プロダクト・イノベーションよりもプロセス・イノベーションを実現

---

16) 本書では，新製品あるいは新サービスを総称して新商品と呼んでいる．

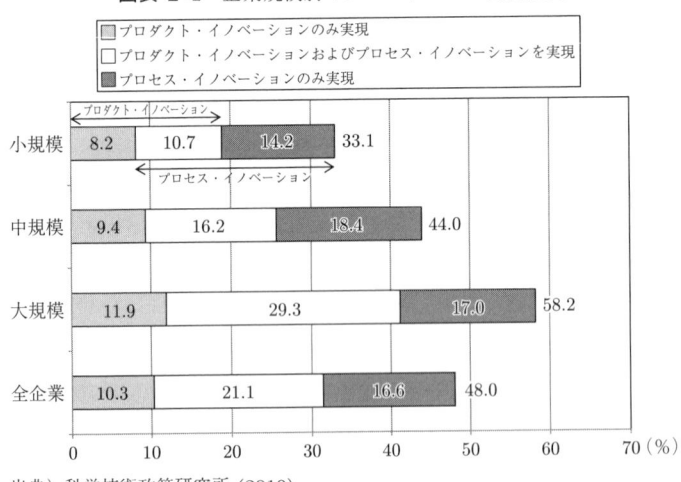

図表 2-4 企業規模別イノベーションの実現状況

凡例
■ プロダクト・イノベーションのみ実現
□ プロダクト・イノベーションおよびプロセス・イノベーションを実現
■ プロセス・イノベーションのみ実現

規模	プロダクト・イノベーションのみ	プロダクト＆プロセス	プロセス・イノベーションのみ	合計
小規模	8.2	10.7	14.2	33.1
中規模	9.4	16.2	18.4	44.0
大規模	11.9	29.3	17.0	58.2
全企業	10.3	21.1	16.6	48.0

出典) 科学技術政策研究所 (2010).

した企業の方が多い．これは全ての企業規模に共通する特徴である．なお，双方を実現した企業の割合は全体で 21.1% となっている．

次に，技術的イノベーションの実現状況を産業別に集計した (図表 2-5)．JNIS では産業について 88 の層を作成しているが，層に用いた産業レベルでみると，母集団に属する企業数の少ない産業や回収された標本数の著しく小さい産業がある．このため，以降の産業別の集計については，図表 2-3 と同様の方法で各産業を統合した結果を紹介する．

図表 2-5 をみると，「基礎素材型製造業」，「加工組立型製造業」，「生活関連型製造業」で 6 割以上の企業がイノベーションを実現したと答えていることがわかる．第 3 次産業については，「情報通信業」，「卸売業，小売業」，「宿泊業，飲食サービス業」において 4 割以上の企業がイノベーションを実現したと回答しているのに対し，「運輸業，郵便業」や「不動産業，物品賃貸業」では 3 割未満となっており，産業によってイノベーションを実現した企業の割合にはばらつきがある．

プロダクト・イノベーションの実現状況に着目すると，「基礎素材型製造業」，「加工組立型製造業」，「生活関連型製造業」では，4 割を超える企業がプロダクト・イノベーションを実現しており，他の産業と比較しても高い割合となっている．なお製造業を区分したこの 3 つの業種はいずれも似たような傾向を示しており，イノベーションを議論する際に製造業を一括りにして議論を行っても

第 2 節　わが国のイノベーションの現状　31

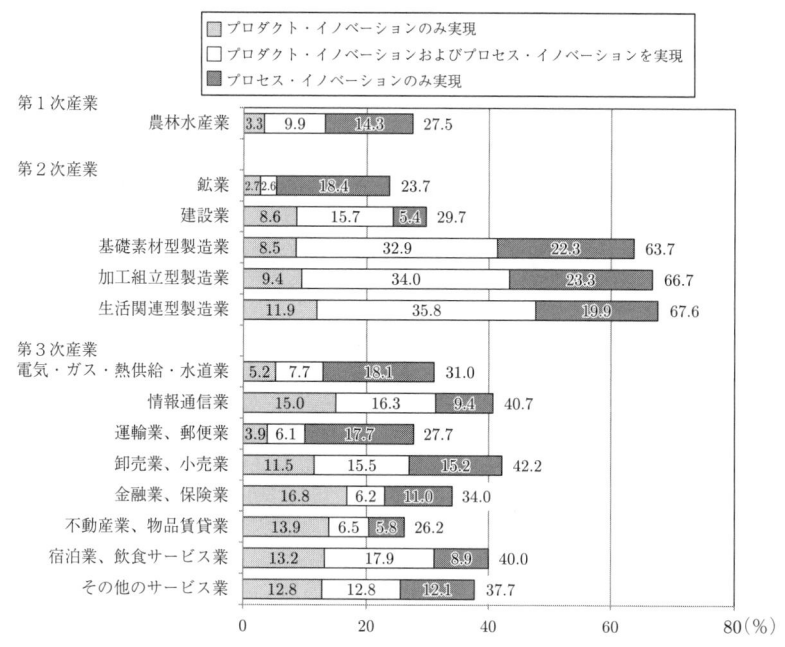

図表 2-5　産業別イノベーションの実現状況

凡例：
- □ プロダクト・イノベーションのみ実現
- □ プロダクト・イノベーションおよびプロセス・イノベーションを実現
- ■ プロセス・イノベーションのみ実現

産業区分	産業	プロダクトのみ	両方実現	プロセスのみ	合計
第1次産業	農林水産業	3.3	9.9	14.3	27.5
第2次産業	鉱業	2.7	2.6	18.4	23.7
	建設業	8.6	15.7	5.4	29.7
	基礎素材型製造業	8.5	32.9	22.3	63.7
	加工組立型製造業	9.4	34.0	23.3	66.7
	生活関連型製造業	11.9	35.8	19.9	67.6
第3次産業	電気・ガス・熱供給・水道業	5.2	7.7	18.1	31.0
	情報通信業	15.0	16.3	9.4	40.7
	運輸業，郵便業	3.9	6.1	17.7	27.7
	卸売業，小売業	11.5	15.5	15.2	42.2
	金融業，保険業	16.8	6.2	11.0	34.0
	不動産業，物品賃貸業	13.9	6.5	5.8	26.2
	宿泊業，飲食サービス業	13.2	17.9	8.9	40.0
	その他のサービス業	12.8	12.8	12.1	37.7

出典）科学技術政策研究所 (2010).

一般性を失わない可能性を示唆している．第3次産業をみると，「情報通信業」や「宿泊業，飲食サービス業」が3割を超えているのに対して，「電気・ガス・熱供給・水道業」や「運輸業，郵便業」では，それぞれ12.9%，10.0%と，産業によってプロダクト・イノベーションを実現した企業の割合が異なっているのが特徴である．

プロダクト・イノベーションの実現状況を製品/サービス・企業規模別に集計した結果が図表2-6である．全体では，26.8%（20.6%と6.2%との和）が製品に関して，そして10.8%（6.2%と4.6%との和）がサービスに関してイノベーションを実現しており，わが国のプロダクト・イノベーションにおいては，新製品を実現した企業の方が多いことが確認できる．これは全ての企業規模に共通する特徴であり，双方を実現した企業の割合は全体で6.2%となっている．

産業別に集計した図表2-7において，高いプロダクト・イノベーションの実現割合を示した「基礎素材型製造業」，「加工組立型製造業」，「生活関連型製造業」に注目すると，「製品のみ実現」もしくは「製品・サービスの両方を実現」

図表 2-6　企業規模別プロダクト・イノベーションの実現状況

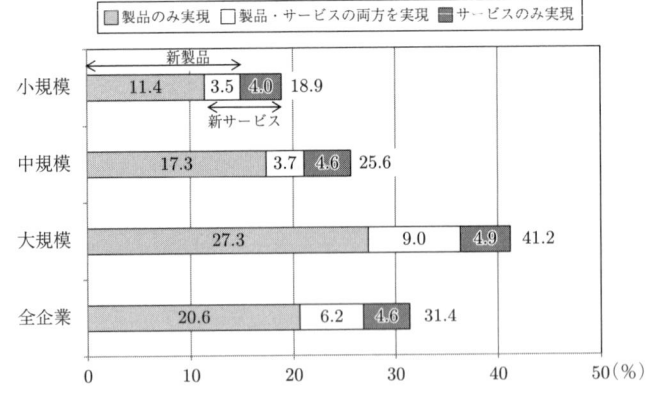

凡例：■製品のみ実現　□製品・サービスの両方を実現　■サービスのみ実現

- 小規模：11.4　3.5　4.0　計 18.9（←新製品：11.4＋3.5／新サービス：3.5＋4.0→）
- 中規模：17.3　3.7　4.6　計 25.6
- 大規模：27.3　9.0　4.9　計 41.2
- 全企業：20.6　6.2　4.6　計 31.4

出典）科学技術政策研究所 (2010).

図表 2-7　産業別プロダクト・イノベーションの実現状況

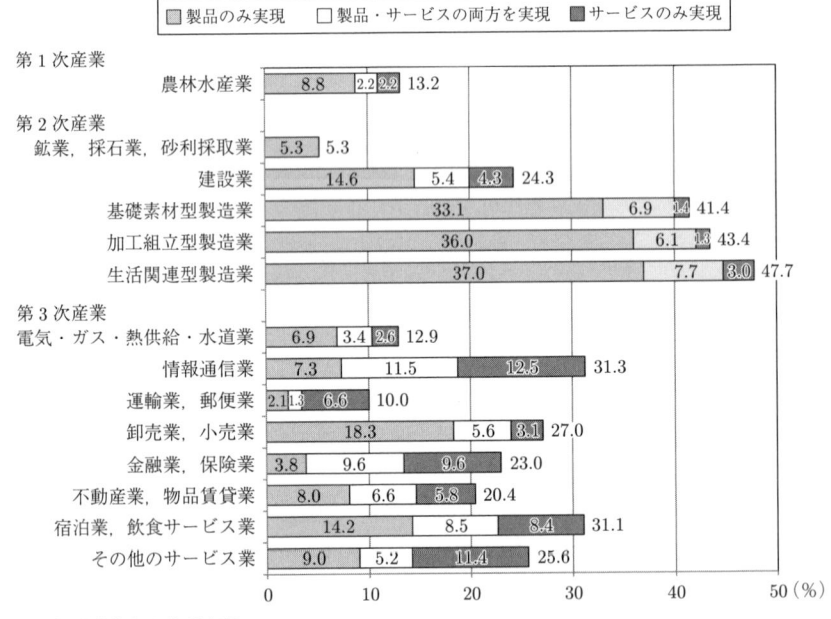

凡例：■製品のみ実現　□製品・サービスの両方を実現　■サービスのみ実現

第1次産業
- 農林水産業：8.8　2.2　2.2　計 13.2

第2次産業
- 鉱業，採石業，砂利採取業：5.3　計 5.3
- 建設業：14.6　5.4　4.3　計 24.3
- 基礎素材型製造業：33.1　6.9　1.4　計 41.4
- 加工組立型製造業：36.0　6.1　1.3　計 43.4
- 生活関連型製造業：37.0　7.7　3.0　計 47.7

第3次産業
- 電気・ガス・熱供給・水道業：6.9　3.4　2.6　計 12.9
- 情報通信業：7.3　11.5　12.5　計 31.3
- 運輸業，郵便業：2.1　1.3　6.6　計 10.0
- 卸売業，小売業：18.3　5.6　3.1　計 27.0
- 金融業，保険業：3.8　9.6　9.6　計 23.0
- 不動産業，物品賃貸業：8.0　6.6　5.8　計 20.4
- 宿泊業，飲食サービス業：14.2　8.5　8.4　計 31.1
- その他のサービス業：9.0　5.2　11.4　計 25.6

出典）科学技術政策研究所 (2010).

と回答した企業が4割以上となっている．他方で，「情報通信業」，「運輸業，郵便業」，「金融業，保険業」では，プロダクト・イノベーションを実現した企業のうち7割以上がサービスに関するものを実現しており，産業によって実現したプロダクト・イノベーションのタイプが異なることが確認できる．

第3節　プロダクト・イノベーションの特徴

　JNIS における定義によれば，プロダクト・イノベーションは回答企業にとっての新しい商品を指し，必ずしも過去になかったような新規性を求めていない．つまり，既に他企業が製造・販売している商品であっても，既存の商品を高度化した新商品であればプロダクト・イノベーションと見なされる．実現したプロダクト・イノベーションには時代の最先端を走る商品から，回答企業にとっては新しいが市場にとっては画期性を持たない商品までを含みうることから，本書では市場にとって新しいプロダクト・イノベーションと，回答企業にとってのみ新しいものとを区別し，前者を「画期性のあるプロダクト・イノベーション」という．

　JNIS に回答した企業 4,579 社のうち 1,440 社がプロダクト・イノベーションを実現しているが，JNIS では回答企業に対して自社の売上高と，プロダクト・イノベーションからの売上高のシェアを質問している．イノベーションが広く社会に受け入れられ需要家の支持を集めているならば，それだけ高い売上高を産み出していると考えうる．この節では，プロダクト・イノベーションの新しさを反映すると考えられる「画期性」と，当該企業への経済的インパクトを反映する「売上高」という2つの指標を用いて，JNIS にて回答した企業における，実現したプロダクト・イノベーションの成果の現状を紹介する．

3.1　わが国における現状

　図表 2-8 はプロダクト・イノベーションを実現した企業の割合および，画期性のあるプロダクト・イノベーションを実現した企業の割合を示している[17]．画期性のあるプロダクト・イノベーションを実現した企業の割合は全体で 13.8% となっており，その割合は企業規模とともに増加している．ただし，プロダクト・

---

17) プロダクト・イノベーションを実現した企業の中には，市場にとって新しいか否かについて回答していない企業も存在している．そういった企業については「市場にとって新しいプロダクト・イノベーションは実現せず」とみなして集計を行っている．

図表 2-8　市場にとって新しいプロダクト・イノベーションの実現状況（企業規模別）

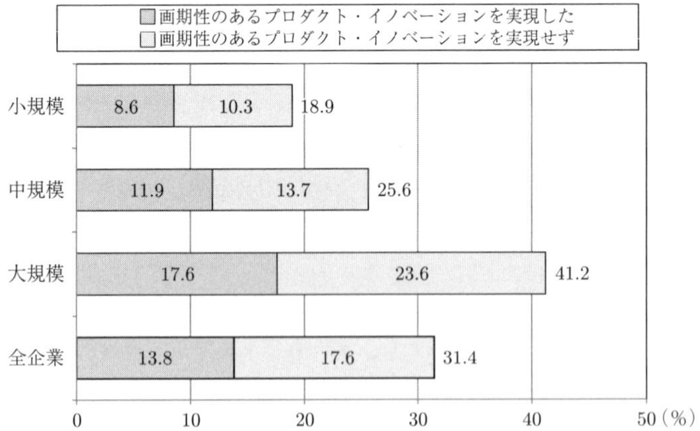

凡例：■ 画期性のあるプロダクト・イノベーションを実現した　□ 画期性のあるプロダクト・イノベーションを実現せず

- 小規模：8.6　10.3　18.9
- 中規模：11.9　13.7　25.6
- 大規模：17.6　23.6　41.2
- 全企業：13.8　17.6　31.4

（横軸：0〜50 (%)）

　イノベーションを実現した企業を対象として，画期性のあるプロダクト・イノベーションの実現状況をみると，全ての企業規模で 4 割程度と，企業規模による違いは見受けられない．つまり，プロダクト・イノベーションの実現で条件付けると，企業規模によって画期性の違いは見られない．

　次に産業別にみると（図表 2-9），最も高い割合でプロダクト・イノベーションを生み出しているのは「生活関連型製造業」の 24.1％であり，「加工組立型製造業」（20.4％），「基礎素材型製造業」（18.7％）が続いている．他方，低い割合の産業をみると，「電気・ガス・熱供給，水道業」（4.3％），「運輸業，郵便業」（4.2％），「鉱業，採石業，砂利採取業」（0.0％）となっている．プロダクト・イノベーションを実現した企業を対象に，画期性のあるプロダクト・イノベーションの実現状況をみると，「農林水産業」，「生活関連型製造業」で 5 割程度と比較的高い割合を示している．他方，「鉱業，採石業，砂利採取業」（0.0％），「電気・ガス・熱供給・水道業」（33.3％），「情報通信業」（35.5％），「金融業，保険業」（23.0％），「不動産業，物品賃貸業」（35.8％）では 4 割を下回っており，プロダクト・イノベーションの実現で条件付けると，企業規模とは異なり産業別では実現割合が若干異なってきている．

　それでは実現したプロダクト・イノベーションの売上高について，JNIS からどのような姿が見て取れるだろうか．2006〜2008 年度に実現したプロダクト・イノベーションにおいて 2008 年度の売上高に占める割合を集計すると（図表 2-10），実現したプロダクト・イノベーションが 2008 年度の売上高に占める割

第3節　プロダクト・イノベーションの特徴

図表 2-9　市場にとって新しいプロダクト・イノベーションの実現状況（産業別）

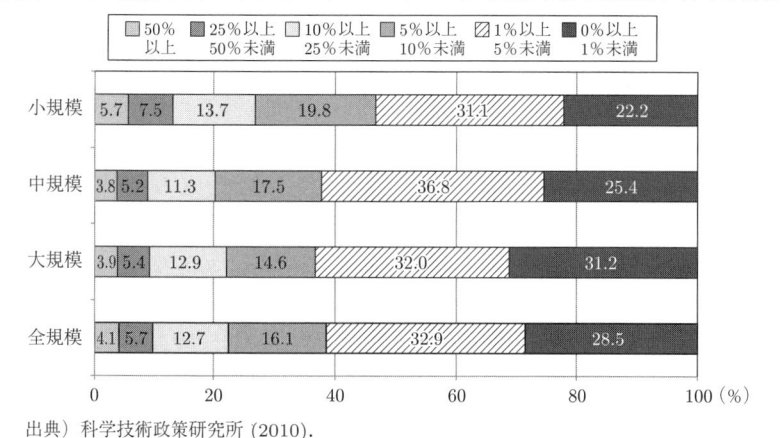

凡例：
- ■ 画期性のあるプロダクト・イノベーションを実現した
- □ 画期性のあるプロダクト・イノベーションを実現せず

第1次産業
- 農林水産業：6.6 / 6.6 / 13.2

第2次産業
- 鉱業，採石業，砂利採取業：5.3 / 5.3
- 建設業：10.8 / 13.5 / 24.3
- 基礎素材型製造業：18.7 / 22.7 / 41.4
- 加工組立型製造業：20.4 / 23.0 / 43.4
- 生活関連型製造業：24.1 / 23.6 / 47.7

第3次産業
- 電気・ガス・熱供給・水道業：4.3 / 8.6 / 12.9
- 情報通信業：11.1 / 20.2 / 31.3
- 運輸業・郵便業：4.2 / 5.8 / 10.0
- 卸売業，小売業：11.1 / 15.9 / 27.0
- 金融業，保険業：5.3 / 17.7 / 23.0
- 不動産業，物品賃貸業：7.3 / 13.1 / 20.4
- 宿泊業，飲食サービス業：12.7 / 18.4 / 31.1
- その他のサービス業：12.1 / 13.5 / 25.6

図表 2-10　実現したプロダクト・イノベーションが 2008 年度の売上高に占める割合

凡例：50％以上／25％以上 50％未満／10％以上 25％未満／5％以上 10％未満／1％以上 5％未満／0％以上 1％未満

規模	50％以上	25％以上50％未満	10％以上25％未満	5％以上10％未満	1％以上5％未満	0％以上1％未満
小規模	5.7	7.5	13.7	19.8	31.1	22.2
中規模	3.8	5.2	11.3	17.5	36.8	25.4
大規模	3.9	5.4	12.9	14.6	32.0	31.2
全規模	4.1	5.7	12.7	16.1	32.9	28.5

出典）科学技術政策研究所 (2010).

図表 2-11　新商品の売上高（対数値）の分布

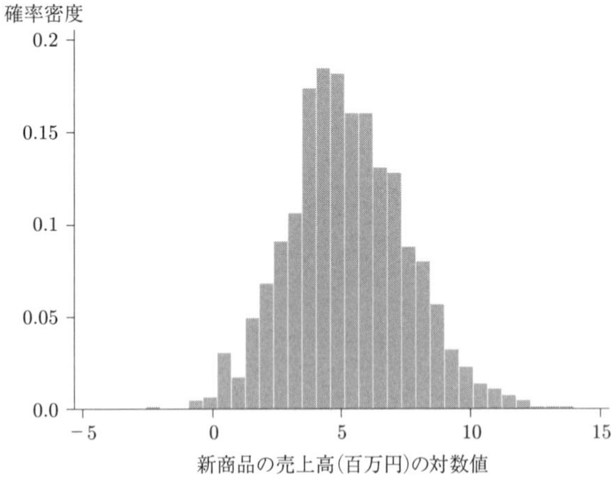

合は「1%以上5%未満」と回答した企業の割合が最も大きくなっている．売上高の5%以上を占めると回答した企業については全体で38.6%，最も割合の高い小規模企業で46.7%となっている．

ところで図表2-10で紹介した売上高に占めるイノベーションからの売上高の割合と，回答企業全体の売上高とを掛け合わせることで，各回答企業におけるプロダクト・イノベーションからの売上高を算出することができる．これを「新商品の売上高」とする．

新商品の売上高をみていくと，平均は41億7,900万円，標準偏差は401億7,000万円と，極めて大きなばらつきを示している．図表2-11は新商品の売上高の対数値を横軸にとったヒストグラムだが，対数値で見てもやや右に歪んだ傾向が見て取れることから，新商品の売上高の分布が強く右に歪んでいることが示唆される．

画期性の有無別にプロダクト・イノベーションの売上高を見ると，画期性のあるプロダクト・イノベーションの売上高が平均55億8,600万円に対し，画期性のないものの売上高は平均30億400万円となっており，画期性が売上高に結びついている結果となっているといえる．ただし，前述の図表2-11からも明らかなように，新商品の売上高については分散が大きく，平均値のみでは全体の様相を捉え切れない．図表2-12は画期性の有無別に新商品の売上高をボックス・プロットしたものである．長方形の上端・下端がそれぞれ75%・25%分位点

図表 2-12　市場画期性と新商品の売上高

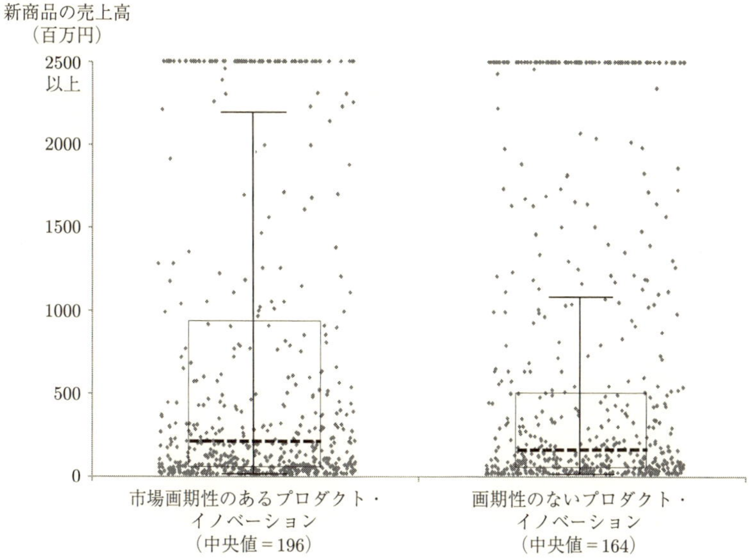

[図表：市場画期性のあるプロダクト・イノベーション（中央値=196）と画期性のないプロダクト・イノベーション（中央値=164）の新商品の売上高（百万円）の箱ひげ図]

に対応しており，長方形内の破線は中央値を示している．中央値をみると，市場における画期性がある場合は1億9,600万円，ない場合は1億6,400万円となっている．中央値以外の分位点を見ていくと，画期性の有無による大きな違いを25%分位点では見受けられないが，75%分位点については画期性のある方が上方に位置している．実際にコルモゴロフ－スミルノフ検定[18]を行ってみたところ，画期性の有無による分布の一致性は10%水準で棄却された．これらの結果は，画期性のあるプロダクト・イノベーションを実現した企業の方が画期性に欠くプロダクト・イノベーションを実現した企業よりも新商品からの売上高が有意に大きいことを示唆している．特に，75%分位点の差は，市場にとって新しいプロダクト・イノベーションは「当たれば」大きな売上高をもたらす潜在的な可能性があることを示唆しているのかもしれない．

次項では，プロダクト・イノベーションの画期性がイノベーションを実現した企業の売上高に与える影響を分析したい．

---

18)　2つの母集団の確率分布が異なるか，あるいは母集団の確率分布が帰無仮説で提示した分布と異なっているかを調べるために用いられる．

3.2 画期性と売上高

プロダクト・イノベーションの画期性が，それを生み出した企業の売上高に影響を与える経路として2つの側面を考えることができる．1つは「市場創出効果」と呼ばれるものである．市場にとって新しい商品は，競合他社の商品との代替性が低いことから競争にさらされにくいと考えられ，当該企業に更なる売上高をもたらす可能性がある．もう1つの側面が「商品代替効果」である．市場に投入された新商品は「自社の」既存商品とも競合しうることになる．この「とも喰い」（あるいは「カニバライゼーション」）の程度が大きいほど，プロダクト・イノベーションによる収益が既存商品の売上高の減少によって相殺される．プロダクト・イノベーションが画期性を有すれば，カニバライゼーションの程度は小さくなると考えられるだろう．

本項では，プロダクト・イノベーションを実現した企業の売上高を市場創出効果と商品代替効果とに分解することで，画期性のあるプロダクト・イノベーションの特質を深めてみたい．図表2-13はプロダクト・イノベーションが当該企業に与える経済的なインパクトを2つの次元を用いて概念的に図示したものである．

プロダクト・イノベーションが実現することで，新商品から売上高を得ることになる．この影響が「市場創出効果」であり，図表の横矢印に対応している．他方で，縦矢印は新商品が既存商品と競合することによる「商品代替効果」を示し，既存商品の売上高を圧迫する「とも喰い」を捉えている．

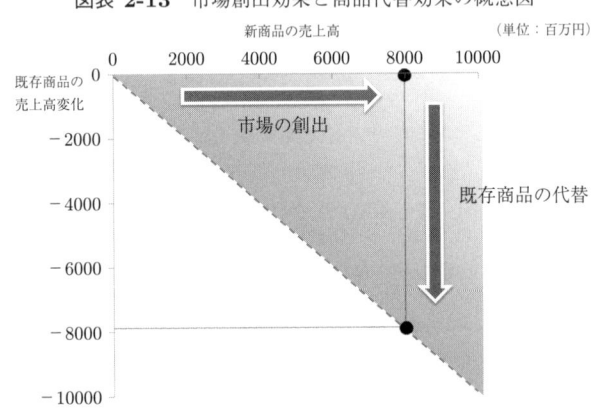

図表 2-13 市場創出効果と商品代替効果の概念図

第 3 節　プロダクト・イノベーションの特徴　　39

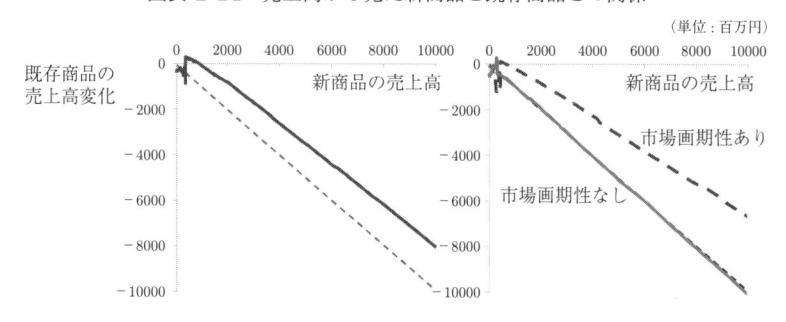

図表 2-14　売上高から見た新商品と既存商品との関係

(単位：百万円)

商品代替効果の程度を推定するため，ここでは総売上高変化と新商品の売上高の差を用いる．具体的には 2008 年度の当該企業の売上高と 2006 年度の売上高の差で総売上高変化を求め，この総売上高変化から調査対象期間（2006～2008 年度）に実現したプロダクト・イノベーションの 2008 年度の売上高を除いた金額を「既存商品の売上高変化」とする．プロダクト・イノベーションが当該企業の売上高に与える実質的な影響はこの 2 つの作用の相対的な大きさで決まり，図中のグラデーション部分で表されている．45 度線上で売上高への影響はゼロとなり，グラデーションが明るいほど売上高にポジティブな影響がある．以下，JNIS の調査データをもとにプロダクト・イノベーションの画期性との関係を詳しく見ていこう．

画期性の有無を問わず，全てのプロダクト・イノベーションを対象に分析したものが図表 2-14 の左側である．図表 2-13 にならって新商品の売上高（イノベーション売上高）を横軸，既存商品の売上高変化を縦軸にプロットしたものである[19]．新商品の売上高が大きいほど既存商品の売上高が低下していることが見て取れる．既存商品の売上高変化を新商品の売上高に線形回帰すると，その係数は −0.96 となり 0 であることが 1％有意水準で棄却された[20]．新商品の売上高から既存商品の売上高変化を除いた実質的な売上高の変化は 15 億円前後に収まっており，新商品からの売上高が大きいほど企業の売上高が大きくなるという構造に必ずしもなっていない．

図表 2-14 の右側は，左側と同様のスムージングを画期性のあるプロダクト・イノベーションを実現した企業と画期性の見られないプロダクト・イノベーショ

---

19)　スムージングは LOWESS (Locally Weighted Scatterplot Smoothing) で行った．
20)　線形回帰の結果は外れ値の影響を強く受ける．新商品からの売上高に関して，最大値は 2 番目に高い値の 2.5 倍に及ぶ値をとっていたため，回帰分析ではこれを除外している．

ンを実現した企業について別々に行ったものである．画期性の有無によって大きく異なった挙動を確認できる．画期性のないプロダクト・イノベーションはグラフがほぼ 45 度線上に沿っており，新商品の売上高が既存商品の売上高減少によってほぼ相殺されていることを示している．他方，画期性がある企業のグラフは 45 度線の上方に位置し，また新商品の売上高が大きいほど，実質的な売上高変化も大きいという結果になっている．線形回帰の結果，画期性の有無によって傾きに差がないという仮説は，画期性のあるケースで傾きが -1 である（45 度線上にある）という仮説と共に 1% の有意水準で統計的に棄却される．これらの結果は，画期性のあるプロダクト・イノベーションを実現した場合のほうが，そうでないプロダクト・イノベーションよりも既存商品に与える負の影響が小さいことを示唆している．図表 2-12 での結果と合わせると，画期性のあるプロダクト・イノベーションは新商品の売上高を押し上げる一方で，既存商品の売上高減少を相対的に抑制する可能性が示唆される．これらは共に企業のネットの売上高を高める方向に作用することがわかる．

　最後に本項における分析の留意点を 2 つ指摘しておきたい．まずここではプロダクト・イノベーションを実現した企業に限定して「市場創出効果」や「商品代替効果」を分析している点である．現実には新商品からの売上高は競合他社の商品との代替性にも依存するものと考えられる．既に競合他社が生産している商品を市場に投入した場合（画期性のないプロダクト・イノベーション）には，その商品との厳しい競争に晒される．結果として価格は低下し，新商品から上げられる売上高は小さくなると予想されるだろう．この点に対する示唆を JNIS の調査結果から得ることは難しいものの，本書第 6 章にて扱う脂質異常症治療剤の分析にてこの点について議論することになる．

　もう 1 つは，商品代替効果に関する識別上の問題である．ここまでの議論は既存商品の売上高減少がプロダクト・イノベーション（新商品との代替）のみから生じることを仮定している．しかしながら，既存商品の市場が需要の減退など別の要因によって縮小することもありうる．この時，既存商品の売上高減少が商品代替効果によるものなのかどうかを識別することができない．本分析ではこのような既存市場の縮小が存在しないと仮定して解釈を行ったが，その妥当性については更なる調査分析が必要である．

第4節 国際比較からみたわが国の現状

本節では，JNIS の調査結果と各国の CIS の比較を目的に OECD (2009) より刊行された *Innovation in Firms* を用いて，わが国のイノベーション活動の現状を相対的に捉える．4.1 項では *Innovation in Firms* に参加した諸外国の概要および国際比較を解釈する際の留意点を確認し，4.2 項にて国際比較の主要な結果を紹介する．

4.1 国際比較における留意点

Innovation in Firms への参加国は，イタリア，イギリス，オーストラリア，オーストリア，オランダ，カナダ，韓国，スイス，スウェーデン，チェコ，デンマーク，ドイツ，日本，ニュージーランド，ブラジル，ノルウェー，フィンランド，フランス，ベルギー，ルクセンブルクの 20 カ国となっている[21]．基本的には前述したオスロ・マニュアルにて推奨された企業規模・産業に属する企業を調査対象としているが，カナダ，韓国については製造業のデータのみのため，サービス業の数値が提出されていない．わが国においても図表 2-2 からもわかるように，オスロ・マニュアルには含まれていない農林水産業を調査対象に含んでいるため，国際比較を行う際にはこれら産業を除いて集計を行った．

国際比較の数値を解釈する際には次の 3 点を留意しておく必要がある．第 1 は，調査対象の期間についてである．*Innovation in Firms* に参加した国々の多くは，2002〜2004 年の 3 年間を調査対象とする CIS-4 (*Community Innovation Survey-4*) の結果を用いている．ただし，スイスでは 2003〜2005 年，オーストラリア，ニュージーランドでは 2004〜2005 年と国によって若干期間が異なる．JNIS については，調査対象期間が 2006〜2008 年度のため，諸外国と比較して最近の数値になっている．また，ドイツは 1993 年以来，企業のイノベーション活動に関する調査を毎年実施しており，調査対象となる企業もパネル化されている[22]．次項で示すイノベーションを実現した企業の割合等において，ドイツは国内市場の規模が比較的近いフランス，イギリスよりも高い数値を示す傾向

---

21) これら 20 カ国が *Innovation in Firms* に掲載されている全指標の調査結果を提出しているわけではない．そのため，以降で示す国際比較の図表では，記載されている国の数が異なることになる．
22) Aschhoff et al. (2008) の 20 ページを参照．

にあるが，この調査設計の違いが影響している可能性がある．

　第2は，イノベーションという現象の把握に対して主観的要素を排除することは難しい点である．この点は本章第2節でのJNISの調査結果を解釈する際の留意点でも述べたが，国際比較を行う際にも念頭に置くべき点と考えられる．「イノベーション」という言葉の響きがわが国と諸外国とで異なる可能性は否定できず，たとえ言葉の響きが同じであったとしても，特定技術分野における進展度合いの違いが企業のイノベーションの捉え方に差を生むのと同様の理由が，国際比較においても成り立つ可能性がある．

　この点について，科学技術政策研究所(2012)が貴重な示唆を与えてくれる．科学技術政策研究所(2012)では，具体的な事例を提示し，それをイノベーションと認識するかを日米独の3カ国間で比較しており，特定の事例をイノベーションと認識する度合いは，アメリカ，ドイツと比較して日本が低い状況にあることが報告されている．本節の国際比較の結果は，これら認識の度合いを加味したうえでの数値ではないため，イノベーションに対する主観的な認識の差が影響している可能性がある[23]．

　最後は，国際比較を行うにあたって，回答した企業の産業や規模に関する分布が各国で異なる点である．この点を勘案するために，本書ではLittle and Rubin (1986)に記されているウェイトバック集計[24]の方法を用いて，回答企業の分布が母集団の分布に合うよう集計を行った．そのため，本節における国際比較の結果は，JNISの結果を単純集計した前節の結果とは異なることになる[25]．

　図表2-3でみたように，JNISにおける企業規模別の回答企業数は，小規模で1,179社，中規模で1,182社，大規模で2,218社であり，小規模：中規模：大規模の比率は概ね1：1：2である．他方，母集団名簿として用いた事業所・企業統計調査の同様の比率は21：4：1（小規模：262,615社，中規模：56,184社，大規模：12,238社）と大きく異なっている．イノベーションを実現した企業の割

[23) 科学技術政策研究所(2012)では，わが国では米独よりもイノベーションと認識する範囲が狭い傾向があることが指摘されている．この点を踏まえると，わが国におけるイノベーションの実現は諸外国のそれよりも過小に評価されている可能性がある．

24) 回収された調査票の結果を母集団の構成比に合わせてデータに重み付けして集計することを指し，オスロ・マニュアル（第3版）でも推奨されている集計方法である（126ページ）．今回の国際比較に参加している諸外国でも同様の方法が用いられている．

25) JNISの回収率は30.3%と，約7割の企業については調査結果が得られなかった．本来であれば，こういった非回答企業に対する統計的処理を施したうえで，ウェイトバック集計を行う必要がある．しかし，非回答企業に関する追加的な情報が得られなかったこともあり，これら統計的処理は行われていない．今回の国際比較の結果は，あくまでも回答企業と非回答企業の回答の分布に相違はないことを仮定して行われている．

合は，企業規模が大きくなるにつれ高い数値を記録していたため，JNIS を単純集計すると，高い比率を示している大規模の割合の影響が強くなる．それに対して，ウェイトバック集計を用いると，回答企業の分布が母集団の分布に合うよう集計されるので，小規模企業の数値に引っ張られることになり，単純集計のときよりも低い数値を示すことになる．

4.2 調査結果

ここでは主にプロダクト・イノベーションに焦点を当てた国際比較の結果を提示している．ただし，JNIS の他の設問においても国際比較は可能であり，西川・大橋 (2010) にはそれらを含めた結果が載っている．

● 技術的イノベーションの実現割合

イノベーションのアウトプットとして最も基礎的な指標となるのは，技術的イノベーションを実現した企業の割合である．図表 2-15 は少なくともプロダク

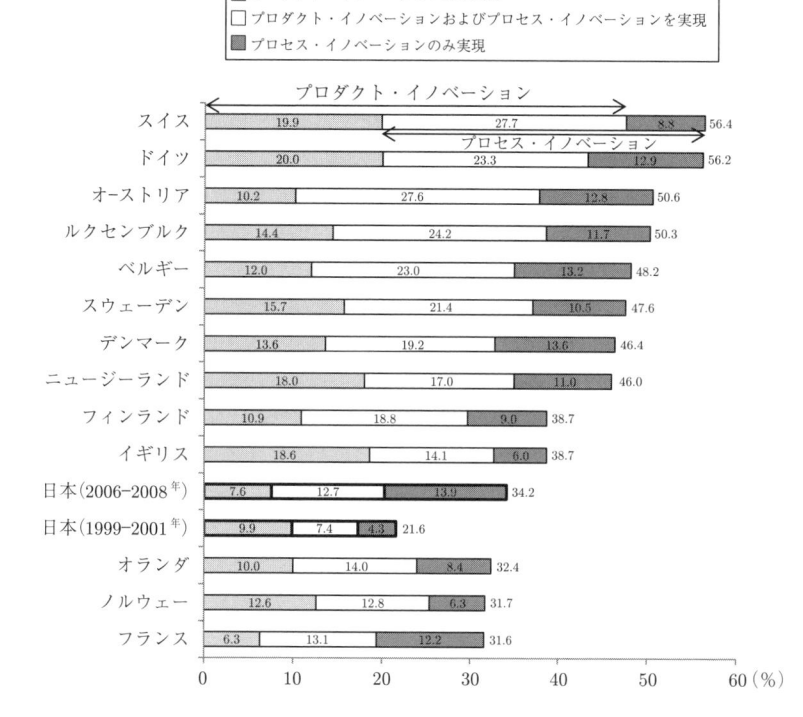

図表 2-15　技術的イノベーションの実現割合

国	プロダクト・イノベーションのみ実現	プロダクト・イノベーションおよびプロセス・イノベーションを実現	プロセス・イノベーションのみ実現	合計
スイス	19.9	27.7	8.8	56.4
ドイツ	20.0	23.3	12.9	56.2
オーストリア	10.2	27.6	12.8	50.6
ルクセンブルク	14.4	24.2	11.7	50.3
ベルギー	12.0	23.0	13.2	48.2
スウェーデン	15.7	21.4	10.5	47.6
デンマーク	13.6	19.2	13.6	46.4
ニュージーランド	18.0	17.0	11.0	46.0
フィンランド	10.9	18.8	9.0	38.7
イギリス	18.6	14.1	6.0	38.7
日本 (2006-2008年)	7.6	12.7	13.9	34.2
日本 (1999-2001年)	9.9	7.4	4.3	21.6
オランダ	10.0	14.0	8.4	32.4
ノルウェー	12.6	12.8	6.3	31.7
フランス	6.3	13.1	12.2	31.6

ト・イノベーションもしくはプロセス・イノベーションのいずれかを実現した企業の割合を示している．わが国は 34.2% と 14 カ国中 11 位に位置しており，イノベーションの実現という観点からすると，国際的に高い水準にあるとはいえない．ただし，市場規模が比較的大きいイギリス (38.7%) やフランス (31.6%) の割合も 3 割から 4 割程度と，国内の市場規模が比較的大きい国と比較してわが国の割合が著しく低いわけではない．また，ドイツも市場規模は比較的大きいが，前述のように調査設計に違いがあるため，直接数値を比較することは難しいと考えられる．また，図表 2-15 には第 1 回イノベーション調査の結果もあわせて示している．第 1 回調査の調査結果では 21.6% となっており，イノベーションの実現割合は着実に増加している．

次にイノベーションの実現割合をプロダクト/プロセス別にみていく．図表 2-15 左側のプロダクト・イノベーションをみると，わが国は 20.3% とフランス (19.4%) よりも上位に位置しているが，14 カ国中 13 位となっている．他方，プロセス・イノベーションをみると，わが国は 26.6% と 15 カ国中 11 位で，フランス (25.3%) やイギリス (20.1%) よりも高い割合を示している．

これまでのわが国は，画期的な技術の創造を海外に求めるキャッチアップ型の経済成長を実現してきたという通俗的な理解から，どちらかというとプロダクト・イノベーションよりもプロセス・イノベーションに強みを持っていたことが指摘されてきたが[26]，図表 2-15 はそうした指摘を裏付けた結果となっている．また，第 1 回イノベーション調査の結果と比較すると，プロダクト・イノベーション，プロセス・イノベーションともに実現した企業の割合は増加している．

● プロダクト・イノベーションの国際比較

プロダクト・イノベーションを実現した企業の割合を企業規模・産業別に集計し，国際比較を行った結果が図表 2-16 である．企業規模については，従業者数 10 人以上 249 人以下の企業が中小規模，250 人以上の企業が大規模に分類される．企業規模別でみると，わが国におけるプロダクト・イノベーションの実現状況は規模を問わず低い状況にある．産業別にみると，製造業 (29.2%) の方がサービス業 (20.9%) よりもプロダクト・イノベーションが実現している割合が高く，諸外国と同様の様相を呈している．

「画期性のあるプロダクト・イノベーション」と「プロダクト・イノベーショ

---

26) 榊原 (2005: 38) を参照．

図表 2-16 企業規模・産業別プロダクト・イノベーションの実現割合

◆ 日本　― フランス　▲ 英国　× 諸外国平均

全規模: 日本 20.3
中小規模: 日本 19.7
大規模: 日本 37.6
製造業: 日本 29.2
サービス業: 日本 20.9

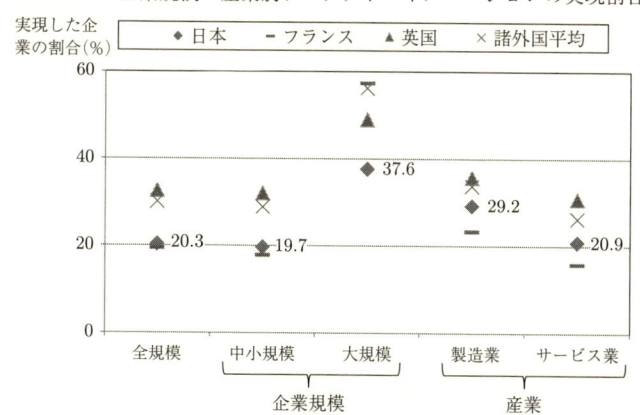

注) 図表内の数字は日本の割合を示す．

図表 2-17 画期性のあるプロダクト・イノベーションの実現割合

国	割合(%)
ルクセンブルク	27.0
スウェーデン	26.2
オーストリア	25.4
デンマーク	24.8
フィンランド	21.5
ニュージーランド	21.0
ベルギー	20.9
スイス	19.9
イギリス	19.3
ドイツ	17.5
オランダ	16.2
ノルウェー	12.9
フランス	12.6
オーストラリア	11.8
日本	9.5　11.5 ←日本（1999-2001 年）

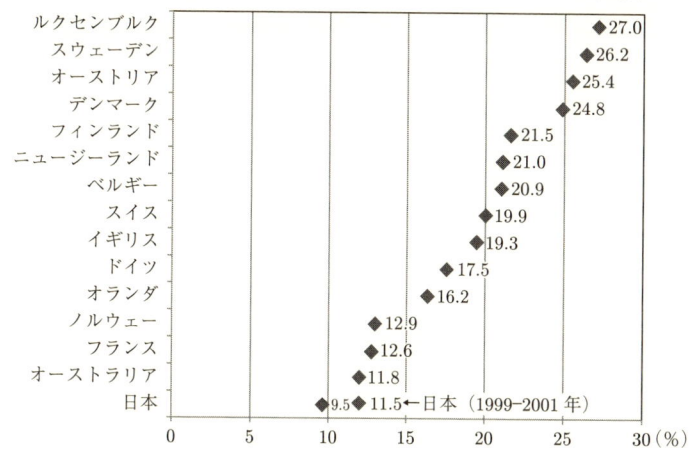

ン売上高」というプロダクト・イノベーションの成果は，国際的にみてどの程度の水準にあるのだろうか．まず，プロダクト・イノベーションの市場画期性を示す図表 2-17 をみると，わが国は 9.5％と参加国中最も低い数値となっている．この結果は，市場にとって画期性のある商品を提供している企業の割合が国際的にみて低く，新たな需要を創出していくようなプロダクト・イノベーションが生み出されていない状況を示している．

次に，実現したプロダクト・イノベーションが売上高に占める割合を示した

図表 2-18 プロダクト・イノベーションが売上高に占める割合

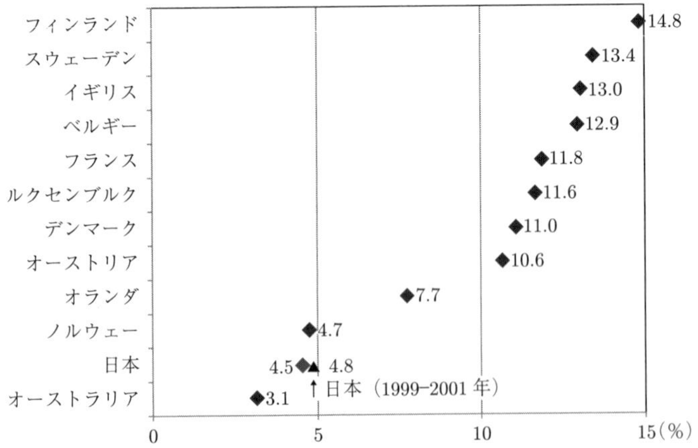

国	割合
フィンランド	14.8
スウェーデン	13.4
イギリス	13.0
ベルギー	12.9
フランス	11.8
ルクセンブルク	11.6
デンマーク	11.0
オーストリア	10.6
オランダ	7.7
ノルウェー	4.7
日本	4.5
日本（1999-2001年）	4.8
オーストラリア	3.1

図表 2-18 をみていく．わが国の数値は 4.5%と諸外国より低い水準にある．イギリスやフランスをみると，それぞれ 12%前後を示しており，わが国の数値はこれらの 3 分の 1 程度であり，実現したプロダクト・イノベーションが自社の売上高に及ぼすインパクトは小さい．

　以上より，わが国のイノベーション実現の割合は諸外国よりも低い状況にあるが，国内市場の規模が比較的大きいフランスや英国とほぼ同水準にあることが示された．また，第 1 回調査と比較して，イノベーションを実現した企業の割合は着実に増加していることも明らかとなった．しかし，本書の関心であるプロダクト・イノベーションについては，前回調査時よりも実現した企業の割合は高くなっているものの，依然として国際的に低い水準にある．併せて実現したプロダクト・イノベーションの成果を示す画期性や売上高に関連する指標も国際的に低い水準にあることがわかった．

第 5 節　小括

　本章では，NISTEP が 2009 年に実施した JNIS を用いて，わが国のイノベーションの現状を定量的に明らかにした．その結果，画期性のあるプロダクト・イノベーションは売上高を大きくする一方，既存商品からの売上高の減少を相対的に抑制することで，企業の売上高を増大させる方向に作用することが明らかとなった．しかし，JNIS の特色でもある国際比較の結果をみると，わが国の

プロダクト・イノベーション実現の割合は国際的に低い水準にあることに加えて，画期性のあるプロダクト・イノベーションの実現割合や実現したプロダクト・イノベーションが売上高に占める割合についても国際的に決して高い水準にないことが明らかとなった．JNIS を含む CIS の結果を解釈する際に留意すべき点はあるものの，本章で紹介した俯瞰的アプローチによる調査は，ややもすると感覚的な議論に頼りがちなわが国のイノベーションの現状把握・認識に対して，重要な知見を提供していると言えるだろう．

第3章

微視的アプローチ——構造形推定

　本章では，イノベーション測定のもう1つのアプローチ——微視的アプローチ——について説明する．このアプローチは個別のイノベーション事例を定量的に分析するときに有効な方法である．本章ではミクロ経済学の一分野である産業組織論を初め，様々な実証研究分野にて応用されている「構造形推定」という手法の紹介を通じて，微視的アプローチの意義と背景を理論的に説明したい．ここで紹介されるアプローチは第II部での具体的な事例に応用されることになる．

　前章では俯瞰的アプローチを用いて，国別・産業別に見たときのわが国のイノベーション活動の全体的な姿を定量的に明らかにした．しかし，イノベーション (innovation) はその語源 "novus"（直訳「新しい」）が示す通り，互いに比較が不可能な画期性を本来有するものである[1]．つまりイノベーションは個々の事例ごとに異なる性質を持つことから，イノベーションの経済分析には，そうした個々のイノベーションの事例が持つ異質性や画期性を踏まえた視点が必要だ．ここに俯瞰的なアプローチを補完する形で，微視的アプローチを用いる意義がある．

　本章では第1節にて微視的アプローチの目的とその射程を説明し，続いて第2節にて測定手法の考え方を紹介する．第3節ではデータの特性，第4節では需要推定の手法を紹介し，最後に第5節にて構造形推定とイノベーション評価について議論する．なお第4節は推定手法に関する技術的な内容となっているために，需要推定の専門的な内容に関心のない読者は読み飛ばしてもかまわない．本章で紹介したモデルを具体的な事例に応用するためには，ある程度厳密に計量経済学的な議論を理解することも必要である．そうした技術的な説明は補論Aに譲ることにする．

---

[1] 第2章で紹介したJNISでは，市場に初めてのタイミングで投入された新商品を「画期性」のあるイノベーションと呼んだ．ここでいう "novus" とは，既存商品の有さないユニークな特性を新商品が有している点を指している．以下の本章では，"novus" に対しても「画期性」という用語を使って表現することにしたい．

第1節　微視的アプローチの目的と射程

第1章では，本書の分析対象であるプロダクト・イノベーションの定義を「新たな製品やサービスを登場させることを通じて，経済的・社会的な価値を新たに創り出す活動」（第1章脚注8）とした．プロダクト・イノベーションの付加価値は，新しい商品を企業が製造・販売し，それらを消費者が購買・需要することによって生み出される．具体的には，新商品を企業が製造・販売するときに生産者が得る利潤に加えて，そのイノベーションの成果を購買・需要することによって消費者が得る便益（あるいは効用）が付加価値として挙げられる．たとえば第II部第5章にて取り上げるハイビジョンテレビを例にとれば，市場にハイビジョンテレビが登場することによって旧来型ブラウン管テレビ以外の選択肢が消費者に与えられ，消費者の便益（以下「消費者厚生」[2]という）が向上することになる．併せてハイビジョンテレビの登場によって，ブラウン管テレビからの買い替えが促されて家電企業は利潤（以下「生産者厚生」ともいう）を増やすことができる．つまりハイビジョンテレビというイノベーションの経済・社会的な付加価値とは，消費者厚生と生産者厚生との和（つまり「社会厚生」）として表現される．ハイビジョンテレビの普及が進むにつれて社会厚生が拡大し，経済・社会にもたらされるイノベーションの付加価値も大きくなる．本章では，社会厚生という概念を用いることでイノベーションの経済的・社会的な付加価値を理論的・定量的に捉える手法を議論する．

なお当然のことながらイノベーションによってもたらされる付加価値は，経済的な側面に限定されない．たとえば第6章における医薬品の分析では，画期性をもつ新薬（具体的には脂質異常症治療剤として用いられるメバロチン）が市場に投入されることによって，どれだけ患者の死亡リスクが減少して寿命が延びることになったかを評価している．本章で紹介する定量的手法は経済的側面にとどまらない付加価値の推定も可能にしており，その点を指して本書では「社会的」価値とよぶことで，幅広いイノベーションの付加価値の定量化を可能としている．

---

2)　「厚生」(welfare) は経済学的には「余剰」(surplus) と同義である．また本書では，「消費者」と同じ意味で「需要家」という用語も用いる．

微視的アプローチの目的を社会厚生の推定と一義的に捉えることによって，イノベーション測定に関して幾つかの含意が得られる．1つは，費用が莫大にかかるイノベーションが必ずしも社会的に有益なイノベーションとはいえないという点である．イノベーションの社会・経済的な価値とは社会厚生をベースとして考えるべきであり，イノベーションを生み出すための事業規模や費用総額の多寡で決まるわけではない．

　つまり単に技術的側面が向上するだけで，イノベーションが価値を生み出すと考えることはできない．仮に自動車を例に取り上げれば，あるイノベーションによって自動車の速度が飛躍的に向上したとしても，渋滞のひどい社会にあっては自動車の速度を上げるような技術の向上は需要家にとって余り意味のあるイノベーションとはいえないと思われる．つまり速度の向上という技術的な観点からのみでイノベーションの価値を評価することは正しいアプローチとはいえず，需要家のニーズからの視点がイノベーションを評価する観点として不可欠であると思われる．

　もちろん，需要家の視点をイノベーションが創出する価値の判断基準とするという経済学的な考え方は，残念ながら社会科学分野の世界でもまだ広く共有されているとは言い難いのが実情である．たとえば，Martino (1985) が監修した *Technological Forecasting and Social Change* での特集では様々な学術分野におけるイノベーション測定についての議論が紹介されているが，そこに所収されているほとんどの論文は，商品の技術的特性の向上や論文数・特許数の増加をもって「イノベーション」が活性化すると捉えている．確かに技術の最先端フロンティアを押し広げることは科学技術の観点から意味のあることだが，科学的・技術的に優れたものが必ずしも社会に広く受容されるわけでないことは第1章でも論じた通りである．イノベーションによって生み出される価値の指標には，供給者側の視点のみならず，そのイノベーションを享受する需要家の視点も勘案されてしかるべきであろうし，今後ますますそうした需要家目線でのイノベーションの評価が重要になるべきだろう．そのように考えれば，供給側の視点だけでなく需要側の視点もあわせ持つ社会厚生の概念は，イノベーションの測定における定量的な指標として適切な視座を与えるものと考えられよう．本章では，このような問題意識を背景として，社会厚生の測定手法についてイノベーションの観点から議論を進めたい．

第2節　イノベーション測定手法

　社会厚生は需要側と供給側の双方の視点をあわせ持つ．需要側の利得を表す「消費者厚生」は，消費者の行動を決める選好・嗜好構造から導出され，供給側の利潤を示す「生産者厚生」は供給者[3]の行動を規定する生産・費用の構造によって導き出されることがミクロ経済学にて知られている．そこでイノベーションが生み出す「社会厚生」を推定するに当たっては，需要家の選好構造と供給者の生産・費用構造をいかにして明らかにするかが重要な課題となり，微視的アプローチを用いるうえでの「肝」となる．

　社会厚生のうち，生産者厚生は貨幣単位として定義できる概念である．基本的には，企業が商品の販売によって受け取る総収入から，生産に要する投入物の市場価格（機会費用）を差し引いた残りである利潤が生産者厚生に相当する．これに対して，需要家の利得を示す消費者厚生は概念として捉えることが容易でなく，また利潤と違ってデータから直接的に観測することが難しい．そこで消費者厚生を定量的に把握するに当たっては，経済学に基づく理論的な枠組みを用いながら，精緻な推定手法に基づく必要がある．第II部で用いるイノベーション測定手法の「肝」はまさに消費者厚生を計測することにあることから，本章では消費者厚生に焦点を当て，生産者厚生を捨象した議論を行いたい．これは専門的にいうと完全競争市場の仮定を置くことと同じになる．完全競争のもとでは企業利潤は0となり，社会厚生は消費者厚生と等しくなるからである．もっとも現実の市場では完全競争が成り立っていないような状況が多く見受けられることから，生産者厚生を捨象して社会厚生の議論をすることは現実に即した分析とならないことも多い．そこで，第II部における事例分析では完全競争の仮定を緩めた前提で分析を行うことにし，そうした分析への拡張手法については補論Aに譲ることにする．

2.1　新商品の画期性

　イノベーション測定を行ううえでの最初の難関は，イノベーションのもつ画

---

[3]　本書では供給者を企業と同義で用いている．なお中間財・サービスを用いて最終商品を生産する企業は，中間財・サービスの購入の側面では需要家であり，最終商品を供給する側面では供給者になる．

期性をいかに定式化するかにある．1つの手法として Lancaster (1966) によって提唱された「特性アプローチ」という方法が知られている．以下では消費者厚生の観点からイノベーションを測定するための基本的な道具立てとして，まずこの手法の説明から始めたい．

特性アプローチにおいて，あらゆる商品は，それぞれの商品がもつ特性 (characteristics) の集合体（束）から成り立つと考える．たとえば自動車であれば，その特性とはエンジン（排気量や最大出力など），寸法・定員，ステアリング・駆動方式，重量などが考えられ，コンピュータであればその特性として CPU やメモリの大きさ，オペレーティング・システムの種類や DVD プレイヤーの有無などが考えられる．

このときある商品が画期性を持つとは，その商品が他の商品にはない特性を有していることに他ならない．たとえば，技術の進歩によって自動車エンジンのエネルギー効率が従来よりも向上したとか，コンピュータの CPU が次世代の仕様へとアップグレードしたことが画期性の事例として考えられるだろう．こうした事例はほかにも枚挙にいとまがないほど存在している．この点を記号を用いて議論すると概念が更に明確になる．以下では自動車の画期性として (1) ハイブリッド車の登場，(2) エンジンのエネルギー効率向上の2つを取り上げて議論したい．

ある自動車の車種 $j\ (= 1, \cdots, M)$ は z_j という特性の集合体であるとする[4]．ここで M とは分析対象とする自動車の車種数を指し[5]，そのうちの1つの車種 j（たとえばトヨタのプリウス）に注目したい．特性は N 次元にわたるベクトルである $z_j = (z_{j1}, z_{j2}, \cdots, z_{jN})$ で構成されている．特性について先ほど自動車とコンピュータについて簡単に例を挙げたが，たとえば車種 j がハイブリッド車であるか否かは z_j の1つの要素 z_{j1} で表現され，エンジンのエネルギー効率は z_{j2} で表現されるものとする．

これらの記号を用いて上の (1), (2) の画期性を表現してみよう．まず (1) について，M 番目の車種（以下では車種 M という）として初めてのハイブリッド車が市場に登場したと考えよう．車種 j がハイブリッド車であれば $z_{j1} = 1$，ハイブリッド車でなければ $z_{j1} = 0$ であるとすると，車種 M がハイブリッド車

---

[4] 特性 z_j の中に価格を入れる考え方もあるが，ここでは別個のものとして取り扱う．
[5] 対象となる M 個の商品をどのように決めるかは1つの重要な論点である（産業組織論では「市場画定」の問題と言われる）．ここでは分析対象となるイノベーションが生じた商品およびその商品と密接な代替商品を含むものとして定義されると言及するにとどめておく．

であることの画期性は $z_{M1} = 1$ であり，かつ車種 M を除く車種 j については $z_{j1} = 0$ が成り立つことを意味する．

次に (2) の画期性として車種 k においてエンジンのエネルギー効率を大幅に向上させるような技術進歩が起きたとすると，それは z_{k2} の値を上昇させるような漸進的なイノベーションとして表現される．

2.2 画期性と厚生評価

こうした画期性に対して消費者がどの程度の魅力を感じるかは，消費者の選好・嗜好に依存する．たとえば 2 ドアタイプのスポーツカーを望む独身男性は，ハイブリッド車に魅力を感じないかもしれないが，逆に地球温暖化に対して敏感な消費者は化石燃料に依存しないハイブリッド車を志向するかもしれない．また家計によっては，エンジンのエネルギー効率の上昇による燃料費の節約に大きな魅力を感じるだろう．

このように多様な選好・嗜好を持つ消費者は，全商品の特性の集合である $z \equiv (z_1^T, \cdots, z_M^T)$ から自らの嗜好に近い特性の束を持つ商品を選択して購入するか否かの判断を行っているものと定式化できる[6]．

消費者が商品を購買することにより，消費者厚生が生まれ，また利潤として生産者厚生が生まれる．その和である社会厚生をここで $W(p, z)$ と表すことにしよう．但し (p, z) は M 個の商品の価格と特性の集合 $\left((p_1, \cdots, p_M)^T, (z_1, \cdots, z_M)^T\right)$ である．このときイノベーションは，イノベーションが起こる前の価格と特性の組み合わせ (p, z) から，イノベーションが起こった後の価格と特性の組み合わせ (p', z') への変化として表現することができる．

たとえば車種 k においてエンジンのエネルギー効率が向上したことをイノベーションと考えれば，それは特性集合 z の一要素である z_{k2} の値が増加することによって特性集合が z' に変化し，またそれに合わせて価格が p から p' へと変化することになる．

あるいは車種 M がハイブリッド車として市場に新商品として登場したとすれば，それはこれまで $(M-1)$ の車種しかなく，全ての $(M-1)$ の車種が $z_{j1} = 0$ である市場において，$z'_{M1} = 1$ という車種が登場した結果，価格と特性集合が (p, z) から (p', z') へと変化したと考えられる[7]．

---

6) ここで T は行列の転置を意味する．
7) 技術的な点だが，ハイブリッド車が登場する前には市場には $(M-1)$ の車種があり，まだ市場になかった車種 M については $(p_M, z_M) = (0, 0)$ であったとする．

つまり特性アプローチを用いると，イノベーションは価格と特性集合が (p,z) から (p',z') へと変化するものとして表現することができ，そのときの社会厚生の変化である $\Delta W \equiv W(p',z') - W(p,z)$ が，イノベーションによる社会厚生への影響，つまりイノベーションによって新たに創出される経済的・社会的な付加価値と考えることができる．そこでイノベーションを社会厚生の観点から測定するとは，ΔW を推定することになる．この推定作業を行うために，まず $W(p,z)$ のもつ性質について考察してみたい．

便宜的に $W(p,z)$ を特性の線形和で表現できるとしよう[8]．特性 k について社会が付与する重要度を β_k とするならば，プロダクト・イノベーションが生み出す社会的な便益は以下で表される．

$$\Delta W = \sum_{j=1}^{M} \left[\sum_{k=1}^{N} \beta_k \left(z'_{j,k} - z_{j,k} \right) - \beta_p \left(p'_j - p_j \right) \right] \tag{3-1}$$

つまりイノベーションが社会厚生に与える影響は，特性および価格に付されたウェイト $\beta \equiv ((\beta_1, \cdots, \beta_k, \cdots, \beta_N), \beta_p)$ を推定することによって評価できる[9]．特に消費者厚生に着目した場合，ウェイト β は消費者が各属性からどれほどの効用を得るかという，データから直接に得がたいものを反映していることから，観測される消費者の行動から消費者が得ている効用をいかに推定するかが重要な課題となる．以下ではその点について更に考察を加えてみたい．なお冒頭で述べたようにここでは引き続き完全競争を仮定することで，社会厚生が消費者厚生と等しい状況を前提とする．

2.3 厚生評価と需要推定

消費者厚生とは，需要家がある商品を購入したことによって得られる効用を表す概念である．ある商品に対する需要家の効用とは，その商品の需要関数で表される需要家の支払い意思額から商品の購入に支払った額を差し引いたものとして表現できる．つまり商品 j を価格 p_0 で購入したときの消費者厚生は，図表 3-1 のように需要曲線 $q_j(p,z)$ と $p_j = p_0$ の線に囲まれた部分の面積 W となる．なお p や z は商品 j のみならず他の商品の価格・特性を含む変数であるこ

---

[8] 複雑な関数形である $W(p,z)$ を 1 次のテイラー展開したものとも考えられる．
[9] ここでは簡単化のために財の個数 M と特性の次元数 N が変化しないと仮定する．脚注 7 のハイブリッド車の例でも明らかなように，M や N は将来起こりうるイノベーションによる新商品の投入も考慮して定義されている．

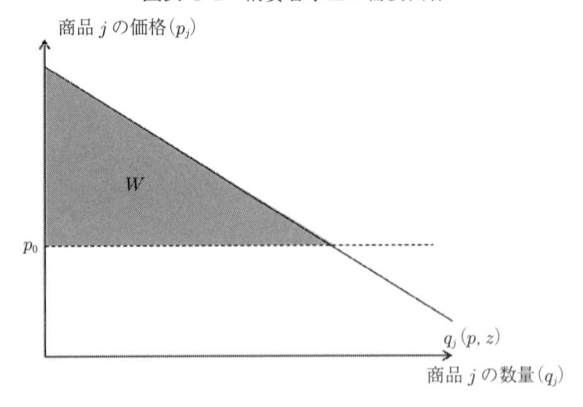

図表 3-1　消費者厚生と需要曲線

縦軸：商品 j の価格 (p_j)、横軸：商品 j の数量 (q_j)、需要曲線 $q_j(p,z)$、価格 p_0 より上の三角形領域が W。

とから，商品 j の需要関数である $q_j(p,z)$ も他の商品の価格や特性が変化するのに合わせて変化する点に注意が必要である．

　前項の議論からイノベーションが社会厚生に及ぼす影響は，ΔW として表現された．そこでイノベーションから生み出される社会・経済的な付加価値は，需要関数のシフトによって捉えることができる．仮に商品 j にイノベーションが起きたとすると，消費者が商品の特性に対して好ましい評価をしている（つまり $\beta > 0$）ならば，図表 3-2 のように商品 j の需要曲線は $q_j(p,z)$ から $q_j(p',z')$ へとシフトすることになり，イノベーションによる消費者厚生の変化分は ΔW として表される．なお需要曲線の移動幅は，特性の向上の程度や消費者の各特性に対する評価度合 (β) に依存して大小が決まることになる．

　以上からイノベーションの価値を測定するには需要関数 $q_j(p,z)$ の推定（具体的には β の推定）が必要である．上の議論では，単純化のためにイノベーションが生じた商品のみに焦点を当てていたが，ある商品におけるイノベーションは競合商品の需要に対しても影響を与えることも考えられる．たとえばある車種のエンジンのエネルギー効率が上昇すれば，競合する車種は消費者からの魅力を失ってその市場シェアは低下するかもしれない．その場合，競合する車種を購入する消費者の厚生も影響を受けることになるだろう．つまり同じ市場で取引される商品全ての需要関数を連立させたシステムを考える必要が出てくる．このような推定上の課題とその解決方法については，本章の第 4 節で改めて論じることとしたい．

　なおここでは完全競争市場を仮定したが，この仮定が現実妥当性をもつかど

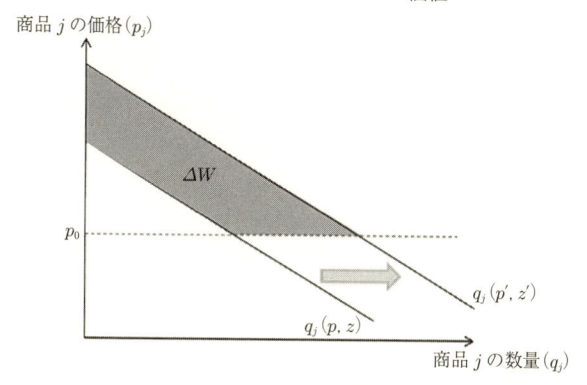

図表 3-2　イノベーションの価値

商品 j の価格 (p_j)、ΔW、p_0、$q_j(p', z')$、$q_j(p, z)$、商品 j の数量 (q_j)

うかは個々の事例に応じて精査をされるべきである．実際に第 II 部で扱う太陽光発電やハイビジョンテレビの事例では，供給側の寡占的な行動も考慮した分析を行っており，その際に必要とされる手法については補論 A にて解説する．

第3節　データの特性

3.1　顕示選好と表明選好

イノベーションが創出する社会厚生を定量的に測定するためには，個別事例に即してデータを収集することが不可欠である．収集されるデータはその性格に応じて顕示選好 (revealed preference) によるデータと表明選好 (stated preference) によるデータという2つのタイプに分類される (Louviere et al., 2003).

顕示選好によるデータとは，消費者あるいは生産者が実際の経済活動の中で行った選択の結果を記録したデータを指す．一方，表明選好によるデータとは，仮想的な状況を設定し，その状況下で消費者あるいは生産者がどのような行動をとるかをアンケートなどの調査を用いて記録したものを指す．顕示選好・表明選好には以下に述べるような利点と欠点が存在する．

顕示選好によるデータは，経済主体が資源的な制約（たとえば，利用可能な金銭・時間・情報に関する制約）の中で，実際に選択した結果を記録したものであり，経済主体の選択行動を分析するうえでの信頼性は高い．しかしながら顕示選好によるデータは過去の市場における経済主体の選択行動を記述したもので，経済状況が大きく変化するような場面での予測には余りふさわしいもの

ではない．

　表明選好によるデータは，顕示選好のデータと比較すると，経済主体の選好に関してよりきめの細かい情報を得ることができる．表明選好によるデータを集める際には，仮想的な状況を示したうえで被験者に選択行動を質問するために，質問者の側で様々な仮想的な状況を自由に設定することが可能だからである．他方で，現実であれば直面するはずの資源的な制約を回答者に実感させることは難しく，質問の仕方や選択肢の配置などでも回答結果に大きな差が出てくることが予想される[10]．さらに過去のイノベーション事例について，表明選好データを収集することは回答者の記憶に大きく頼らざるをえないところがあるために，結果の解釈が危うく困難なことも多い．

　以上の点を考慮して，第II部では顕示選好データを用いた分析を行う．なお既存のイノベーション研究において顕示選好を用いた定量分析は乏しく，その点からも本書は学術的な意義を持つと評価できよう．

3.2　市場データと個票データ

　顕示選好データは，集計レベルによってさらに細く分類できる．1つは「市場データ」である．これは地理的に画定された市場の単位で，各商品別の販売量や価格，その他の特性を集計したデータを指す．最近ではレジで商品をスキャンしたときに店舗に蓄積される販売時点 (POS) データが手軽に入手できるようになり，市場レベルで集計されたデータを活用した定量分析はますます増えてくるものと思われる．

　もう一段詳細な分析としては，どのような属性の消費者がどの商品を購入したかを識別できるような「個票データ」を用いることが考えられる．購買した個々の消費者の年齢，性別，あるいは家族構成等といった属性が購買履歴に紐付けされているデータである．こうしたデータはコンサルティング会社などが特定の目的で集めていることもある．ただし個票データの収集に際しては，消費者への無作為抽出によるアンケート調査を実施することに多大な時間と費用が掛かることから，調査の実施段階での標本抽出にバイアスが生じる懸念があることにも留意が必要である．

---

10) 回答者の真の選好を歪みなく表明させるために，データ収集の改善が公共経済学の分野を中心に進展している．サーベイとして，*Journal of Economic Perspective* の 2012 年第 4 号における「contingent valuation」に関するシンポジウムで取り上げられている論文を参考のこと．

第4節　需要推定の手法

イノベーションを新しい商品の登場による特性の向上や新たな特性の追加から生じる社会厚生の増分と捉えれば，イノベーションの測定において，商品の特性を消費者がどれだけ重視しているかの情報が不可欠になる．特性の異なる様々な商品に対する消費者の選好・嗜好は，一般に製品差別化された需要関数によってデータから推定することができる．しかし，これまで長い間，製品差別化された商品の需要関数を推定することは困難と指摘されてきた．以下ではまず製品差別化された商品の需要関数を推定することについて従来から指摘されてきた問題点を明らかにし，そのうえでその問題点を解決するためにその後登場した手法を紹介する．

4.1　問題の所在

第2節に引き続き，自動車の例を用いて需要推定を行う際の問題を論じたい．市場に M 車種の自動車が存在するとき，自動車の需要関数は以下のように書ける．

$$q = x(p;r)$$

ここで q は各車種の需要量を表す M 次元ベクトル，p は各車種の価格を表す M 次元ベクトルである．価格以外に自動車需要を変動させる変数を r とする．この変数にはたとえば所得や家族構成などが該当することになる．したがって，ここでの需要関数 $x(p;r)$ とは M 車種の需要量 q を，M 車種の価格 p とそれ以外の需要の変動要因 r で説明する M 本の連立方程式ということになる．

需要関数の推定において多大な努力が払われてきた点の1つが，経済理論から導かれる効用最大化の原則を保持したままで，いかに関数形の制約が少ない定式化ができるかという点であった．たとえば，Rotterdam モデル (Theil, 1965) や線形支出モデル (Stone, 1954) などはそのような定式化の例である．

製品差別化された商品の需要関数を推定する際に「次元の問題」(dimensionality problem) といわれる困難に直面する．需要関数 $x(p;r)$ が (p,r) について線形という比較的単純な定式化をし，加えて需要の変動要因 r として説明変数を1つだけ入れたとしても，それぞれの車種の需要関数に $(M+1)$ 個の変数が入っているので，この連立方程式には (M^2+M) 個という膨大な数のパラメータが

存在することになってしまう．たとえば $M = 10$ の場合は 110 個のパラメータを推定しなければならないが，$M = 100$ となれば推定すべきパラメータは10,100 個まで増える．もし横断面（クロスセクション）データしか利用できないのであれば，M 個のデータしかないので，$(M^2 + M)$ 個のパラメータを推定することは不可能である．「次元の問題」から派生するさらなる論点として，需要関数の推定における識別の問題（本章第 5 節で詳述する）もある．需要関数の説明変数の 1 要素である価格は，現実の市場における競争が完全競争の仮定から逸脱する場合（たとえば市場が寡占競争の下にある場合）には内生変数として取り扱うべきであることが知られている[11]．このとき M 個の商品の需要関数を M 個の価格を使って直接に推定しようとすると，M 個以上の操作変数[12] (instrumental variable) を別途に用意して，2 段階最小 2 乗法（2SLS (Two-stage least squares)）とよばれる推定手法を用いる必要がある．しかし通常の場合，有効な操作変数を M 個も用意するのは困難である．また M 個の価格同士が高い相関を持っている場合には，それらの価格に対する操作変数も互いに相関を持っていることが多く，このような操作変数群を同時に回帰モデルに使おうとすれば，多重共線性[13]の問題が生じる懸念もある．

こうした困難に対処するために，スルツキー行列の対称性[14]を仮定したり，その他の方法でパラメータに制約を設けたりすることによって，推定すべきパラメータの数を減らす努力がなされてきた．その主なものを以下に紹介する．

4.2 解決方法

前項で明らかにされた伝統的な需要関数の推定手法がもつ問題点のうち，特に「次元の問題」に対して幾つかの解決方法が提示された．その解決方法の主なものは次の 3 つ，(1) 対称性を仮定した代表的消費者による需要関数モデルを用いる手法，(2) 多段階予算 (multi-stage budgeting) モデルを用いる手法，(3) 離

---

11) 価格が外生変数のときには，最小 2 乗法 (OLS: Ordinary Least Squares) を用いるのが適当である．内生変数のときに OLS を用いると価格などの係数の推定値にバイアスが生じることが知られている．

12) 操作変数が持つべき条件とは，その変数が商品の価格と相関を持ち，かつ推定される需要関数の攪乱項と独立であることとなる．詳細は補論 A を参照のこと．

13) 説明変数間に非常に強い相関がある状態．多重共線性がある場合，推定結果の信頼性が低下することが知られている．

14) スルツキー行列の対称性のもとでは，任意の i, j に対して $\frac{\partial q_i}{\partial p_j} = \frac{\partial q_j}{\partial p_i}$ が成り立つ．なお q は補償需要関数と呼ばれる．この仮定を設けることは，次節 4.2 における (1) の解決方法の特殊ケースと捉えることができる．

散選択モデルを用いる手法,である[15]．以下では3つの方法それぞれについて簡単な解説を加えたい．

(1) 対称性を仮定した代表的消費者モデル

典型的なモデルは代替の弾力性が一定,すなわち CES (constant elasticity of substitution) を持つ効用関数を踏まえた AIDS (almost ideal demand system) モデルである (Deaton and Muellbauer, 1980)．この需要関数では,異なる商品の間の代替関係に対称性を仮定しているために,消費者がどれほど多くの商品選択に直面したとしても,推定すべきは効用関数を規定する代替の弾力性を表すパラメータ1つだけである．そのために「次元の問題」は対称性の仮定を課すことで解消されていることになる．もっとも対称性の仮定によって,ある商品の需要に対する交差価格弾力性はすべて同じ値になり[16],現実的な需要関数が持つべき性質を導き出すことができない難点がある．たとえばある小型車の価格が変化した場合,タイプの大きく異なる車(トラックなど)よりも,同タイプで競合する小型車の需要の方が大きな影響を受ける(すなわち交差価格弾力性が大きい)と考えるのが自然であるが,AIDSモデルではそうした現実的な代替関係は仮定上排除されている．このことを踏まえれば,需要関数の推定において商品の特性を明示的に考慮できるモデルを用いることが望ましい．

(2) 多段階予算モデル

このモデルでは,「選好の分離性」と「予算の多段階性」を想定することで,交差価格弾力性についてより現実的な状況を把握できるようになっている．「選好の分離性」とは,消費者の選好は仮定されたカテゴリーごとに規定され,それぞれのカテゴリーの間での代替性は存在しないという性質をさす．たとえば,商品が衣類,飲食,住居の3つのカテゴリーに分類されているとすれば,選好の分離性のもとでは消費者の需要行動は各々のグループに分けて考えることができる．

---

[15] おそらく4つ目に考えられる対処法として,「次元の問題」を扱う必要がないような市場や商品を分析対象とすることが考えられる．過去の研究を例にとれば,同質財の仮定を用いることが適当な商品に焦点を当てたり (Borenstein and Shepard (1996) におけるセルフ給油の無鉛レギュラーガソリン),あるいは市場の一部分に注目する (Baker and Bresnahan (1985) におけるビールの部分市場) というものがある．

[16] つまり,任意の i, j, k に対して $\frac{\partial q_i}{\partial p_j}\frac{p_j}{q_i} = \frac{\partial q_k}{\partial p_j}\frac{p_j}{q_k}$ が成り立つ．この仮定を略してしばしば「関連性のない選択肢の独立性」(IIA: Independence of Irrelevant Alternatives) と呼ばれる．

「予算の多段階性」とは，総支出をいくつかの段階に分けて支出する消費者の行動様式を指す．たとえば Hausman, Leonard, and Zona (1994) や Hausman (1996) では，それぞれビールおよびシリアルに関して3段階の多段階予算型の需要関数を用いている．1段階目ではビールあるいはシリアルの支出を決める．次の2段階目ではそれぞれのマーケットセグメントにおける支出（シリアルにおいては，家族向け，子供向け，あるいは大人向けのセグメント）を決め，そして最後の3段階目では，それぞれのセグメントの中の商品についての購買を決定するというモデルになっている．特に3段階目では，AIDS モデルを用いることが通常である．

多段階予算モデルは，後述の離散選択モデルに比較して伝統的な需要モデルとの親和性が強いものの，いくつかの欠点が指摘されている．第1に需要の価格弾力性はカテゴリーの分け方に依存するものの，その分類の仕方はある程度の主観的判断（恣意性）に基づかざるをえない点が挙げられる．第2に，推定モデルに端点解が存在しないことから，購入されない商品が多く存在するという現実の状況を整合的に説明できない点がある．最後に AIDS モデルを用いていることから，そのモデルに内在する (1) で触れた問題は，多段階予算モデルでも引き継がれていることになる．

(3) 離散選択モデル

離散選択モデルとは，直面する商品集合の中から自らの効用が最大になるように1単位購入する商品を決定する需要モデルである．商品の選択が離散的（つまり1単位購入する商品を1つ選ぶこと）であるためにこのようなモデル名がついたものと考えられる．上の (1), (2) のモデルで表現できなかった，購入しないという選択肢を設けることができる点で離散選択モデルは優位性がある．

またこのモデルは，理論的には各消費者が複数単位の商品を購入することを許さない（これは他方では，購入されない商品が多数存在しうるということでもある）等の制約的な条件があるものの，そうした仮定の下では需要の交差価格弾力性を効用関数のパラメータで表現することが可能であり，価格弾力性に商品特性を直接反映させることができる．その結果として「次元の問題」が回避されると共に，価格の内生性をコントロールする際に必要となる操作変数の数も，劇的に減少することになる．

離散選択モデルは個々の消費者の選択行動を描写したものであるが，実際には個々の消費者の行動が観測できる必要はなく，市場データのみを使って需要

関数を推定することも可能である．個々の消費者が効用最大化を目的として行動すると仮定したもとで，モデルから消費者個々の各商品に対する選択確率が導出される．個票データを用いる場合には，この選択確率を観測データから直接に推定することができるが，市場データしか利用できない場合でも，十分な数の消費者がいれば，各商品の購入確率は市場シェアに等しいものと見なすことができる[17]．そしてこの市場シェアを，価格を含めた商品特性を表す変数に回帰することで需要関数を推定することになる．第 II 部では，この手法によって市場データから需要関数を導出し，イノベーションの評価を行っている．

第 5 節　構造形推定とイノベーション評価

微視的アプローチにおいては，イノベーションの社会的・経済的価値を推定するために，まず前節で紹介した需要関数を推定することになる．第 II 部での推定で用いられるデータは，顕示選好によるデータであり，研究対象となる市場において観測される価格や販売数量に加えて，その市場において対象となる商品の特性や消費者属性のデータも利用することが可能である．

しかし販売数量に価格や他の利用可能な説明変数を回帰しても，前節で指摘した識別性の問題があるために，必ずしも需要関数を推定したことにはならない．この理由は観察される価格や販売数量が，需要と供給との関係に基づく均衡として決まっていることによる．図表 3-3 に見られるように，需要関数が時間と共に D_1, D_2, D_3 と順に移動しており，対応する供給曲線も S_1, S_2, S_3 と移動している状況を考える．このとき分析者が観測するデータは需要関数と供給関数とが交差する均衡点 E_1, E_2, E_3 となるが，これらの点から得られる回帰直線が需要関数を表していないことは明らかであろう．

均衡点として観測されるデータから需要関数を識別するには，均衡点の移動をもたらした供給関数のシフトに関する情報も織り込んで推定を行う必要がある．多くの場合，前節で言及した 2SLS を適用することになる．この手法によって供給関数の移動要因を操作変数として用いることで，需要関数を供給関数と峻別（計量経済学では「識別」という）して推定することができる．

上記の需要関数の推定に代表されるように，観測されるデータの背景にある

---

[17] 正確には，消費者属性（年齢や所得水準など）によって購入確率は異なりうる．そのため，消費者属性の分布がわかっていれば，その分布上で購入確率を積分したものを市場シェアと見なすことになる．

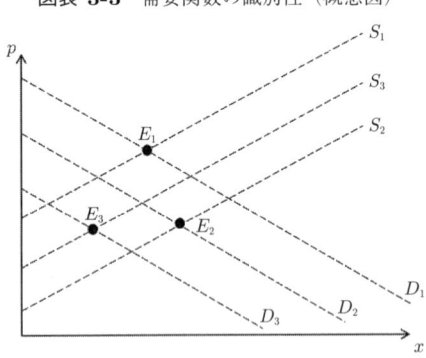

図表 3-3　需要関数の識別性（概念図）

経済構造（本章第2節における需要家の効用関数や供給者の費用・生産関数）を定式化し，その経済構造を規定するパラメータを識別・推定する方法のことを「構造形推定」と呼ぶ．観測される変数間の関係を回帰分析によって推定する「誘導形推定」の手法と異なり，構造形推定においてはデータの背景に経済理論（ここでの議論に即して言えば需要関数や均衡決定に関する理論）が想定されており，その理論に基づいて推定結果を解釈することになる．

イノベーションの経済評価を行ううえで構造形推定が効果的な手法である理由に以下の2点を挙げることができる．第1に，イノベーションの社会・経済的な付加価値を表す指標である社会厚生を推定するために構造形推定が必要になるという点である．本章第2節で述べたように，社会厚生は需要関数や供給関数から構成されているため，それらの関数形をデータから識別し推定するための手法として構造形推定が不可欠である．

第2に，特定のイノベーションが普及するときの市場データは，現実に観測される1つのパターンでしか通常知ることができず，「反事実」を評価するためには構造形推定を必要とするというものである．この点を第1の論点で取り上げた社会厚生を例に取って議論してみよう．イノベーションの社会・経済的な付加価値は，イノベーションが登場したという現実のデータから計算される $W(p', z')$ と，「イノベーションが登場しない」という現実には起こりえなかった仮想的な状況である $W(p, z)$ との差である ΔW として定義された．後者の仮想的な状況を「反事実」（counterfactual）と呼ぶ．反事実は，現実には生じなかった状況を指しているために，データとしては記録されていない．そこで観測される関係から推定を行う誘導形推定ではそもそも反事実を含む評価を行う

ことができない．他方で構造形推定においては，経済構造を規定するパラメータと推定したもとで，仮想的な状況に合わせて市場均衡をシミュレーションし，反事実における価格と特性の組み合わせである (p, z) を計算することができる．

もちろん「反事実」として「イノベーションが登場しない」という状況のみならず，様々な状況を想定することが可能である．たとえば，現実には支給されていた補助金が給付されなくなる状況や，補助金が倍になる状況なども「反事実」であり，構造形推定の下でそうした様々な仮想的状況における市場均衡の評価が可能になる．これらの「反事実」も，「イノベーションが登場しない」という「反事実」と同じように構造形推定において評価できる．

さらにいうと，ここで取り上げた社会厚生の評価は，構造形推定がその威力を発揮する1つの例に過ぎない．構造形推定を用いることで，社会厚生の評価のみならず，イノベーションの経済評価全般に生かすことができる．イノベーション普及の推移が「反事実」のもとでどの程度現実と違っていたのか，あるいはイノベーションとして登場した新商品の価格付けが「反事実」のもとと比べてどれだけ異なっていたのか等の問いは，構造形推定でなければ答えることのできないものである．

構造形推定を行う際には，その背景に前提とされている経済理論や関数形等の仮定が不可欠となる．たとえば社会厚生を取り上げれば，ΔW を何の前提条件もなく評価することはできない．分析対象となる事例に構造形推定を応用する際の仮定の妥当性や，その仮定を置くことによる分析結果の頑健性を考察することが重要である．こうした留意点を踏まえたうえで，第II部では構造形推定を具体的な事例に応用して，イノベーションに対する理解を更に深めていきたい．

第II部　事例研究
微視的アプローチによる定量分析

　第2章で議論したJNISは，わが国におけるイノベーション活動の現状を明らかにするうえで有益なデータである．しかし新商品として市場に登場するイノベーションは，それぞれに画期性・異質性の程度がきわめて高く，俯瞰的なアプローチでは捉え切れない側面を持ち合わせている．たとえば，以下で取り上げる太陽光発電とスタチン系製剤は，エネルギー分野と医薬品分野においてそれぞれ画期的なイノベーションであることは疑いがないものの，両者にそれ以上の相通じる側面を見出すのは容易ではない．俯瞰的なアプローチに加えて，イノベーションの個別具体的な事例に立ち入った，いわば微視的なアプローチによる定量的な分析が補完的に必要とされる理由がここにある．

　第II部では，3つのイノベーション事例を取り上げ第3章で紹介した構造形推定の手法を応用することによって，第2章における俯瞰的アプローチでは見えてこなかった側面を定量的に解明する．イノベーション事例の選定方法については補論Bにて詳述している．ここで取り上げる事例は社会・経済的にインパクトを与えたイノベーションであるばかりでなく，それぞれのイノベーションが社会的・経済的な付加価値を生み出すメカニズムにおいて特徴的な側面を有している．

　第4章では，太陽光発電を取り上げて温暖化対策の観点も加味したうえでイノベーションが果たす役割や政策の効果について評価する．第5章ではハイビジョンテレビ（高精細度デジタルテレビ）技術に注目し，旧来型のブラウン管テレビの世界に新たなイノベーションが誕生したことによって，消費者行動や企業行動がどのように変化して付加価値が生み出されているのかを定量的に明らかにする．また地上デジタル放送という補完的な財がイノベーションの普及に果たす役割にも言及する．第6章ではスタチン系製剤を取り上げ，画期的な新製品に続くイノベーションが市場拡大に果たす役割を分析する．

なお第 II 部の各章は以下の 4 つの節で構成されており，微視的アプローチの事例研究としての統一感を出すように努めている．第 1 節の「背景」ではイノベーションを考えるうえでの各事例の重要性を述べ，第 2 節の「対象」では各事例の市場特性や制度上の特徴を紹介している．第 3 節の「分析」では微視的アプローチを使った定量的な分析手法および分析結果の解釈を行い，経済厚生の評価等も併せて行っている．最後に第 4 節の「小括」にて各事例での研究結果をまとめている．

第4章

事例Ⅰ：太陽光発電——公的補助の役割

第1節　背景

　新しい技術を体化した商品は，市場に投入された初期段階では高価なことが多く，迅速な普及を見込むことが難しい．イノベーションの本格的な普及を考えるうえで価格は重要な要素であり，その価格決定に影響を及ぼす1つの要素が生産コスト（限界費用）である[1]．一般的に，継続的な研究開発による要素技術の低価格化や設備投資による生産規模の拡大，そして関連部材の普及による厚みのある裾野産業の発展は生産コストへの影響を通じて価格の低下を促しうる．他方で本格的に市場が立ち上がるまでは，事業者の投資は過少となりやすく，生産コストの低減が十分に進まないことも多い．特に本章で扱う太陽光発電は，巨額の初期投資が必要となることから，上記の傾向が顕著に見える．

　太陽光発電は，半導体技術を応用した太陽電池を用いた発電方式と定義される[2]．太陽光発電は様々な政策的ニーズに支えられる形でわが国ではその研究開発および普及促進が図られてきた．特に1970年代の石油ショックでの経験を契機としてエネルギー自給率を高めるとともに，併せて地球温暖化への対応策

---

[1]　市場の黎明期に低価格をつけ，普及段階に応じて価格を引き上げていくという戦略的な異時点間の価格付けもイノベーションの普及には有効である．本章で議論する学習効果はそうした価格付けを促す側面を持つ．

[2]　太陽光発電の普及における初期の段階においては多くの参考文献がある．エネルギー的側面に関しては，たとえば『日本エネルギー学会誌』にて代替エネルギー源の観点から詳細な特集が組まれている（84巻9号 (2005)「太陽光発電の動向」，87巻3号 (2008)「太陽電池開発の将来展望」を参照のこと）．技術的な側面では，『電子情報通信学会誌』の93巻3号 (2010) で「太陽エネルギー発電の現状と将来展望」がある．基幹部品である太陽電池の開発史については桑野 (2011) が参考になる．2000年代に入ってからの太陽光発電を支える技術開発については，河本・奥和田 (2007) や金間・河本 (2008) などが詳しい．産業としての発展動向や政策面での注目については和田木 (2008) や山家 (2009) などが詳しい．

の一環としても，家庭用を中心とした太陽光発電は注目を浴びてきた．また太陽光発電は半導体技術を軸とした新技術の集合体であることから，その普及と生産拡大は波及効果を通じて他産業を育成する側面も指摘されてきた[3]．2011年の東日本大震災後には，分散型電源として，エネルギーリスクの観点からも太陽光発電の価値が見直されている．

　日本は技術開発の面で他国に先行しつつも，太陽光発電の普及には時間がかかった．2000年代に入り固定価格買い取り制度といった政策的な後押しが強化されて，太陽光発電がようやく本格的な普及を迎えている．本章では以上の背景を踏まえながら，市場価格の側面から太陽光発電の普及過程を分析することで，イノベーションの普及過程における政策的介入の効果について知見を得ることを目的とする．なお太陽光発電は，東日本大震災による福島第一原子力発電所の事故をきっかけとして，わが国における再生可能エネルギーの代表格として社会的にも大きく注目されており，様々な政策的対応が矢継ぎ早に行われている分野である．最近の太陽光発電に関わる業界や政策の動向を追いかけることはそれ自体として興味深いテーマではあるものの，微視的アプローチを用いてイノベーションの普及の要因を考えることを主とする本章での目的には必ずしも合致しない．そこで本章では，定量分析を行う対象の期間を2007年までに止め，リーマンショックや東日本大震災の影響を排除した比較的定常的な市場を対象として分析を行うこととしつつ，その分析の含意については現在および将来の政策的な方向性を念頭に置いた議論を可能な限り行うことにしたい[4]．

第2節　対象

2.1　太陽光発電とは

　太陽光発電の基幹部品である太陽電池は，半導体技術を用いた光起電力効果によって太陽光エネルギーを直接電気エネルギーに変換する．太陽光エネルギーは膨大かつ半永続的であるため資源枯渇の心配がない．また発電において燃料が不要なため，二酸化炭素（CO_2）や大気汚染を引き起こす窒素酸化物（NOx），

---

[3] たとえば最近では，太陽光発電を町づくり（スマートシティ）の観点から見直すことによって，太陽光発電の普及が蓄電池・HMS（家庭内エネルギー管理システム）の需要を喚起する，といった波及効果も見込まれている．

[4] したがって定量分析の中心は住宅用太陽光発電とし，固定価格買い取り制度の導入以降に普及が目覚ましい事業用太陽光発電については分析の俎上にのせないこととする．

硫黄酸化物 (SOx) などを排出しないメリットがある．こうした点から，地球温暖化対策として化石燃料に対する代替エネルギー源の 1 つとして太陽光発電に期待が寄せられている．

さらに太陽光発電には技術的なメリットも存在する．発電過程に光電効果を利用するため，発電に際して燃焼部分や可動部分がなく単純なシステムとなっている．また火力発電のように大規模な設備や関連施設が不要で，保守やメンテナンスも比較的容易に行える．発電システムの規模の大小に関係なく発電効率はほぼ一定であり，発電過程の特性上騒音もない．系統制約と気候条件を除けば発電立地の制約が極めて小さいため，需要地近くに分散的に設置でき，送電ロスを最小化することもできる．

住宅用太陽電池が導入されてから 20 年以上が経過したなかで，近年でも太陽光発電に技術的なイノベーションが生じている．なかでも目立っているのがエネルギー収支，特に以下で述べるエネルギー・ペイバック・タイム (EPT) の改善である．発電過程では CO_2 を全く出さない太陽電池も，その製造過程までみると CO_2 を排出している．太陽光発電システムは，基幹部品である太陽電池と直流から交流に変換するためのインバータ等から構成されるが，その製造過程では原料である珪石からシリコンを抽出・溶解してシリコンインゴットを精製し，シリコンウェーハとして切断したものを加工して太陽電池セルを作っている．こうした製造過程では化石燃料等のエネルギーが必要となるが，商品の製造から廃棄までのライフタイムでみたエネルギー効率を示す指標である EPT を用いると太陽電池の技術的なイノベーションがわかりやすい．この指標は，太陽電池の製造過程と設備の設置等で使用したエネルギーと同じエネルギー量を発電によって何年で回収できるかを表している．太陽電池が登場した初期では EPT は 10 年程度であり，半導体向けシリコンウェーハを再融解して太陽電池向けに加工していたため投入エネルギーに無駄が多く，製造過程に要するエネルギーの大きさからクリーンエネルギーとしては懐疑的な見方もあった．その後主流になった多結晶シリコン太陽電池では，発電効率の向上，生産量増大による効果などから，EPT は約 2〜1.5 年程度まで短縮されている．近年の環境意識の高まりを背景にして，太陽光発電は名実ともにクリーンエネルギーとしての存在感を増しているといえよう．

2.2　太陽光発電の導入量

日本における太陽光発電に関する研究開発の歴史は長く，1970 年代のサン

図表 4-1 太陽光発電累積導入量

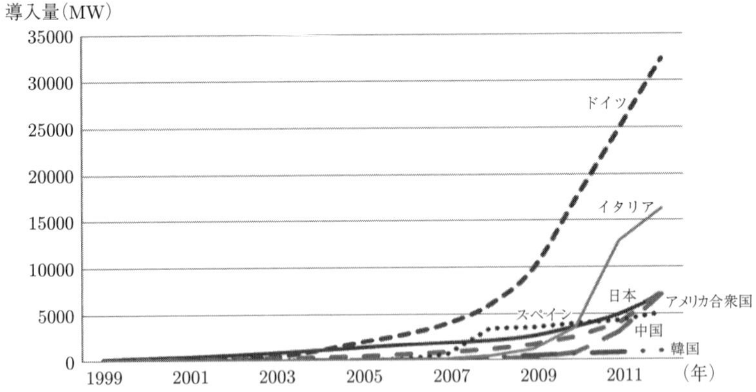

出典）International Energy Agency (IEA) Photovoltaic Power Systems Programme および European Photovoltaic Industry Association.

シャイン計画にまで遡る．研究開発の成果として太陽光発電に関する特許では，パワーエレクトロニクス機器やローカル制御技術，セル製造技術など世界をリードする技術を有している．こうした技術的な蓄積の一方，太陽光発電の導入量は 1990 年代までは低位であり，本格的な普及がみられるのは 2000 年以降である．図表 4-1 をみると，主要国の太陽光発電累積導入量は近年急激な増加がみられる．日本は早くから太陽光発電の導入を積極的に進めており，2004 年度までの導入量は世界トップであった．太陽光電池の国内出荷量のおよそ 8〜9 割は住宅用発電システムに利用されており，日本は世界的にも太陽光発電の先駆な存在であった．一般の住宅では，3 kW レベルの太陽光発電システムがあれば家庭用電力の 60〜70％がまかなわれるとされるが，これまでの住宅用太陽電池は家庭用電力の主電源というよりは補助的な位置づけであった．

2000 年代に入ってからの動向をみると，次の 3 点が特徴として挙げられる．第 1 に，直近 10 年間における導入量の顕著な伸びである．国内累積導入量をみると，1998 年には約 100 MW であったが，2007 年には 1.9 GW まで増加しており，この時期から国内市場において本格的に市場が成長期に入ったといえる．第 2 に，ドイツにおける太陽光発電導入量の急激な伸びである．ドイツでは，2004 年の再生可能エネルギー法 (EEG) の改正によってフィード・イン・タリフ制度（以下で述べる「固定価格買い取り制度」に類似する制度）が強化された．2000 年代に入って EU 各国では環境関連の政策が数多く施行されるようになってきているが，ドイツはいち早くクリーンエネルギーへのシフトを表明し，

太陽光発電の普及を後押ししてきた．ドイツのフィード・イン・タリフ制度は，20年間の高価格での買い取りを法律上義務付けることで，太陽光発電システムへの投資インセンティブを高めるものである．その結果，ドイツは2005年には，太陽光発電累積導入量で，日本を抜いて世界トップに立った．第3に，ドイツの成功をみて同様の制度がスペインやイタリアなどで導入され，特にイタリアでは2011年にドイツを抜いて世界最大の市場になるなど，EU諸国の多くが太陽光発電の普及を積極的に進め始めた．先行したドイツにとどまらずスペインやイタリアにおいて太陽光発電が本格的に普及したことは，フィード・イン・タリフ制度による普及促進策が大きな効果をもたらしたことを示している．

わが国においても2009年に住宅用太陽光発電に対する「余剰電力買い取り制度」[5]，続いて事業用太陽光発電を始め他の再生可能エネルギー源（たとえば風力，地熱，バイオマス等）にまで買い取り制度を拡張・拡充した「固定価格買い取り制度」が2012年から開始された．先行して制度を導入したドイツやスペインでは，買い取り制度に伴う電力料金の上昇が問題になっており，こうした問題がわが国でどのように顕在化するかが懸念されているところである．買い取り制度については本章後半にさらに議論をしたい．

2.3 太陽電池セルの種類とその特徴

太陽電池は，図表4-2のように使用される半導体の種類によって大きくシリコン系，化合物系および有機物系に分けられる．技術的に主流となったのはシリコン太陽電池であり，シリコン素材をn型半導体とp型半導体に加工して用いている．シリコン太陽電池はさらに結晶系，薄膜系，球状シリコンなどに分類される．結晶系はシリコンインゴットから切断したシリコンウェーハの基板を用いて製造されるが，薄膜系はプラズマを利用して薄いシリコン成膜から製造される．薄膜系は大量の太陽電池セルを簡易に生産することができる点や高温でも変換効率が下がりにくい点に長所があるものの，変換効率や劣化特性などでは結晶系シリコン太陽電池に劣る．

---

[5] 「余剰電力買い取り制度」とは，自宅の屋根などで発電した電気のうち，自家消費分を超えた「余剰」電力をこれまでよりも高い価格で買い取り，その費用の上昇分は電気料金として国民全体から付加金（サーチャージ）として回収するものである．買い取り価格は制度導入当初はkWh当たり48円であり，普及に応じて太陽光発電のシステム価格が低下するに応じて徐々に引き下げられている．「固定価格買い取り制度」は「余剰買い取り制度」が対象とする住宅用太陽光発電への買い取り制度は残したまま，他の再生可能エネルギー源に対しては，「余剰」ではなく発電「全量」を定められたkWh当たりの単価で買い取り，電気料金にて回収する制度である．

図表 4-2　太陽電池の種類

シリコン (Si) 系	結晶系	単結晶
		多結晶
		リボン結晶
	薄膜系	結晶
		アモルファス
	球状シリコン	
化合物系	GaAs 系	
	CIS 系	
	高効率化合物半導体	
有機物系	色素増感型	

出典）新エネルギー・産業技術総合開発機構の資料を基に作成．

　太陽電池市場では，これまで結晶系シリコン太陽電池が世界の総生産量の約9割を占めており，そのうち6割以上が多結晶シリコンであった．その理由は，発電コストが低いことの他に，変換効率が高い点や製造過程が確立されている点などが挙げられる．しかし2006年後半から世界的にシリコンの供給不足が生じたこともあり，シリコン使用量の少ない薄膜系シリコン太陽電池が増産されるようになってきた．薄膜系シリコン太陽電池は，シリコンの使用量が結晶系に比べて100分の1程度で済むため，シリコンの価格に左右されずに生産規模を確保しやすいこともあり，次第にコスト競争力を高めつつある．シャープの太陽電池事業を例に挙げると，2006年まではバルク（塊）タイプの結晶系シリコン太陽電池を主に生産していたが，2007年以降は薄膜系にも力点を置くようになっていた[6]．地域の緯度や日照条件にも左右されようが，現在のところシリコン太陽電池のうち薄膜系がシェアを伸ばすことが予想されている．

　他方で化合物系の太陽電池もようやく実用品が普及し始めている．目的に応じて複数の元素を材料として組み合わせることで高い変換効率の実現が期待されている．主な化合物には，GaAs系やCIS系（カルコパイライト系）などがある．特に単結晶のGaAsを用いた太陽電池では変換効率が高く，宇宙用にも実用化が進んでいる．化合物系は，原料価格がシリコンに比べて高いこと，毒性のある材料が含まれるためリサイクルなどの周辺システムの確立が必要なこと，そしてトータルの製造過程の安定化と低価格化を達成すること等が量産化

---

[6] なおシャープが2009年に新設した堺工場でも主に薄膜系シリコン太陽電池の生産が計画され，既存の葛城工場でも設備を増設して薄膜系の強化を予定していた．しかし，価格面で海外メーカーに対抗することができず，葛城工場は生産設備を売却，堺工場は大幅な減産に追い込まれた．このことは太陽電池市場の競争が激化していることを物語っている．

に向けての課題とされている．また他の太陽電池と比べて応用範囲が広いことを特徴とする有機物系の色素増感型太陽電池も研究開発が進んでいる．

現状をふまえ今後の海外市場を含めてどのような種類の太陽電池が普及するのかを考えるうえで，太陽光発電にかかるコストを相対化することが有効である．太陽光発電はシステムが簡素なため，発電コストは太陽光発電設備の購入費から算出できる．そのため発電コストを下げるには，太陽電池セル生産のコストを下げることが1つの方途となる．現在の主流であるシリコン太陽電池では，太陽電池モジュールの製造原価の約4～5割を占めるシリコンの原料費に左右されやすい構造にある．全世界で生産される多結晶シリコンは約4万トンにのぼるが，そのうち約半分が太陽電池向けに利用されている．半導体デバイス産業の成長に加えて，太陽電池生産の急激な増産でシリコン価格は近年上昇傾向にある．そのため製造コストを低減させるには，ウェーハ厚を薄くするか，純度を6～9N（純度6Nとは99.9999％と，9が6つ並ぶ水準を意味する）に抑えた安価なソーラーグレードシリコンを用いるか，あるいは前述したシリコンの使用量の少ない薄膜系へシフトするかの戦略が求められる．

多結晶シリコンと薄膜系との競争の激化に加え，世界的な増産によるスケールメリットも製造コストを下げることに寄与する．また供給過剰による値崩れも心配されているところだ．今後もコストダウンと市場拡大が同時に進行すると予想され，太陽光発電コストは中長期的には発電単価は大きく低減すると考えられるだろう．

2.4 太陽電池の生産量と学習効果

グローバル社会での環境意識の高まりや太陽光発電をとりまく技術開発イノベーションの結果，太陽電池の市場が世界的に拡大しつつある．全世界での太陽電池の生産量は，1994年には70MW前後であったが，2007年には3.7GWにまで達し，約15年間で生産量が50倍強伸びている．日本は世界有数の生産国として当該産業の発展を牽引してきた．太陽光発電システムの基幹部品である太陽電池セルを供給するメーカーの上位には日本企業が名を連ね，長らく技術面でも生産面でも世界をリードしてきた．

しかし太陽光発電産業が世界的に成長するなかで，太陽電池の生産量も急激に伸び，新規参入や新たな潮流がでてきている．2005年の生産量では日本のシャープ，京セラ，三洋電機，三菱電機が生産量のシェア上位であったが，2007年には長らく世界第1位のシェアであったシャープがドイツの新興メーカーで

あるQ-Cellsに抜かれた．2008年から2010年には各社の生産量が増大し，中国メーカーがシェア上位になるなどの変化がみられる．本格的な市場の成長期にともない，潤沢なエクイティファイナンスを背景にした新興の太陽電池ベンチャーの生産量が増加しており，ここ数年を取り上げても世界的な産業構造の変化が著しい[7]．

　市場の拡大期以降における日本の太陽電池メーカーのシェア低下にはいくつかの理由が挙げられる．第1に，原料であるシリコンウェーハが世界的に不足・急騰して，特に2007年に十分な量を確保できなかったとされる．この間，半導体デバイス産業も年率で10%程度成長しており，半導体デバイス向けのシリコンの需要も伸びたため，太陽電池向けのシリコン原料の確保が難しくなった．新興メーカーの多くは潤沢な資金を基に前払いを含む長期契約を結ぶなど長期的視点での原料調達戦略をとっており，原料獲得競争を優位に戦ったことが2007年のシェア変動につながったとされる．第2に，日本の太陽電池メーカーは総合電機または電子部品メーカーであり，太陽電池は数多くある事業部門の1つという位置づけにある．新興メーカーは太陽電池専業，もしくはそれに近い事業形態で，投資決定や成長戦略の策定などを即座に行いやすい．近年の著しい市場拡大では，原料確保という観点からみても，意思決定の迅速さに優位性を持つ専業メーカーに強みがある．第3に，太陽電池の製造過程がモジュール化され外販が進んだことである．日本の太陽電池メーカーは製造過程全体を自社で行う垂直統合型ビジネスモデルを志向してきたが，新興参入メーカーの多くはターンキー・ソリューションと呼ばれるシステムなどを有効活用している．ターンキー・ソリューションとは，キーを回せばすぐに太陽電池の一貫生産ができるラインを太陽電池製造装置メーカーが提供するものである．こうしたターンキー・ソリューションの登場によって太陽電池市場への参入障壁が下がったともいえる．その結果，安価な製造コストを強みとする新興メーカーが増えたことも，日本メーカーのシェア低下の一因となった．

　参入障壁と学習効果の観点でいえば，ターンキー・ソリューションに代表される製造装置メーカー主導の技術開発が，太陽光発電産業の顕著な特性として挙げられる．太陽電池は典型的な装置型産業であり，製造において装置に頼るウェ

---

[7] この点に関して，2011年以降は欧州の金融危機を遠因とする市場の伸びの鈍化や政府の補助金削減，後述するターンキー・ソリューションメーカーの台頭による供給過剰などの複合的な要因により，ドイツのQ-Cells，中国のサンテックパワー，アメリカのユナイテッドソーラーなど，主要太陽電池メーカーの破綻も相次いだ．

イトが大きい．太陽光発電の需要が急激に拡大するなかで，多くのメーカーが続々と市場への参入を進めているが，このことは製造装置の外部調達が容易であり，自社で製造技術の開発を進めなくとも製造装置を購入することで簡単に製造技術を手に入れられることを意味する．いわば太陽光発電産業は技術的な参入障壁が低く，資金を調達できれば市場に参入することが容易である．2000年代の後半以降，中国をはじめとする新興国のメーカーの参入が相次いだのもこうした理由による．また，太陽電池の製造装置はシリコンを扱うことから半導体やフラットパネルディスプレイ（FPD[8]）などの装置と技術的に親和性が高い．半導体や FPD の製造装置は近年大型化しており，技術変化が極めて激しいうえにプロセスステップも多く，技術的にも高度になることで開発コストが高騰してきた．一方，太陽電池の製造装置は半導体や FPD に比べると技術変化のスピードが緩やかで，プロセスステップもそれほど多くない．また寡占化が進んでいる半導体や FPD に比べ，顧客としての太陽電池生産メーカーが多いため，太陽電池の製造装置の学習効果は規模によって高まりやすい．すなわち太陽電池の供給量が増加することで，製造装置の普及と標準化によって学習効果が高まるという図式である．この点は製造装置を中心とする技術革新が太陽光発電産業の学習効果を中長期的に高める可能性を有しているともいえる．

　太陽光発電産業における生産の学習効果については，これまでにいくつかの研究でその計測が試みられている．一般的に学習効果とは生産量が累積的に大きくなるにつれて単位当たりの生産コストが低下することを意味し，以下の習熟曲線として表される[9]．

$$c_t = c_1 n_t^\gamma$$

ここで c_t は t 期（なお $t=1$ を初期時点とする）における単位コスト，n_t は $t-1$ 期までの累積生産量である[10]．学習効果の程度を表すパラメータは $\gamma (\leq 0)$ であり，γ が小さくなる（絶対値で大きくなる）ほど累積的な生産による生産コストの低下幅が大きくなる．累積生産量が 2 倍になったときの単位コストの低下割合（習熟進歩率）を d とすると以下の関係が成立する．

---

8) FPD を用いる薄型テレビは第 5 章にて分析対象とする．
9) 生産要素価格が GDP デフレータに等しく，規模の経済が一定であればコブ・ダグラス型費用関数からこの習熟曲線を導出できる．Berndt (1996) を参照のこと．
10) n_1 は外生的に与えられるとする．なお本章では生産量の $t-1$ 期までの単純和として学習効果を定義するが，学習した結果として蓄積された知識の減耗 (Benkard, 2000) や経験の波及効果 (Nakamura and Ohashi, 2008) を取り込んだ拡張を行うことができる．

78　第4章　事例 I：太陽光発電

$$d = (1 - 2^\gamma) \times 100\%$$

ある産業の習熟曲線は，産業の平均単位コストを産業全体の累積生産量に回帰することで求められるものの，生産コストのデータを入手することは一般的に困難である．そのため，先行研究では単位コストの代わりに市場価格を用いて学習効果を推定している．たとえば，槌屋 (1999) では太陽光発電産業での学習効果を推定するために 1979～1998 年の太陽光発電のシステム価格と国内導入量の時系列データを用いて $d = 17.5\%$ という結論を得ている．また朝野 (2009) では 1993～2008 年の太陽電池モジュール価格と国内メーカーの出荷量のデータを用いて $d = 16\%$ という習熟進歩率を得た．これら習熟曲線の推定値はデータとして用いる期間によって学習効果の推定値が変動しやすい．また習熟曲線の推定では産業全体での累積生産量と生産費用ないしは市場価格との関係を結びつけているが，これを個々の企業の生産性に関する学習効果と見なすのには問題がある．特に新しい生産方法が投入されて技術的な不連続性が生じている場合や，市場への参入・退出が頻繁に見られる場合には，産業全体での累積生産量が必ずしも個別企業の累積生産量を表すとは限らない．

第3節　分析

　太陽光発電はその他の技術と比較して相対的に発電コストが高く，このことが太陽光発電の普及の最大のネックとされてきた．そこで太陽光発電の普及を促すためには，電力料金単価に釣り合うだけのインセンティブが必要と考えられる．たとえば一般家庭を念頭に置けば，太陽光発電を導入した場合に需要家が受けとる電力の経済価値は 1997 年から 2007 年にかけて全国平均で年間 7 万 8,000～8 万 6,000 円と計算されるが[11]，1997 年の時点で 1,000 万円程度もする太陽光発電の導入コストを埋め合わせることは，たとえ太陽光発電システムを 30 年使ったとしても到底できない．こうした点から太陽光発電の普及を促進するための政府による支援策が 1990 年代中頃から実施されてきた．その主な内容は補助金制度と余剰電力買い取り制度である．以下では需要家として一般家庭を想定し，住宅用太陽光発電に焦点を絞って議論したい．

---

11) 都道府県別の太陽光発電 1 kW 当たりの年間発電量 (kWh/kW) と導入 1 世帯当たりの導入量 (kW) から，導入 1 世帯当たりの年間発電量 (kWh) をもとめ，更にこの値と電力会社各社の電力料金を用いて算出した額である．

図表 4-3 住宅向け太陽光発電システム 1 kW 当たりの補助金額の推移
(万円)

年	1994	1995	1996	1997	1998	1999	2000	2001	2002	2003	2004	2005	2006	2007	2008	2009	2010	2011	2012	2013
金額	90	85	50	34	34	32.7	20	12	10	9	4.5	2	0	0	7	7	7	4.8	3.5	2

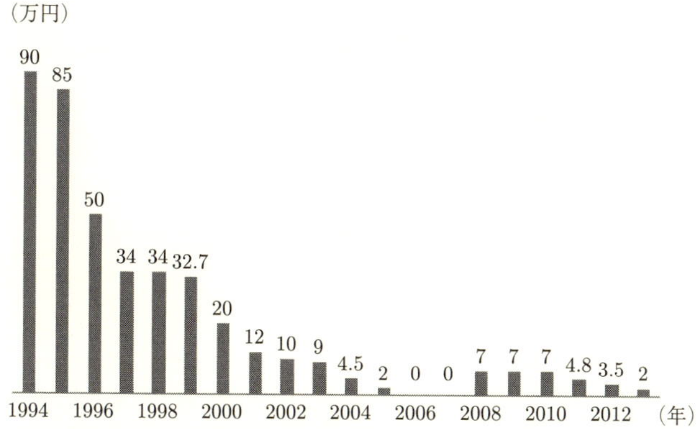

出典) NEF および太陽光発電普及拡大センター (J-PEC).

3.1 政府による普及政策

太陽光発電の普及のための公的助成事業には，民生部門を対象としたもので新エネルギー財団 (NEF) による住宅向け補助金事業や住宅金融支援機構による融資枠の優遇などがあった．また地方自治体によっては独自の支援制度を設けている場合もあり，給付金の増額や特別融資などを行っていた．

NEF による住宅向け補助金事業は，1994 年から 2005 年までの 12 年間で総額 1,300 億円が給付され，太陽光発電システムの普及促進に大きく寄与したことが知られている．財政構造改革の一環として 2005 年度をもって一旦終了した補助金制度であるが，2008 年度後半 (2009 年 1 月) から再開された．図表 4-3 に太陽光発電 1 kW 当たりの補助金額の推移を示す[12]．1994 年には導入量 1 kW につき 90 万円だったが，太陽光発電システムの価格低下とともに毎年減額され，制度が一旦終了する前年度の 2005 年においては 1 kW 当たり 2 万円が支給された．

---

[12] 1994 年度から 1998 年度にかけての給付金額は，NEF が決めた定義式にシステム価格を代入して算出される金額と，これとは別に設定された基準額のうち低い金額が適用される．計算式に全国平均でのシステム価格を代入したところ，図表 4-3 のように基準額のほうが低い金額であった．また，2012 年度はシステム価格が 55 万円/kW 以下の場合は 3 万円/kW，もしくは 47.5 万円以下の場合は 3.5 万円/kW の補助金が適用されるが，2012 年度における市場価格は 47.4 万円/kW (図表 4-4) であったので図表 4-3 では後者の 3.5 万円/kW を用いている．2013 年度についてもシステム価格が 4 万円を超える (ただし 50 万円/kW 以下) 場合は補助金額 1.5 万円/kW，41 万円/kW 以下の場合は 2 万円/kW であるが，図表 4-3 では 2 万円/kW を用いている．

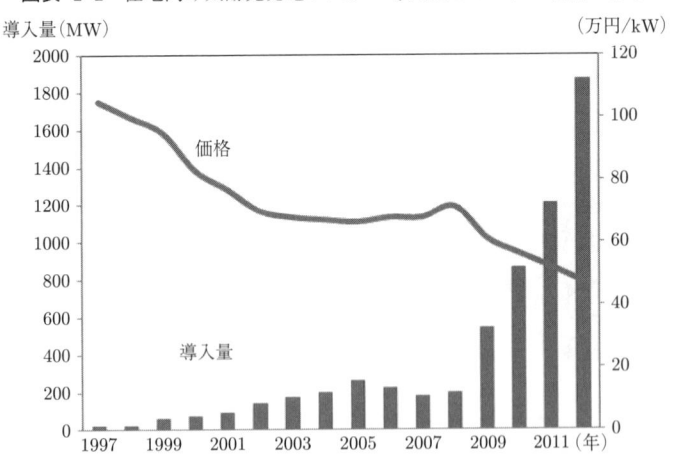

図表 4-4 住宅向け太陽光発電システム導入量とシステム価格の推移

注) システム価格は税抜で補助金を含んでいない.
出典) 1997～2007 年は NEF, 08 年以降は IEA.

　日本における補助制度と入れ替わるように，ドイツでは 2004 年からフィード・イン・タリフ制度を強化した結果，太陽光発電が急速に普及した．ちょうど日本で補助金が打ち切られた時期に，太陽光発電の導入量でドイツに抜かれたことから，政策支援に一定の効果があったとの指摘もなされている[13]．こうした中で太陽光発電の普及に向けた公的助成の議論が高まり，2008 年 12 月から補助金事業が再開された．

　太陽光発電の普及に必要な補助金はどの程度が妥当であろうか．図表 4-4 は住宅向け太陽光発電システムの導入量とシステム価格の推移を示したものである．システム価格をみると，設備容量 1 kW 当たりのシステム価格は 1997 年に約 105 万円だったのに対し，2007 年には約 70 万円まで下落している．2003 年前後までは太陽光発電の導入量とシステム価格は反比例しており，導入量が進むにつれて価格は下落していた．しかし，2003 年から 2007 年にかけては，導入量も頭打ちとなり，システム価格も高止まりしている．ちょうどこの期間は

---

[13] こうした指摘は，補助金付与という政策と太陽光発電システムの導入量との間に相関関係があることをもって，政策が導入量に影響を与えたという因果関係を推認しているものと考えられる．第 3 章第 5 節でも述べたように，A と B との間に相関関係があっても，それは A と B との間に因果関係があることを意味せず，たとえば第 3 の要因 C によって A と B とが影響を受けて相関関係を生み出すことも考えうる．本章では構造形推定を用いて因果関係の識別を判断する手法をとっており，この手法によって政策が導入量に与える影響を分析する．

補助金の規模が縮小された時期に重なる．補助金が中止になった 2005 年を境にして，一旦，太陽光発電システムの導入量は減少傾向になっており，こうした点も補助金事業の再開を後押しした背景と考えられる．

　NEF による住宅向け補助金事業に加えて，再生可能エネルギーの更なる導入促進を促すためにわが国でもドイツで採用されたフィード・イン・タリフ制度の導入を支持する意見があった．フィード・イン・タリフ制度は，電力会社に対して一般の電力価格よりも高い価格で太陽光発電を含む再生可能エネルギーの買い取りを義務づける制度であり，買い取り価格は電気料金を通じて需要家が付加金（サーチャージ）の形で負担することになる．他方で，再生可能エネルギーの導入量目標を設定し，その目標達成を電力会社に義務づけることで再生可能エネルギー導入促進を図る方法も考えられる．わが国では後者を一般電気事業者に義務付ける形での RPS (Renewable Portfolio Standard) 制度が行われてきたが，2012 年 7 月に「固定価格買い取り制度」が施行されたのを機に廃止の方向とされている．従来の RPS 制度のように「数量」で規制を行うのか，あるいは固定価格買い取り制度のように「価格」にて規制を行うのか，いずれの政策にも得失がある．普及量をコントロールするうえでは RPS 制度に優位性があるものの，再生可能エネルギーの導入に様々な経済主体を関わらせるという政策的な観点からは固定価格買い取り制度が秀でている．ドイツではフィード・イン・タリフ制度のもとで大量の太陽光発電が導入されて付加金が急騰したことが知られており，類似の制度として固定価格買い取り制度を導入したわが国において普及がどのような推移をたどるかが注視されている．

　なお太陽光発電の普及状況には地域差が存在する．資源エネルギー庁 (2008) によると，太陽光発電の普及率（導入件数を一戸建て住宅数で除したもの）を地域別にみた場合，晴天日数の多い太平洋側の西日本で高くなっている．また集合住宅や既築一戸建て住宅は，新築一戸建てと比較して太陽光発電を設置することが困難であることも地理的な導入速度に影響を与えるものと考えられる[14]．

3.2　公的補助金の普及へのインパクト

　ここでは政府による補助金制度がどれだけ太陽光発電の普及を促したのか，住宅用太陽光発電市場のデータを用いて測定する．分析手順（ステップ）は以下の通りである．

---

14) 本章では議論しないものの，固定価格買い取り制度が施行されて以降，事業用太陽光発電の大幅な導入が北海道などを中心に計画されている．

ステップ 1 住宅向け太陽光発電システムの需要関数を推定する．

ステップ 2 太陽電池の費用関数を推定する．

ステップ 3 補助金制度がない場合の市場均衡点を需要関数と費用関数を利用して推定する．

これら 3 つのステップを踏むことによって，補助金制度の普及に対する効果や経済厚生の評価を行うことが可能になる．以下ではそれぞれのステップについて簡単に記載する．

ステップ1：太陽光発電の需要モデル

住宅用太陽光発電システムの需要関数を推定するにあたって，需要家が発電システムを購入するために支払う価格を知る必要がある．この価格は，システムの導入コストだけでなく導入後の発電による将来収益も含まれるべきだろう．以下ではこの価格のことを，システムの導入・保有にかかるコストという意味でオーナーシップ・コストとよぶ．導入時 t における太陽光発電のシステム価格を p_t^{sys}，補助金による控除額を G_t，都道府県 j における導入後 T 年間の発電電力の割引現在価値を ev_{jt} とするとオーナーシップ・コスト oc_{jt} は以下で表される．

$$oc_{jt} = p_t^{sys} - G_t - ev_{jt}$$

ここでシステム価格は太陽電池モジュールと周辺機器の価格に施工費用を加えたものである．すなわち，p_t をモジュール価格，p_t^{other} を周辺機器価格および施工費用，r を消費税率とすると，$p_t^{sys} = r\left(p_t + p_t^{other}\right)$ である[15]．発電電力の価値 ev_{jt} は，導入時における発電量 E_{jt} および売電電力量 SE_{jt}，並びに電力価格 p_{jt}^{BE}，売電電力の買い取り価格 p_{jt}^{SE} が導入後 T 年間変わらないと仮定すれば，等比数列の和の公式より

$$ev_{jt} = \left(p_{jt}^{SE} SE_{jt} + p_{jt}^{BE}(E_{jt} - SE_{jt})\right)\frac{1-\delta^T}{1-\delta}$$

と表される．ただし δ は割引因子である．ここで $p_{jt}^{SE} SE_{jt}$ は余剰電力の売電額となり，$p_{jt}^{BE}(E_{jt} - SE_{jt})$ は太陽光発電による電力節約金額となる[16]．

---

15) 分析期間において周辺機器価格および施工費用が太陽光発電システム価格に占める割合は 36%程度である．

16) システム価格 p_t^{sys} は各家庭によって異なるはずだが，データが利用できないため各家庭ごとに変わらないことと仮定した．

第3節 分析 83

以上のオーナーシップ・コストを用いて太陽光発電システムの需要関数を推定する．本章では都道府県 j の t 期における需要関数を以下の3つの関数形にて推定する．

線形モデル

$$q_{jt} = \alpha oc_{jt} + \sum_k \beta_k x_{jkt} + \epsilon_{jt}$$

片対数線形モデル

$$\log(q_{jt}) = \alpha oc_{jt} + \sum_k \beta_k x_{jkt} + \epsilon_{jt}$$

両対数線形モデル

$$\log(q_{jt}) = \alpha \log(oc_{jt}) + \sum_k \beta_k x_{jkt} + \epsilon_{jt}$$

ここで q_{jt} は太陽光発電の導入量 (kW)，oc_{jt} は既に定義した太陽光発電システムのオーナーシップ・コスト（円[17]），x_{jkt} は導入量に影響を与える要因，そして ϵ_{jt} は誤差項である．

推定に用いるデータは明城・大橋 (2009) で用いた1997年から2007年までの都道府県レベルでのパネルデータである．太陽光発電の導入量（都道府県別）および価格（モジュール，周辺機器および施工費用）はNEFの公表データであり，価格はすべて1kW当たりの全国平均である．ここでは $T = 10$（年間）として発電電力の経済価値換算を行う．太陽光発電の発電量については，NEF公表の都道府県別の年間発電量 (kWh/kW) および売電電力量 (kWh/kW) のデータを用いる．また分析期間における余剰電力の買い取り価格は家庭用電力料金 (円/kWh) に等しいことから，電気事業便覧に掲載される電力会社各社の従量電灯Bの2段目の価格を電力の経済価値換算に用いる．

需要関数に含まれる太陽電池の価格（およびシステム価格）は，市場均衡によって決まる内生変数である．したがって需要パラメータ α を不偏に推定するためには，価格とは相関を持つが誤差項 ϵ_{jt} とは無相関と考えられる変数を操作変数に利用して推定を行う必要がある．本章では明城・大橋 (2009) と同様に

[17) 本分析で用いる価格データはすべて消費者物価指数 (CPI) を用いて1997年時点での価値に実質化されている．

現在太陽電池の主原料として利用されている多結晶シリコンの価格を操作変数として用いる．この価格は『レアメタルニュース』に掲載された半導体向け高純度多結晶シリコンの年平均価格である．

また需要関数に含まれる太陽光発電の普及に影響を与えるマクロ要因 x_{jkt} には，都道府県ごとの世帯数，1世帯当たりの所得水準（万円/年），1世帯当たりの年間電力消費量 (kWh)，年間日照時間 (h)，新規住宅着工数（自己所有），電力充足率を考慮する．ここで電力充足率は太陽光発電を導入した場合の年間発電量が年間電力使用量に占める割合である．これは電力充足率が高いほど太陽光発電によって賄える消費電力の割合が多いことを意味し，太陽光発電を導入するインセンティブが高まることが予想されるためである[18]．以上のデータの出所については，世帯数は総務省の住民基本台帳，日照時間は気象庁の気象統計情報，消費電力量は日本電気協会発行の電気事業便覧，新規着工住宅戸数は国土交通省の建築着工統計調査である．また所得データは総務省の家計調査年報に掲載される県庁所在地における平均実収入である．

需要モデルの推定結果を図表 4-5 に示す．ここでは割引因子 δ を 1.0 とした結果を示している[19]．それぞれの関数形についてモデル (4-i) (4-ii) (4-iii) が OLS による推定結果，(4-iv) (4-v) (4-vi) が操作変数を用いた 2SLS による推定結果である．推定したモデルのいずれにおいてもオーナーシップ・コストの係数は統計的に有意に負であり，需要のオーナーシップ・コストに対する弾力性の平均値は，OLS 推定では線形モデルの場合 2.4，対数線形モデルもしくは両対数線形モデルの場合に 1.0 程度である．また 2SLS 推定では線形モデルで 10.9，対数線形モデルもしくは両線形対数モデルで 2.2〜2.3 と価格弾力性が大きくなる．これは需要関数がより急勾配となり，操作変数を用いることで需要関数に含まれる観測されない需要ショック（誤差項）とオーナーシップ・コストの正の相関を取り除く方向に価格弾力性が修正されるとの解釈と整合的である．

世帯数，日照時間，新規着工住宅戸数が需要に与える影響は統計的に正で有意であった．すなわちこれら変数値が大きい都道府県あるいは年は，太陽光発電の導入量も大きくなる傾向がある．また1世帯当たりの消費電力および電力充足率については，線形モデルを用いた場合のみ負，他のモデルを用いた場合

---

[18] 電力充足率は内生変数と見なされる可能性もある．なぜならば，太陽光発電を導入する際の設備容量を増やすことで発電量を増加させることができるためである．しかしながら NEF 公表の導入1件当たりの設備容量と本章の電力充足率のデータ上の相関はわずか 0.096 とほぼ無相関であり，電力充足率を外生変数とみなしてもほぼ問題がないものと考えられる．

[19] なお，割引因子 δ を 0.95 としても以下での結論は定性的な影響を受けない．

第 3 節 分析　　85

図表 4-5　需要関数の推定結果

	OLS					
	(4-i) 線形		(4-ii) 両対数		(4-iii) 片対数	
	推定値	標準誤差	推定値	標準誤差	推定値	標準誤差
切片	-36.572	-2561.500	-27.759^{***}	-3.867	-30.803^{***}	-3.715
オーナーシップ・コスト	-32.166^{*}	-17.315	-1.035^{***}	-0.253	-0.021^{***}	-0.005
電力充足率 [a]	-783.990	-1660.100	2.012^{***}	-0.319	2.026^{***}	-0.319
世帯数	2.197×10^{-4}	-1.579×10^{-4}	0.380^{***}	-0.093	0.380^{***}	-0.093
1 世帯当たりの所得	-1.151	-1.118	0.029	-0.209	0.026	-0.209
新規住宅着工数	0.146^{***}	-0.027	0.426^{***}	-0.096	0.426^{***}	-0.097
1 世帯当たりの年間消費電力量	-0.644^{**}	-0.236	1.661^{***}	-0.406	1.672^{***}	-0.406
年間日照時間	2.417^{***}	-0.412	1.988^{***}	-0.215	1.984^{***}	-0.215
トレンド	552.400^{***}	-38.617	0.973^{***}	-0.054	0.970^{***}	-0.054
R^2	0.580		0.817		0.816	
F-stat	87.565^{***}		283.274^{***}		282.44^{***}	
需要の OC に対する弾力性 [b]	-2.430		-1.035		-0.991	

	2SLS					
	(4-iv) 線形		(4-v) 両対数		(4-vi) 片対数	
	推定値	標準誤差	推定値	標準誤差	推定値	標準誤差
切片	9027.500^{**}	-3180.400	-22.403^{***}	-4.169	-28.464^{***}	-3.848
オーナーシップ・コスト	-144.740^{***}	-28.084	-2.184^{***}	-0.387	-0.048^{***}	-0.008
電力充足率 [a]	-3583.500^{*}	-1808.9	1.788^{***}	-0.330	1.779^{***}	-0.332
世帯数	1.863×10^{-4}	-1.645×10^{-4}	0.436^{***}	-0.095	0.446^{***}	-0.096
1 世帯当たりの所得	-0.211	-1.178	0.109	-0.214	0.117	-0.215
新規住宅着工数	0.148^{***}	-0.028	0.378^{***}	-0.099	0.368^{***}	-0.100
1 世帯当たりの年間消費電力量	-0.941^{***}	-0.253	1.624^{***}	-0.414	1.643^{***}	-0.417
年間日照時間	2.050^{***}	-0.434	1.800^{***}	-0.224	1.757^{***}	-0.227
トレンド	550.670^{***}	-40.192	0.901^{***}	-0.058	0.880^{***}	-0.059
R^2	0.545		0.809		0.807	
F-stat	75.961^{***}		269.748^{***}		265.175^{***}	
需要の OC に対する弾力性 [b]	-10.933		-2.184		-2.292	

注) ***, **, * はそれぞれ 0.1%, 1%, 5%での統計的優位性を示す。
　a: 太陽光発電を導入した場合の 1 世帯当たりの年間発電量 (kWh) / 1 世帯当たりの年間電力消費量 (kWh)。
　b: 推定に用いたデータ点における弾力性の平均値。

には正の影響となった．線形モデルにおけるこれら変数の符号条件は予想される結果とは逆であるが，当該変数間には負の相関（相関係数でみて −0.59）があり，多重共線性の可能性もある．所得水準はいずれのモデルにおいても統計的に有意とはならなかった．これについては，太陽光発電を導入する世帯の割合は 2007 年時点で全世帯の約 1%程度といまだ少数であるため，県レベルでの所得平均では個々の世帯の意思決定を十分に捉えられない可能性を示唆するとも考えられる．

以上のモデルでは，線形モデルの決定係数 (R^2) が 0.55 程度であるのに対して対数線形モデルもしくは両対数線形モデルで 0.88 となっている．特に線形モデルのオーナーシップ・コストに対する弾力性が非常に高いため，このモデルを用いると補助金制度の効果を過大に推定してしまう可能性がある．以下の分析では当てはまりの観点も考慮して片対数線形モデル (4-vi) を採用する．なお，片対数線形モデルではなく両対数線形モデルを用いても，以降の分析結果にはほとんど影響を与えない．

ステップ 2：太陽電池の費用関数

本分析では太陽電池産業を少数の企業による同質財寡占市場としてクールノー競争を仮定する．クールノー均衡では企業 i の限界収入は以下で与えられる．

$$mr_{it}(q_{it}|\alpha) = \frac{\partial (p_t(Q_t) q_t)}{\partial q_{it}} = q_{it} \frac{\partial p_t(Q_t)}{\partial Q_t} + p_t(Q_t)$$

ただし $Q_t = \sum_{i=1}^{F} q_{it}$ である．限界収入の第 1 項は需要関数の推定値から計算できることから，限界収入の値を企業 i ($i = 1, \cdots, F$) および時期 t のそれぞれについて求めることができる．各企業が各期の利潤を最大化するならば，クールノー均衡では上記の限界収入と企業の限界費用が等しくなるように各企業は生産量を決める．故に上記のように求めた限界収入の値を用いて限界費用関数を推定できる．限界費用は生産量に関わらず一定であり，以下のコブ・ダグラス型関数で表されるものとする．

$$mc_{it}(k_{it}, n_{it}, z_t, t; \theta) = \theta_{i0} k_{it}^{\theta_1} n_{it}^{\theta_2} z_t^{\theta_3} t^{\theta_4}$$

ここで k_{it} は生産キャパシティ，n_{it} は生産習熟度，z_t は生産要素価格を表し，θ_{i0} は生産性のパラメータである．mc_{it} の値を上で求めた限界収入に等しいものとすれば，パラメータ $\theta_{i0}, \theta_1, \cdots, \theta_4$ が推定される．

推定に用いるデータのうち，太陽電池モジュールのメーカー別出荷量は Prometheus Institute 発行の *PV NEWS* のデータを用いた．このデータでは各メー

カーの国内出荷と輸出の生産量に占める割合がわからないので，NEF の国内住宅用の太陽光発電の導入量が全メーカーの総生産量に占める割合を求め，国内出荷割合がメーカー間で一定であるとして，この値を各メーカーの全モジュール生産量に乗じることで国内出荷量を求めた．生産キャパシティについてはデータ制約上の理由から各メーカーが生産設備をフル稼働しているときの全モジュール生産量で代用した．なお生産量とは国内住宅向け出荷に加えて，国内産業向け出荷および海外輸出を合わせた数量である．また企業の生産習熟度を測る指標として 1997 年から前年度 ($t-1$) までの累積生産量を用いる．また費用関数の生産要素価格には多結晶シリコン価格を用いた[20]．

費用関数の推定結果を図表 4-6 に示した．ここで (4-vii) は OLS による推定結果である．Durbin Watson 検定が 5%水準で有意となり，誤差項に正の自己相関が存在する．また企業間で誤差項の分散が不均一かどうかを Breusch and Pagan 検定したが，帰無仮説は棄却されず分散不均一は見られなかった．(4-viii) では誤差項に AR(1) の自己相関モデルを仮定した場合，さらに (4-ix) では誤差項が AR(1) かつ分散不均一であることを仮定した場合について推定[21]を行った．推定したモデルのすべてにおいて有意となった変数はシリコン価格およびトレンドである．本分析では，生産技術の進歩をトレンド項にて外生としたが，太陽電池の主原料であるシリコン価格に加えて技術進歩が生産コストに与える影響が大きいことを示す結果となった．一方で学習効果を表す累積生産量の係数は (4-ix) のみで有意となった．そして，その係数 (−0.011) は累積生産量が 2 倍になると限界費用が 0.8%下がることを意味する[22]．また生産キャパシティ

20) 全世界で生産されるシリコン原料の約半数が太陽電池生産に利用されている事実を考えると費用関数の推定においてシリコン価格は内生変数であると考えることもできる．しかしながら，国内住宅向けの太陽光発電導入量 Q_t が全世界の太陽電池生産に占める割合は 1997 年から 2005 年の平均で 23%程度であり，Q_t の変化がシリコン価格に与える影響は限定的であると判断し，ここではシリコン価格は外生変数であるとみなす．
21) 誤差項に不均一分散や系列相関がある場合，通常の OLS 推定量は不偏推定量であるが，最小分散推定量とはならない．この場合，各データに与えるウェイトを調整した一般化最小 2 乗推定量 (Generalized Least Squares Estimator: GLSE) が最良線形不偏推定量となる．しかしながら，GLS に用いるべき正しいウェイトは未知であるため，OLS の残差から誤差項の分散および系列相関のパラメータを推定し，その値から計算した値を GLS のウェイトに用いることがある．これを実行可能な一般化最小 2 乗法 (Feasible GLS) と呼ぶ．
22) ここで得られた学習効果の推定値 0.8%は，産業レベルの時系列データ（1993〜2008 年）を用いて学習効果を推定した朝野 (2009) の 16%と大きく異なる．その理由として，ここでの分析では生産キャパシティや技術進歩の影響などをコントロールして分析しているのに対して，朝野 (2009) の分析では市場価格の低下を産業全体の累積生産量のみで説明しているため，学習効果の影響が過大推定されていることが考えられる．なお本節でのデータを用いて生産キャパシ

図表 4-6 費用関数の推定結果

| | OLS | | FGLS | | | |
| | (4-vii) | | (4-viii) | | (4-ix) | |
	推定値	標準誤差	推定値	標準誤差	推定値	標準誤差
キャパシティ	−0.015	0.014	−0.013	0.012	0.002	0.006
学習効果	−0.016	0.014	−0.011	0.012	−0.011**	0.003
多結晶シリコン価格	0.205***	0.029	0.191***	0.026	0.171***	0.012
トレンド	−0.221***	0.031	−0.238***	0.028	−0.255***	0.010
企業固定効果						
三洋電機	4.207		4.194		4.093	
カネカ	4.208		4.204		4.122	
京セラ	4.176		4.157		4.046	
三菱電機	4.205		4.193		4.093	
シャープ	4.095		4.082		3.964	
エア・ウォーター	4.188		4.186		4.131	
キャノン	4.206		4.198		4.135	
松下電工	4.181		4.184		4.128	
三菱重工業	4.195		4.202		4.129	
残差の自己相関 [a]	No		Yes		Yes	
残差の分散不均一 [b]	No		No		Yes	
Durbin Watson 統計量	0.727**		-		-	
BP 統計量 [c]	4.950		-		-	
ρ	-		0.387		0.387	
F 統計量	209.950***		-		-	
Wald χ^2 統計量	-		676267.79***		4886675***	

注）各変数の値は対数値.
　　***, **は 0.1%, 1%水準での統計的有意性を表す.
　　推定モデル：$\log(mc_{it}) = f(x_{it}) + u_i + v_{it}$.
　　a: 残差項に AR(1) の自己相関を仮定：$v_{it} = \rho v_{it-1} + \epsilon_{it}$.
　　b: 残差項に不均一分散を仮定 $\mathrm{var}(v_{it}) = \sigma_i^2$.
　　c: Breusch and Pagan ラグランジュ乗数検定 $H_0: \mathrm{var}(v_{it}) = \sigma^2$.

は (4-vii)〜(4-ix) のいずれにおいても有意な結果とはならなかった．なお，限界費用のシリコン価格に対する弾力性は推定結果から 0.17〜0.21 であるが，これは太陽光発電システム価格に占めるシリコン原料価格の割合が 25.6%〜32%程

ティ，シリコン価格，およびトレンド項をコントロールせずに費用関数を推定した場合には学習効果は 6.1%へと増加する．また本分析に含めなかった 1994〜1997 年の 3 年間の間に太陽光発電システムの市場価格は 47%（年率 15.7%）も低下しているが，1997〜2007 年には 11 年間で 33%（年率 3%）しか低下していない．このため，推定に用いたデータ期間の違いに応じて学習効果の程度は大きく変わりうることがわかる．

図表 4-7　補助金制度による太陽光発電導入量への影響

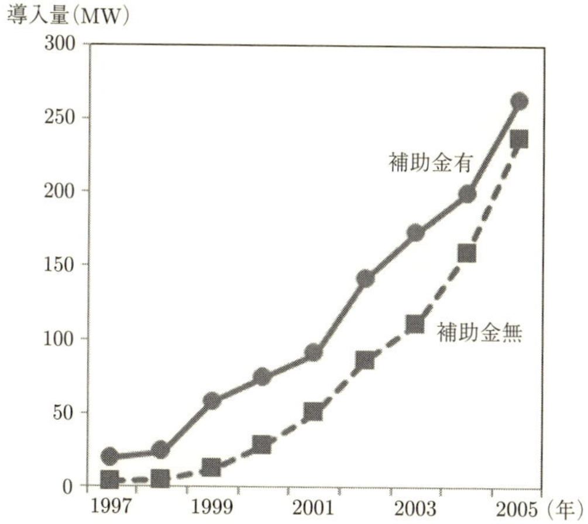

度であることと整合的といえる[23]．

ステップ 3：補助金の効果についてのシミュレーション

推定された需要関数と費用関数を使って補助金が太陽光発電の普及に与えた影響をシミュレーションする．具体的には補助金がない場合 ($G_t = 0$) での均衡価格および数量を数値計算によって求めた（図表 4-7）．なお補助金は，オーナーシップ・コストを低下させることで需要を上方にシフトさせる効果だけでなく，累積生産量に影響を与え，学習効果を通じて限界費用を低下させる効果も持つ．

この結果から補助金制度は，1997 年から 2005 年の間の導入量を 350 MW 程度増加させる効果があったと推定される．これは補助金がない場合の導入量を基準として 32%の普及が促進されたことを意味する[24]．なお補助金によって需要が増加すると，各企業の生産量も増えることから太陽電池の均衡価格が変化することになる．しかし，ステップ 2 にて学習効果が僅かにしか見られなかったことから，シミュレーションでは補助金の影響による太陽電池価格の変化はわずか 0.5%以下にとどまることが推定された．

---

23)　太陽光発電モジュール価格に占めるシリコン原料価格の割合が 4～5 割であることと，太陽光発電システム価格に占める太陽光発電モジュール価格の割合が約 64%であることから，太陽光発電システム価格に占めるシリコン原料価格の割合は 25.6～32%と推計される．

24)　1997～2005 年に導入された太陽光発電の量を基準とすると 24%に相当する量である．

図表 4-8　太陽光発電の CO_2 排出原単位

	g/kWh
電力全体の CO_2 排出原単位 [a]	445.6
太陽光発電の CO_2 排出原単位 [b]	58.6
太陽光発電の CO_2 削減効果	387.0

注）住宅用太陽光発電（多結晶シリコン電池）の排出原単位.
出典）NEDO 報告書「太陽光発電のライフサイクル評価に関する調査研究」.

3.3　太陽光発電の CO_2 削減効果

本項では，太陽光発電が普及することで削減される CO_2 の量とその経済価値を計測する．

太陽光発電および電力全体の平均的な CO_2 排出原単位（図表 4-8）によると，ライフサイクル全体で比較した場合に太陽光発電は一般的な発電方法に比べて，kWh 当たり 387 g だけ CO_2 の排出量が少ない．この値を用いて 1997 年から 2005 年までにかけて導入された太陽光発電の CO_2 削減効果を図表 4-9 にて求めた．ただし，導入された太陽光発電は 20 年間利用されるものとし，その年間発電電力量に NEF 公表の各都道府県の値を用いたところ，この期間に普及した太陽光発電の CO_2 削減効果は 821 万トンと推定された．前項で得られた補助金による太陽光発電の普及量 (350 MW) は 280 万トンの CO_2 削減効果に相当し，補助金によって CO_2 削減効果は 34.1％増加したことになる．

この CO_2 削減効果に伴う経済価値を評価する際に，以下の 3 つの方法が考えられる．第 1 の方法は，排出量市場での取引額をもとに算出する方法である．EU 圏内では，2005 年度に導入された欧州排出量取引制度 (EU-ETS) によって，事業者に CO_2 の削減義務が課され，同時に事業者間での CO_2 排出枠の取引が拡大することになった．この結果，2005 年から 2007 年までの 3 年間で 35 億トン，金額にして 824 億 US ドルに上る CO_2 排出枠取引が行われた．この取引額に基づいた CO_2 の平均貨幣価値は 2,714 円/トンと算出される．一方，わが国での現状では企業に CO_2 の排出量削減を義務づける法的枠組みはないものの，2005 年から自主参加による事業者間の排出権取引が環境省の主導によって実施されている．環境省の報告によると，2005～2007 年度に 31 社がこの自主取引に参加し 8.2 万トンの CO_2 排出枠が取引され，平均取引価格は 1,212 円/トンであった．こうした取引価格による CO_2 の経済価値は，現時点では排出規制が弱いことや市場そのものが未成熟であることが一因となって全般的に低い金額

図表 4-9 太陽光発電のCO_2削減効果（1997〜2005 年）

	1997	1998	1999	2000	2001	2002	2003	2004	2005	計
観測データ										
導入量 (kW)	19486	24123	57691	74382	90997	141436	173688	200154	261742	1043699
総発生電力量 (MWh)[a]	369330	450775	994476	1150852	1423279	2162666	2375741	2812144	3319736	15059000
CO_2 削減効果（トン）[b]	142934	183636	427636	523990	688529	1115965	1313480	1674351	2141285	8211805
補助金の効果										
導入量の増分 (kW)	15644	19362	45653	46353	40451	55316	62345	40187	26042	351352
CO_2 削減効果の増分（トン）	114804	134492	348569	365702	305613	461550	508398	345176	219457	2803761
(%)[c]	(80.3)	(73.2)	(81.5)	(69.8)	(44.4)	(41.4)	(38.7)	(20.6)	(10.2)	(34.1)

注: a: その年に導入された太陽光発電システムの 20 年間の発電量.
b: その年に導入された太陽光発電システムが 20 年間で削減する CO_2 の総量.
c: 補助金による CO_2 削減効果の増分が全体の削減効果に占める割合.

となる傾向がある．この 1,212 円/トンをケース (a) とする．

第 2 の方法は，大気中に含まれる CO_2 濃度が増すことに起因して起こる様々な経済的被害からの総損害額をもとに CO_2 の経済価値を算出する方法である．CO_2 濃度の増加による地球温暖化は，海水面の上昇，あるいは降水量の増減等の気候変動を通じて，地域の生態系や地形等に影響を与える．そしてこの影響は食糧生産や観光産業といった経済活動に間接的な被害をもたらす．さらに洪水，干ばつ，ハリケーンといった異常気象による被害は特に深刻な経済的ダメージを与える可能性がある．こうした温暖化がもたらす広範囲にわたる被害の損失額を集計して，CO_2 の社会的な損害費用を算出するのが第 2 の方法である．この方法は，起こりうるシナリオの想定や被害額の見積りによって大きく左右されてしまうという問題がある．Tol (2005) では，CO_2 の社会的費用を推計した 103 の事例研究を調査し，それらを用いて CO_2 排出に伴う限界被害金額が従う経験分布を推定したところ，その平均値は 3,044 円/トン（93 US ドル/炭素トン），中央値は 458 円/トン（14 US ドル/炭素トン），そして 95%分位点は 11,455 円/トン（350 US ドル/炭素トン）であった[25]．この平均値である 3,044 円/トンをケース (b) とする．

最後に第 3 の方法として，CO_2 削減にかかる対策費用に基づいて算出する方法を用いた．この方法では，あらかじめ定めた削減目標値を実現するために必要な技術や対策を多面的に調査し，それらを実施するのにかかる費用を推計する．環境省の実施した「低炭素社会への実現に向けた脱温暖化 2050 プロジェクト」では，2050 年の CO_2 排出量を 1990 年比で 70%減らすことを目標とし，これを達成するのに必要なエネルギー需要の削減量から直接費用を試算している．この報告によると，想定する将来のシナリオによって算出額に幅はあるものの，年間約 7 兆円から 9 兆 9,000 億円の費用がかかり，CO_2 の平均削減費は 6,818〜10,882 円/トンとされている．ケース (c) としてこの平均削減費の上限値である 10,882 円/トンを用いる．この対策費用に基づいた方法は政策立案に受け入れられやすい一方で，目標値達成に必要な産業構造の変化や技術進歩を実現するための費用が莫大なものとなるため，第 1 の方法に比べて CO_2 の経済価値を高く見積もる傾向がある．

これら 3 つのケースについて，CO_2 削減の経済価値を補助金の有無別にまとめたものが図表 4-10 の③となる．補助金の付与によって 34 億から 305 億円の

---

[25] 1997 年の基準外国為替相場 120 円/US ドルで換算した．このとき 1 炭素トンは，CO_2 に換算すると約 3.67 トンになる．

幅での CO_2 削減に伴う経済効果があることが示されている．

3.4 補助金の社会厚生

図表 4-10 では上記の CO_2 削減効果の経済価値のみならず，消費者厚生や生産者厚生も加味した社会厚生の観点から補助金を評価した．ここで社会厚生は，消費者厚生，生産者厚生に加えて CO_2 削減効果の経済価値の和から補助金支出額を差し引いて求めている[26]．図表 4-10 において，将来便益の割引がないもとで，最も CO_2 削減の経済価値が低いケース (a) では補助金による社会的便益への影響は負（−47.4 億円）となる．他方で CO_2 削減効果を社会的費用の平均値 3,044 円/トン（ケース (b)），もしくは 2050 日本低炭素社会シナリオでの対策費用の上限額 10,882 円/トン（ケース (c)）で評価した場合には，補助金が社会厚生に与える効果は正（3.9 億および 223.7 億円）となる．つまり CO_2 削減効果を社会的費用や対策費用を基準にして計算した場合には，太陽光発電への補助金制度は社会厚生の観点から正当化されうる．

第 4 節　小括

本章では，イノベーション普及の事例として太陽光発電を取り上げ，その普及過程を分析した．高度な技術とともに市場に登場するイノベーションは，生産コストの問題もあり市場価格が高めであることが多い．イノベーションの普及にはこの価格の「壁」をいかに乗り越えるかが 1 つの鍵となる．

ここでは，太陽光発電の価格と導入量との関係に着目し，導入コストの低下が太陽光発電の普及をいかに促すかを議論した．さらに，政府の公的補助金制度による太陽光発電の普及効果を構造形推定の手法を用いて分析した．シミュレーションを行ったところ，この公的補助金によって太陽光発電の普及が約 3 割伸長したことが示された．併せて太陽光発電の CO_2 削減に伴う外部効果を含めた社会厚生の観点から当該補助金は正当化されうることもわかった．

公的補助金がなければ太陽光発電の導入量が過少となってしまうという結論は，一般的には本書第 III 部で議論する専有可能性の問題から来ることがわかる．温室効果ガスである CO_2 が削減される経済効果を，企業や消費者などの民

---

26) ここでは，補助金給付を実施する際に発生する間接的な徴税コストや行政コストは無視できるものとして分析を行った．これらを考慮すると補助金の社会厚生は本分析の結果よりも悪化する可能性が高い．

図表 4-10 補助金制度の費用対効果

(単位: 億円)

	① 消費者余剰	② 生産者余剰	③ CO_2 削減効果の経済価値 (a) 1212 円 (b) 3044 円 (c) 10882 円			④ 補助金支出	⑤ 社会厚生 (1+2+3-4) (a) 1212 円 (b) 3044 円 (c) 10882 円		
補助金あり	2186.2	693.2	103.6	260.2	930.1	1046	1937	2093.6	2763.5
補助金なし	1450.4	464.4	69.6	174.9	625	0	1984.4	2089.7	2539.8
差分	735.8	228.8	34	85.3	305.1	1046	−47.4	3.9	223.7

注) a: 2005–2007 の自主参加型 CO_2 排出権取引の平均価格 (1212 円/トン).
b: Tol (2005) における平均値 (3044 円/トン = \$93/t − C, 1 ドル = 120 円 (1997 年の基準外国為替) にて換算).
c: 「2050 日本低炭素社会シナリオ: 温室効果ガス 70%削減可能性検討」における上限値 (10882 円/トン).

間経済主体が十分考慮しない場合，私的誘因では社会的に最適な太陽光発電の導入量を達成することができない．この環境価値の外部性からくる市場の歪みを補正するために，公的補助金が私的誘因を下支えして専有可能性の問題を緩和しているとみなせるだろう．本章の分析では，太陽光発電による CO_2 削減という環境価値に注目したが，太陽光発電は国産のエネルギー源であり，また分散型に設置できることから大規模電源が抱える災害リスクにも一定程度の頑強性を持つ．こうしたエネルギー・セキュリティのメリットは，太陽光発電を需要・供給する企業や消費者だけでなく社会全体にも裨益することから，東日本大震災後に強く認識されるようになったこれらの外部性にも注目すれば，専有可能性の問題は本章で議論した環境価値以上の意味を持つ．

なお太陽光発電などの再生エネルギーは従来の発電方式に比べてコストが割高になるため，普及が進むほどに電力コストを中心に社会的コストが上昇しかねない懸念がある．2009 年 11 月に始まった住宅用の余剰電力買い取り制度，およびそれを事業用にも拡張した固定価格買い取り制度（2012 年 7 月開始）は，普及量の観点からは成功を収めているものの，社会厚生の観点から過大な普及になっている可能性はないのか，そうした観点からの評価も重要である[27]．特に電力の大口需要家である企業にとっては電力コストの上昇が国内での操業を困難にする可能性もある．中国などを中心とした海外メーカーとの競争が激化するなかで[28]，産業育成の観点からの効果も限定的な可能性がある．わが国における太陽光発電の環境政策，エネルギー政策，産業振興策の位置付けのバランスをどう取るのか，難しいかじ取りを迫られているといえよう[29]．

---

[27] 大橋・明城 (2009) では余剰電力買い取り制度および全量買い取り制度の費用対効果分析を住宅用太陽光発電に限って行っている．この分析では，買い取り価格が社会的に最適な程度を超えて過大につけられている結果，社会厚生を政策が毀損しているとの指摘がなされている．

[28] 2007 年の海外メーカーの市場シェアはわずか 0.3%程度であったが，2008 年以降は安価な海外製の太陽電池モジュールを採用した製品がシェアを大幅に伸ばしている．

[29] 利用できるデータの制約や経済的手法の限界等によって本章で得られた結果にいくつか留保しておくべき点がある．以下では特に 2 点について触れておきたい．第 1 に本分析は需要関数と生産関数からの部分均衡分析に基づいたものであり，太陽光発電の普及が他の産業に与えた影響を考慮していない．太陽光発電の普及に伴う経済効果を分析する観点からは，太陽光発電を中心とする産業連関についての研究が不可欠であろう．第 2 に，本章では太陽光発電の普及に関するシミュレーションにおいて技術的な系統容量に関わる制約を考慮していない点も今後考慮すべき課題である．

第5章

事例Ⅱ：ハイビジョンテレビ——補完財の役割

第1節　背景

　市場にとって画期性を持つ商品も，即座に消費者に受容されるわけではない．画期性を持つ商品に対する需要は，前章で述べた価格はもちろんのこと，その商品の持つ機能や品質，あるいはその商品と補完的な財・サービスの存在にも大きく左右される．こうした商品の1つの典型例が，1990年代後半に登場したデジタル家電である[1]．

　データ処理をデジタル信号で行うことにより，PCなどの情報機器と容易に連動できるデジタル家電は，従来のアナログ家電とは全く異なるコンセプトで作られた市場画期性を持つ製品群である．デジタル家電をつなぐ規格の多くは標準化されて一元的に情報管理を行うことが可能であり，複数の製品の間で機能を相互に連動し利便性を向上させている．つまりデジタル家電の普及は，個別製品の画期性だけでなく，相互に連携する多様な商品との補完性にも大きく依存する．

　本章では，デジタル家電の中でもハイビジョンをベースの技術に持つテレビ（「ハイビジョンテレビ[2]」）を取り上げて議論する．ハイビジョンテレビは，新しいデジタル放送（「地デジ放送」）に対応する過程で，薄型テレビ[3]として旧来のブラウン管テレビに代わる形で発展・普及した．なお薄型テレビの主流は，液晶テレビやプラズマテレビである．薄型テレビはハイビジョンテレビ技術が

---

1) 本書では製品・サービスを総称して商品と呼んでいる．薄型テレビは製品であることから，本章では商品と製品とを同義語として扱う．
2) 高精細度デジタルテレビ，高品位テレビ，HDTV（High Definition Television の略）ともよばれる．
3) FPD（Flat Panel Display）テレビともよばれる．

採用され，双方向の送受信を可能にしたデジタル放送の高精細画像を映し出すことができる．つまり薄型テレビとして普及したハイビジョンテレビは，その技術的性格上，地デジ放送と補完的な関係にある．ハイビジョンテレビの技術はディスプレイ技術，半導体技術，ソフトウェア技術等が組み合わされてできたものであり，関連技術の裾野が広いことで知られており，その技術を具体化した製品は，日本の情報通信分野や製造技術分野において経済的にも大きな存在感を示している．

本章で扱うイノベーション事例は，地デジ放送に対応して高精細画像を映し出すことができるハイビジョンテレビを対象にするが，その技術は家電量販店等を通じて販売された液晶テレビやプラズマテレビといった薄型テレビとして普及した．技術としてのテレビ（ハイビジョンテレビ）と，製品としてのテレビ（薄型テレビ）とで名称が異なることに注意をされたい[4]．

まず家庭用テレビ市場を時系列的に概観しておこう．長らく家庭用テレビは成熟市場といわれてきた．1970年代に世帯普及率がほぼ100％に達した後は，買い替え需要や引っ越しに伴う購入が主となり，販売台数はほぼ横ばいで推移した．国内テレビ市場の総販売台数は年間1,000万台前後であったが，2001年以降はPCや携帯端末でテレビ番組を視聴する人が増加したこともあり，販売台数は緩やかに減少してきた．

図表5-1は家庭用テレビの国内市場規模の推移を示したものである．2000年時点では市場をほぼブラウン管テレビ（CRT[5]）が占有しており，市場規模は約4,900億円であったが，それ以降は薄型テレビ（液晶テレビ（LCD[6]）およびプラズマテレビ（PDP[7]））のシェアが増え続け，画面サイズの大型化，パネルの薄型化，輝度の向上等が進展している．特に，画面サイズの大型化が顕著であり，ブラウン管テレビでは技術的に36インチ前後を限界とするのに対して，薄型テレビでは100インチを超える画面サイズが商用化されている．こうした点に加えて後述する地デジ放送の開始が後押しとなって，薄型テレビは今や家庭用テレビの主要製品となった．販売台数の減少にもかかわらず，市場規模が

---

4) なお，テレビの分類には多様な用語が用いられる．画像処理の分類では，ハイビジョンテレビ（高精細度テレビ）や4Kテレビ（フルハイビジョンの4倍ある高画質化テレビ）などが用いられ，電波処理技術では，アナログテレビ，デジタルテレビに分けられる．ブラウン管テレビ，液晶テレビ，プラズマテレビはディスプレイの種類による分類であり，薄型テレビ（FPDテレビ）とは従来のブラウン管テレビに比較して，形状面で差別化した用語である．
5) Cathode Ray Tube の略．
6) Liquid Crystal Display の略．
7) Plasma Display Panel の略．

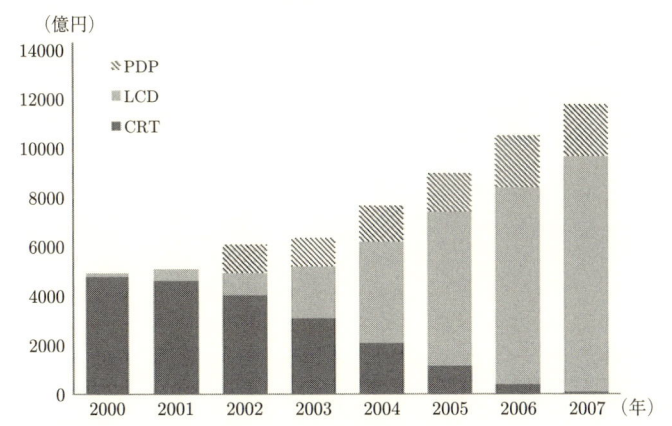

図表 5-1 国内家庭用テレビ市場規模

(億円)

出典）GfK Japan 販売額および電子情報技術産業協会 (JEITA) 出荷台数より作成．2000～2001 年の PDP はデータ未公表．

伸びているのは1台当たりの付加価値が高まったことを意味する．本章では，薄型テレビが登場したことによって生み出された経済的な付加価値を推定するとともに，薄型テレビの普及に地デジ放送が果たした役割も明らかにしたい．

なお本章では分析期間をリーマンショック前の 2007 年までとした．リーマンショック以降は，経済活性化などを名目としてエコポイントといった省エネ効率の高い家電機器に対する助成制度が行われ，薄型テレビを含めた家電製品に対する需要が大きく伸びる一方で，エコポイントが終了した 2010 年以降は家電主要メーカーが業績不振に陥り，薄型テレビ事業を縮小するところも出てきている．家電産業の不振の原因を分析すること自体，イノベーションの観点からも重要な課題ではあるものの，本章での目的が微視的アプローチを家庭用テレビ市場に応用することによって，イノベーションの特性を考えたいというものであることから，2007 年までに焦点を絞った議論を行いたい．

第2節　対象

2.1　地上デジタル放送とハイビジョン化

ハイビジョンテレビでは，従来のテレビに比べて走査線の数が大幅に増えている．放送形態は各国で異なるが，日本の場合，従来は 525 本の走査線を持つ NTSC 方式で放送していた．ハイビジョンテレビでは走査線が 1,125 本または

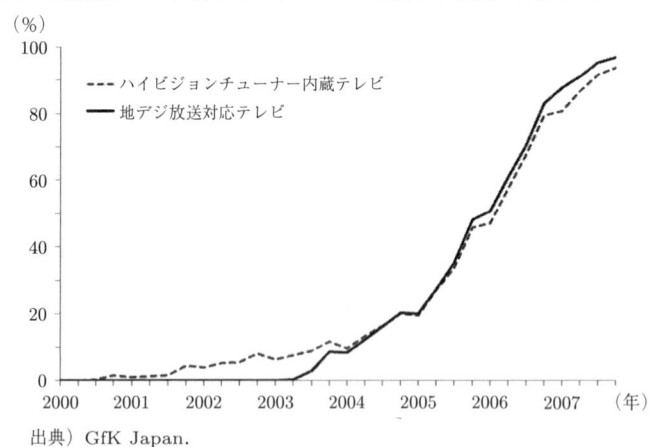

図表 5-2 家庭用テレビに占めるハイビジョンと地デジ放送に対応したテレビの割合

（凡例：ハイビジョンチューナー内蔵テレビ、地デジ放送対応テレビ）

出典) GfK Japan.

1,250本に増えて画質が向上している．また画面の縦横比（アスペクト比）も従来の4：3から16：9となり，横長の画面となっている．

　ハイビジョンテレビに対応した放送方式はハイビジョン放送と呼ばれる．日本ではNHKにより早くからハイビジョン放送が始まっていたが，当初はアナログ方式として試験放送やBS放送に限定されていた．本格的な普及は地デジ放送がハイビジョン放送と結びつき，デジタルハイビジョン放送として発展し始めた2003年頃である[8]．この背景として，受信機であるテレビの高機能化が薄型テレビの技術開発等によって促進されるとともに，デジタル放送がアナログ放送に比べて同じ電波帯域でより多くの情報量を送信できることから，多チャンネル化や高精細化が可能となった点[9]を挙げられるだろう．まさにハイビジョンテレビと地デジ放送とはお互いに補完的な役割を持ちながら普及を遂げたのである．

　図表5-2に，市販テレビにおけるハイビジョン対応テレビと地デジ放送対応テレビの比率の推移を示した．2004年には約10％にとどまっていた比率は，その後急速に上昇し対応機種が増加していることがわかる．2007年には市販テレビの9割以上がハイビジョン放送および地デジ放送の対応機種となり，薄型テレビの機能も高度化した．

　図表5-3は地デジ放送の視聴が可能なエリアに住む世帯数割合を表したもの

---

8) 2003年12月1日には東京，名古屋，阪神の三大都市圏にて地デジ放送が始まっている．
9) なお地デジ放送は，インターネット技術と融合した双方向受発信も可能としている．

図表 5-3　地デジ放送視聴可能エリアの全世帯カバー率

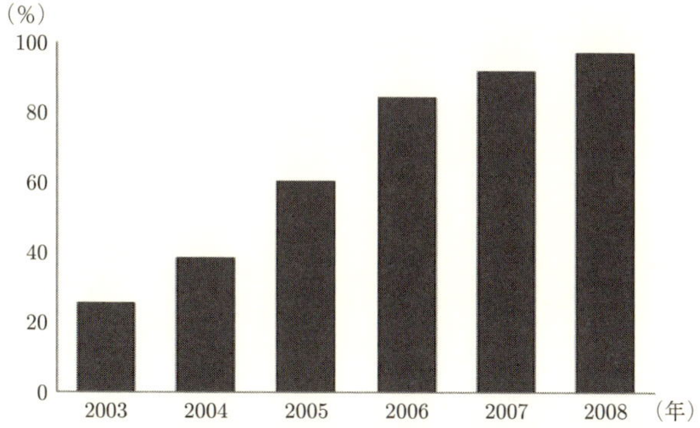

出典）デジタル放送推進協会のデータを基に作成．

である．地デジ放送エリアの全世帯カバー率は，放送開始当初 25％ 程度であったが，2008 年度末には 97％ にまで上昇した．地デジ放送を受信するには専用のテレビを購入する以外にも，デジタルチューナーを外付する方法や地デジ放送を配信するケーブルテレビに加入する方法がある．総務省によれば，2008 年 9 月時点での地デジ放送受像機の世帯普及率は 46.9％ にとどまっていたが，地上アナログ放送の停止が残り 7 カ月に迫った 2010 年 12 月時点では 94.8％ に達している．放送形式の技術革新によって家庭用テレビの買換え需要が喚起され，またエコポイントの導入と相まって，ハイビジョンテレビは薄型テレビとして本格的に普及したことがわかる[10]．

2.2　薄型テレビの普及

本章で対象とする分析期間である 2007 年までにおいて，薄型テレビの中でも液晶テレビの普及が著しかった．ディスプレイ方式別にみた国内出荷台数では，ブラウン管テレビが 2000 年の 1,018 万台（国内市場の 96.6％）から 2007 年には 63 万台（同 6.9％）に減少している一方，液晶テレビが 2000 年に 42 万台（同 4.0％）から 2007 年には 741 万台（同 82.3％）へと急激に増加，プラズマテレビも数千台規模から 2007 年には 97 万台（同 10.7％）へと出荷台数を伸ばした．

液晶テレビに用いられている液晶パネルは，もともと電卓用として開発され，初期はパネルサイズの小さいノートブック PC や小型テレビ用として製品化が

---

[10]　なお第 1 節でも述べたように本章の分析は 2007 年までに期間を限って行うこととしている．

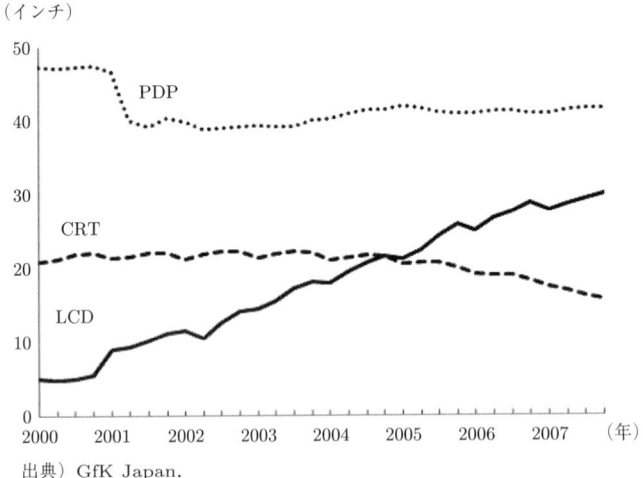

図表 5-4 家庭用テレビ市場における平均画面サイズの推移

(インチ)

出典) GfK Japan.

進んできた．液晶パネルがテレビに使われるようになった契機は，シャープが1990年代末に28インチの大型液晶テレビを実用化したことにある．これにより家庭用テレビとして液晶パネルの大型化が進み，2007年には平均画面サイズで30インチに達している（図表5-4）．

一方，プラズマテレビは技術の特性上，画面の大型化が容易であり，既存市場における高付加価値製品として1990年代後半から製品化されてきた．初期には50インチサイズで価格が100万円を超えるハイエンド製品に特化していたが，2001年以降，量産プロセスの技術的確立，液晶ディスプレイとの技術開発競争などを背景にして，ボリュームゾーンである37インチや42インチの製品が登場し，急速に低価格化が進んだ．

図表5-5は液晶テレビとプラズマテレビについて平均小売価格（1インチ当たり）の推移を示したものである．家庭用テレビ市場では，1インチ1万円を切ると普及が進展するという経験則がある．薄型テレビの登場した初期では，プラズマテレビは1インチ2万円を超え，液晶テレビも30型以上は同様の価格水準であった．2004年までは，インチサイズで37型以上はプラズマテレビ，32型以下は液晶テレビという製品の棲み分けがみられたが，液晶テレビの大型化が進展したことで両方式のテレビが競合するようになり，一層パネル価格の低下が進んだ．液晶パネル1インチ当たりの価格は2007年に5,000円を切る水準にまで下落し，プラズマテレビもほぼ同レベルにまで低下している．薄型テ

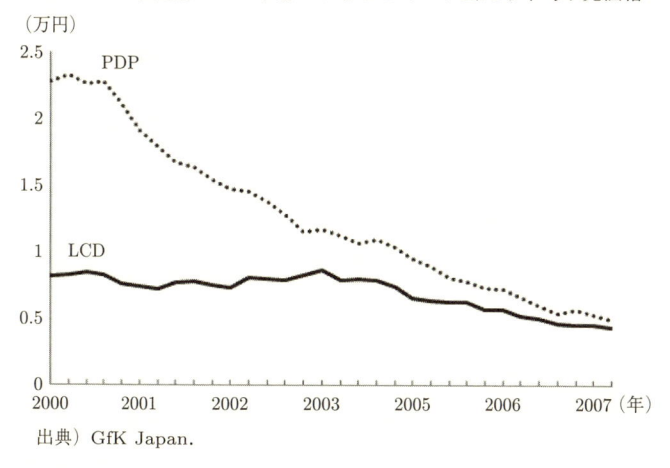

図表 5-5　家庭用テレビ市場における 1 インチ当たり平均小売価格
(万円)

出典) GfK Japan.

レビの普及の背景にはこうした平均小売価格の急速な低下があったことは疑いがない．

2.3　生産技術の革新

　薄型テレビの普及は液晶テレビとプラズマテレビが主役であったが，その他にもプロジェクションテレビや有機 EL 方式のテレビなどがある．異なる方式の開発競争が進んだ結果，急速な技術分野でのイノベーションがみられた．特に製品機能に直結する，パネルサイズの大型化，輝度や視野角の向上，応答速度と動作表示速度の上昇，消費電力の省エネ化等を中心に技術開発が進んできている．

　先にみたように，薄型テレビのパネル価格は大きく下落した．パネルの低価格化には，製造プロセスの標準化，省エネおよび部材の使用量削減，生産性向上などが寄与しているが，これらの前提にはパネルのもととなるガラス基板（マザーガラス）の大きさが極めて重要になる．マザーガラスが大きければ，1 枚のマザーガラスから取れるパネルの数（面取り数）が多くなり，スケールメリットが働く．液晶やプラズマディスプレイのパネル生産では，パネルの面取り数が重要な変数であり，面取り数が 2 倍になれば，製造コストは約半分になる．そのため低コスト化を進めるにあたっては，マザーガラスを大きくすることが合理的となる．

　図表 5-6 はフラットパネルの世代別の発展を，各世代での画面サイズ当たり

図表 5-6 フラットパネルに対する基板サイズと面取り数の関係

画面サイズ		第5世代	第5.5世代	第6世代	第7世代	第7世代	第8世代	第8世代	第9世代	第10世代	第10世代
生産開始年		2002年~		2004年~	2005年~	2005年~	2006年~	2006年~	2009年~	2011年~	2011年~
型	cm	1100×1300	1300×1500	1500×1850	1870×2200	1950×2250	2160×2460	2200×2500	2400×2800	2600×3000	2850×3050
23	58	8	8	12	21	21	32	32	30	40	40
26	66	6	6	8	18	18	18	18	21	32	32
32	81	3	3		12	12	15	15	18	24	24
37	94		3	6	8	8				18	18
40	102			4					12		15
42	107	2	2	3	6	6	8	8	10	12	12
45	114									10	10
46	117				8	8	8	8	8	8	8
47	119	1	1	2	3	3	3	3	6	6	6
52	132						6	6	6	6	6
55	140										
57	156				2	2	2	2	3	2	2
60	152										
65	165	-	-	1	-	1	1	1	2	2	2
80	203			-	-	-	-	-	-	-	-
100	254							1			

(出典) 液晶・PDP・EL メーカー計画総覧.

の面取り数で示したものである．たとえば，第5世代の製造プロセスは2002年から開始され，マザーガラス1枚から26インチ用パネルは6枚取れることが読み取れる．マザーガラスのサイズが大きくなるにつれ，パネルの面取り数が増加し，製造原価やパネル1枚当たりの減価償却額，間接費用などが低減する．パネル生産に必要な設備投資額もマザーガラスのサイズで規定され，製造装置や搬送システムなども世代ごとで大型化が進んだ．液晶テレビの大手メーカーであったシャープでは，2004年に第6世代の製造プロセスをもつ亀山第1工場を立ち上げ，2006年には隣接地に第8世代の亀山第2工場を稼動した．亀山第2工場では第1工場と比較して，装置間のガラス搬送距離が半減，TAT（turn around time, 投入から完成までの時間）も半分に短縮，投資生産性は約2倍になったとされる．パネルの低価格化には，こうしたマザーガラスサイズでみた世代別の段階的発展から大きな影響を受けてきた．

　薄型ディスプレイパネルの生産では関連部材も重要になる．パネルの画質や輝度，視野角や応答速度はパネルの大型化と比例して技術的な進展をみてきた．こうした高精細化はパネル関連部材である，パネルモジュール，画像処理IC，音声処理IC，入出力関連IC，インターフェース部品，組み込みソフトウェアなどの技術革新が進んだ点も大きい．その点で，パネル部材は半導体デバイスの発展と相乗しており，ハイビジョンテレビの普及は関連技術への波及効果も大きかったと言えるだろう．

　また薄型テレビ生産にはテレビメーカーだけでなく，部材メーカーや製造装置メーカー，半導体メーカーなどの関連産業の厚みが必要になるため，製造技術としての総合力が求められる．世界的にみると，本分析の期間において薄型パネルの生産は東アジアの4カ国・地域（日本，韓国，中国，台湾）で90％以上生産され，企業間の競争だけでなく，国・地域間の競争にまで発展してきた．こうした背景には薄型テレビ産業の特性である次の3点を指摘できる．

　第1に，製品のライフサイクルが短い点である．2003年以降薄型パネルの単位面積当たりの価格は，1年ごとに約25％低下してきた．異なるディスプレイ方式で競合するものの，パネル関連部材は共通部分が多く機能面の差は小さいため，価格競争に陥りやすく，コモディティ（汎用）化しやすい．メーカーの戦略としては先行者利益の確保が重要になるが，その結果，技術開発や設備投資の競争が激化している．

　第2に，技術的な特性である．アセンブリが主体であったブラウン管テレビと異なり，液晶テレビやプラズマテレビではパネル製造工程が中心となり，半

図表 5-7 マザーガラス基板面積からみたライン稼動年

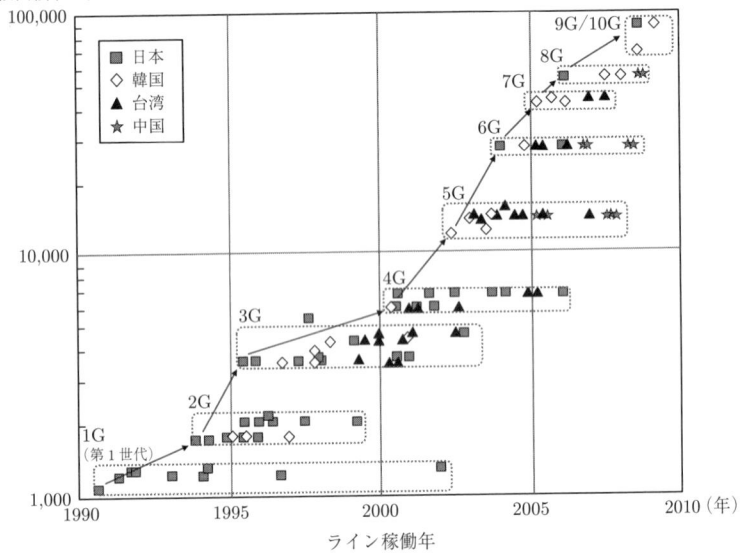

注）図中の G はマザーガラスの世代を表す．1G は第 1 世代の意味．
出典）電子ジャーナル (2007) を基に作成．

導体デバイスと同様にクリーンルームが必要となる．また，製造原価に占めるパネル部材の割合が高く，付加価値の源泉はガラスパネルと画像処理用半導体デバイスに大きく依存する．そのため，歩留まりや限界利益率などの算出には半導体デバイス産業の概念が必要となる．この点は，裏を返せば，半導体産業や半導体製造装置産業のノウハウが薄型テレビ産業の急速な技術革新を後押ししてきたことを意味する．

　第 3 に，競争環境の激化である．大型の薄型テレビはシャープにより 1999 年に初めて製品化され，世界で 2002 年ごろから普及し，2005 年にブラウン管の出荷台数を逆転した．1990 年代後半までは中小型の液晶パネルが主で日本メーカーの独壇場であったものの，薄型テレビ市場が本格的に立ち上がると韓国，台湾の投資額が急増し，日本の薄型パネルの出荷額シェアは急落した．

　図表 5-7 はマザーガラスの基板面積を縦軸にして時系列で東アジア 4 カ国・地域の工場稼動年をプロットしたものである．第 3 世代 (3G) までのパネル生産は日本を中心としていたが，第 4 世代以降は韓国や台湾の工場が相次いで稼

動している.特に,第 4 世代以降はガラス世代の交代スピードがあがっており,先に述べた第 1 の点の証左となっている.

第 3 節 分析

ここでは薄型テレビの普及過程において,新たに投入された技術,新製品がどれだけの消費者価値を生み出しているのかを市場データから推定する.具体的には薄型テレビの登場によって,ブラウン管テレビと比較して消費者の便益がどれほど高まったのかを定量的に分析する.推定に当たっては 2000 年第 1 四半期から 2007 年第 4 四半期までの市場データを用いて,家庭用テレビの需要関数を推定する.具体的にはネスト型ロジットモデルを使用し,その詳細は第 3 章および補論 A にて説明している.

3.1 需要モデル

時点 t および市場 m において J_{mt} 個の差別化された製品があるものとする.異なる市場であっても同一の製品が販売されている場合は,これらを別の製品とは見なさずに,すべての市場を通じて独立な製品に対してインデックス j を割り当て,その総数を J とする $(j = 1, \ldots, J)$[11].

消費者 i が製品 j を選択した場合に得る効用を u_{ijmt} とする.各製品は有限個 (G) の排他的なネストに分類でき,グループ $g \in \{1, \ldots, G\}$ に属する製品群の集合を J_g で表す.消費者 i が時点 t で市場 m から製品 $j \in J_g$ を選んだ場合に得る効用を以下で定義する.

$$u_{ijmt} = \alpha p_{jmt} + x'_{jt}\beta + \xi_{jmt} + e_{ijmt} \quad i = 1, \ldots n, \ j = 0, \ldots J.$$

ここで p_{jmt} は価格,x_{jt} は研究者が観測できる製品属性であり,消費者が観測できるものの研究者には観測できない製品属性を ξ_{jmt} とする.推定すべきパラメータは α と β であり,誤差項は $e_{ijmt} = \eta_{ig} + (1-\rho)\epsilon_{ijmt}$ と分解できるものとする.ここで η_{ig} はグループ g に対して消費者が持っている平均的な選好の程度を表す変数であり,ϵ_{ijmt} が製品インデックス j に関して iid (independent and identically distributed) にタイプ I の極値分布に従うとき,$\eta_{ig}+(1-\rho)\epsilon_{ijmt}$

---

[11] 例えば,2 つの市場があり,市場 1 では製品 1, 2, 3, 4 が販売されており,市場 2 では製品 2, 4, 5, 6 が販売されているとする.この場合,$J_1 = 4$, $J_2 = 4$, $J = 6$ となる.

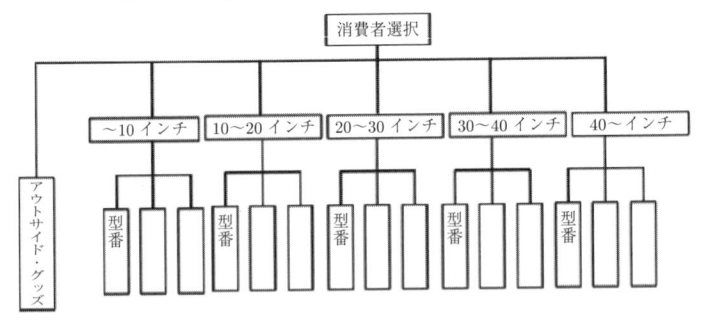

図表 5-8 消費者の家庭用テレビ選択のネスト構造

```
                          消費者選択
    ┌──────┬─────────┬─────────┬─────────┬─────────┐
    │      │         │         │         │         │
アウト  ～10インチ 10～20インチ 20～30インチ 30～40インチ 40～インチ
サイド・
グッズ   型番     型番       型番       型番       型番
```

もまた極値分布に従うという性質を満たすとする．また ρ は同じネストに属する製品に対して消費者がもつ選好の相関を表すパラメータで，$\rho \to 1$ のとき相関は高くなり $\rho \to 0$ のとき無相関となる．消費者がどの製品も購入しない場合，すなわちアウトサイド・グッズ ($j=0, g=0$) を選んだ場合の効用を $u_{i0mt} = e_{i0mt}$ とする．ネスト型ロジットモデルでは消費者の製品選択が，まず製品ネスト g を選択し，次にそのネストに属している製品 j を選ぶという，2段階の階層構造を持つと表現される（図表 5-8 参照）．

家庭用テレビ市場での製品属性の候補として，パネルサイズおよびパネルタイプ（CRT, LCD, PDP）の2つを考える．前者では，消費者はまず全製品の中から最も望ましいサイズを満たす製品群を選択し，ついでその同じサイズのネストから具体的な製品を選ぶ．後者では，消費者はまずパネルタイプを選択し，その後で同じパネルタイプのネストから具体的な製品を選ぶものとする．このとき，補論 A における導出過程を参照すると，製品 $j \in J_g$ の需要関数は以下で与えられる（なお以下では混乱がない限り時点 t のインデックスを省いて表記する）．

$$\log(\sigma_{jm}) - \log(\sigma_{0m}) = \alpha p_{jm} + x'_j \beta + \rho \log(\sigma_{jm/g}) + \xi_{jm} \qquad (5\text{-}1)$$

ここで，σ_{jm} は市場 m での製品 j の市場シェア，$\sigma_{jm/g}$ は製品 j のシェアがグループ g の製品全体のシェアに占める割合（グループ内シェア）である．

3.2 データ

家庭用テレビ市場における需要関数の推定に用いるデータは，(株) GfK Japan 提供の全国 2,500 店舗以上の家電量販店から集計された POS（販売時点情報管

理）データである（以下「GfK データ」）[12]．このデータは国内の 5 地域（北海道・東北；関東・甲信越；東海・北陸；近畿；中国・四国・九州）ごとに集計されたものであり，製品型番ごとの販売量，販売額，および主要な製品設計属性値が識別されている．またデータの集計期間は 2000 年第 1 四半期から 2007 年第 4 四半期である．データに含まれる製品属性には，パネルタイプ（CRT，LCD，PDP），パネルサイズ，メーカー，ハイビジョン放送への対応有無（アナログ，デジタル），地デジ放送への対応の有無，発売日，アスペクト比などが含まれている．ここでは 1 四半期，1 地域の組み合わせからなる単位を 1 市場の単位として定義する．すると GfK データには 1 市場につき 1,000 を超える製品型番の販売データが含まれている．また POS データの特性上，返品などがあった場合にマイナスの売上高が記載され，マイナー製品の売上には多くの欠損値が含まれている．さらに在庫処分品などが短期的に少数の売上となって現れている場合も散見され，観測されている製品特性値や価格から売上を説明するのが難しいと考えられるデータも散見される．そこで分析の見通しを明確にし，分析結果の適切な解釈を行う目的から，データのコーディングを行った．そのルールは以下の通りである．

ルール (1) 同一型番の製品は，すべての地域で正の販売台数・販売金額を上げているものだけを分析対象とする．

ルール (2) 同じメーカー[13]について次の 4 つの製品属性値が同じ型番の場合には，すべて同一製品としてみなし，地域・期間ごとに合算した販売台数および販売金額を算出し，それらに基づいてマーケットシェアおよび平均価格を算出する．

- パネルタイプ（CRT，LCD，PDP）
- パネルサイズ（10 インチ未満，10〜20 インチ，20〜30 インチ，30〜40 インチ，40 インチ以上）
- ハイビジョン放送への対応有・無および仕様（無，アナログ，デジタル）

---

[12] GfK データにはインターネット等を介したオンライン販売の数量を反映していない．また価格は家電量販店が独自にて実施しているポイントサービスによる値引きを除いた価格データである．

[13] なお，メーカーは以下と区分した．シャープ，ソニー，東芝，松下電器（現パナソニック），三菱電機，日立，ビクター（現 JVC ケンウッド），その他の国内メーカー，海外メーカー．

- 地デジ放送への対応有・無

以上の 2 つのルールに則ってデータコーディングを行ったところ，1 市場につき 50〜90 程度の製品がデータとして観察された．なお結果的にすべての地域で販売されている製品のみが分析対象となった．1 つの地域での 2000 年第 1 四半期から 2007 年第 4 四半期までの全データ期間での製品総数は製品のオーバーラップを含め 2,237 製品となり，それが 5 地域あるため，データセット全体では $2237 \times 5 = 11185$ 製品となった[14]．

製品シェアを算出するには，市場規模を推定する必要がある．ここでは，各市場における家庭用テレビ総保有台数を市場規模とする．総保有台数は 1 世帯当たりの家庭用テレビ保有台数と，地域ごとの世帯数を乗じて算出した．本章で扱う市場の単位は地域と四半期の組み合わせなので，本来ならば四半期・地域ごとに市場規模を計算すべきである．しかし世帯数は年度末でのデータ，1 世帯当たり保有台数は全国消費実態調査による 5 年に一度のデータしか利用できない．よって世帯数については各地域の年度末のものを利用し，1 世帯当たりの保有台数については各地域において，平成 16 年全国消費実態調査の値がすべての期間を通じて等しいものとした．なお各都道府県の世帯数のデータは総務省統計局・住民基本台帳人口の値を利用している．

本章での分析に用いる GfK データは，家庭用テレビ市場のすべてのデータを網羅しているわけではない．電子情報技術産業協会 (JEITA) が公開している出荷台数との比較では GfK データがカバーする販売台数はおよそ 20%程度であった．したがって分析に用いる製品の市場シェアを算出する際しては，以下を用いて国内の全販売量に相当する値へと換算した．

$$\text{製品 } j \text{ のシェア} = \frac{\text{製品 } j \text{ の GfK 販売台数}}{\text{TV 総保有台数}} \times \frac{\text{JEITA 出荷台数}}{\text{GfK 総販売数}}$$

3.3 推定手法

需要推定において，価格や販売量は市場で決まる内生変数と考えられる．需要関数の価格パラメータ α の一致推定量を求めるためには，価格と相関しつつも，需要関数に含まれる誤差項 ξ_j とは無相関であるような変数を操作変数として用いて推定する必要がある．

---

14) なおオーバーラップを含めない独立な製品数，すなわち製品インデックス j で数えた製品数 J は 185 である．

本章では Nevo (2001) に従い，製品固有のダミー変数 d_j を用いて，式 (5-1) を操作変数による 2SLS を用いた．第 1 段階の推定は

$$\log(\sigma_{jm}) - \log(\sigma_{0m}) = \alpha p_{jm} + \kappa_j d_j + \rho \log(\sigma_{jm/g}) + d\xi_{jm}$$

を回帰してパラメータ α，$\kappa_j (j = 1, \ldots, J)$ および ρ を推定する．第 2 段階では，第 1 段階で得られた κ_j の推定値を製品属性へと GLS 法によって，

$$\hat{\kappa}_j = x_j' \beta + \xi_j$$

のように回帰して，パラメータ β を推定する．製品ネストに関しては，パネルタイプおよびパネルサイズの 2 通りの方法を行った．推定を行ったところ，パネルサイズをネストに用いた場合のほうが全体的に当てはまりの良い結果が得られたことから，以下ではパネルサイズでネスト構築を行った場合の推定結果を議論する．なお，消費者の家庭用テレビ需要に影響を与える属性としてはパネルタイプ（CRT，LCD，PDP），パネルサイズ（10 インチ未満；10～20 インチ；20～30 インチ；4：30～40 インチ；5：40 インチ以上），アナログハイビジョンへの対応有無，デジタルハイビジョンへの対応有無，地デジ放送への対応有無，そしてメーカーブランド（シャープ，ソニー，東芝，松下電器（現パナソニック），三菱電機，日立，ビクター（現 JVC ケンウッド），その他国内メーカー，海外メーカー）である．また，家庭用テレビの売上げは地域や年次，そして四半期によって大きく変動するため，これらの影響を調整するためのダミー変数を加えている．

3.4 推定結果

図表 5-9 に需要関数の推定結果を示す．OLS で回帰した結果をモデル (5-i) (5-ii) で表し，2SLS の結果をモデル (5-iii) (5-iv) に示した．モデル (5-ii) (5-iv) は製品固有ダミーを用いているのに対して，モデル (5-i) (5-iii) はダミーを用いずに推定を行っている．なおモデル (5-iii) (5-iv) では，補論 A でも紹介した Berry, Levinsohn and Pakes (1995) と同様に，観測できる製品属性 x_j が外生的との仮定のもとで，製品 j の価格の操作変数として用い，更にその製品を提供しているメーカーの他製品の属性の総和，および競合する他のメーカーの製品全体の属性和を操作変数に用いた．これらの操作変数は，製品の市場シェアがそれ自体の属性値だけでなく，自社および他社の他の製品の属性値によって影

響を受けることを反映したものである．本分析では更に Hausman and Leonard (2002) で提案された，他地域で販売されている同一製品の市場価格（他の 4 つの市場の平均価格）を操作変数に加えた．この操作変数は，異なる地域における需要ショックが互いに独立ならば，操作変数として妥当なものとなる．もちろん家庭用テレビ市場にてテレビ CM を通じたプロモーションが全国的に行われているのであれば，需要ショックの独立性が疑われる．しかしながら，実際には市場のすべての製品に対して全国プロモーションが行われているわけではなく，メーカーが特に販売したい一部の製品（主にハイエンドの新製品）に限られていることや，今回の分析対象となる大型店舗からの POS データでは，これら店舗独自の広告や特売などの影響の方が需要ショックとしては大きいと考えられることから，本分析では他地域の価格は操作変数として妥当であると判断した．

表 5-9 の推定結果からわかる点として，OLS の推定結果に比べて操作変数を用いた 2SLS の推定値の方が価格の係数が高く，更に製品固有ダミーを用いることで価格の係数が 2 倍以上となった点である．以上から操作変数や製品固有ダミーを第 1 段階の推定に用いることで，価格の内生性に伴うバイアスが緩和される方向と整合的な結果が得られている．以下では，紙幅の都合から当てはまりの良かったモデル (5-iv) の推定結果について説明する．

パネルタイプは，ブラウン管テレビを基準とすると液晶テレビおよびプラズマテレビの係数が有意に高く，これら新しいパネルタイプの製品から消費者が受けている便益は高いといえる．この効用差を等しくする金銭的対価は，ブラウン管テレビを 1 とした場合に液晶テレビが 2.7，プラズマテレビが 2.0 であった．つまり，その他の要因をコントロールした場合，消費者はブラウン管テレビの価格 2.7 倍を液晶テレビに対して，2.0 倍をプラズマテレビに対して支払っても良いと考えていることを意味する．一方，テレビのサイズに関しては，必ずしもサイズの大きい製品の効用が高いとはいえない結果となった．日本の一般家庭の住環境を反映してか，20～30 インチの製品の効用が最も高く，ついで 30～40 インチ，40 インチ以上，10～20 インチ，10 インチ未満の順となった．また放送形式への対応の有無に関してみると，アナログハイビジョンへの対応有無はほとんど消費者選択に影響を与えていないが，デジタルハイビジョンや地デジ放送へ対応している製品は，非対応製品よりも有意に効用が高くなる結果となった．ただしその程度はパネルタイプの差が生み出す効用差よりも小さく，デジタルハイビジョンおよび地デジ放送対応テレビは，非対応テレビに対

図表 5-9 需要関数の推定結果

	5-i OLS 第1段階		5-ii		5-iii 2SLS 第1段階		5-iv	
	推定値	標準誤差	推定値	標準誤差	推定値	標準誤差	推定値	標準誤差
log（価格）	−0.689***	0.018	−0.489***	0.026	−0.794***	0.054	−1.763***	0.176
log（ネスト内シェア）	0.917***	0.003	0.938***	0.004	0.905***	0.028	0.960***	0.024
製品固有ダミー	No		Yes		No		Yes	
地域ダミー	Yes		Yes		Yes		Yes	
年次ダミー	Yes		Yes		Yes		Yes	
四半期ダミー	Yes		Yes		Yes		Yes	
F stat. (χ^2 stat.)	-		21961.84***		-		4100000***	
R^2	-		0.997		-		0.997	

	第2段階				第2段階			
	推定値	標準誤差	推定値	標準誤差	推定値	標準誤差	推定値	標準誤差
切片	−7.456***	0.053	−8.007***	0.163	−7.481***	0.054	−7.011***	0.325
LCD	0.583***	0.024	0.532***	0.055	0.679***	0.028	1.757***	0.064
PDP	0.203***	0.029	0.028	0.074	0.295***	0.033	1.215***	0.089
サイズ2	3.018***	0.028	3.373***	0.130	3.062***	0.029	3.891***	0.223
サイズ3	3.510***	0.033	3.866***	0.136	3.613***	0.037	5.276***	0.228
サイズ4	2.859***	0.042	2.980***	0.137	3.028***	0.049	5.143***	0.224
サイズ5	1.514***	0.052	1.442***	0.159	1.735***	0.062	3.945***	0.250
アナログハイビジョン	−0.587***	0.046	−0.500***	0.084	−0.554***	0.046	−0.005	0.116
デジタルハイビジョン	0.317***	0.022	0.239***	0.055	0.373***	0.023	0.750***	0.064
地上デジタル放送	0.564***	0.022	0.422***	0.055	0.578***	0.022	0.666***	0.063
ブランドダミー	Yes***		Yes***		Yes***		Yes***	
F stat. (χ^2 stat.)	4405.17***		179.2***		100000		200.18***	
R^2	0.929		0.956		0.929		0.960	

注）ブランドダミーには、シャープ、ソニー、東芝、松下電器、三菱電機、日立、ビクター、その他国内メーカー、海外メーカーを用いている。
***、**、*はそれぞれ 0.1%、1%での統計的有意性で表す。

して 1.5 倍程度の経済価値を持つにとどまる．これは分析期間において従来のアナログ放送でもほとんどの番組放送が視聴できるため，これら新しい放送形式へ対応していることを消費者はそれほど高く評価していない結果とも解釈できる．

3.5 新製品がもたらす経済価値の測定手法

ここでは生産者が新製品を投入して享受できた利得である生産者厚生について考えたい．新製品がもたらす生産者厚生とは，仮にハイビジョンテレビが生産されなかったという仮想的な状況下での生産者の利潤と，現実に得た生産者の利潤との差で求められる．ここで問題なのは仮想的な状況下での利潤をどう計算するかである．新製品が存在しない場合の「対照群」の価格や数量のデータはないが，第 3 章で議論したように，構造形推定を用いてシミュレーションを行うことで，いわば「対照群」のデータを現出させることが可能である．以下では具体的に構造形推定の手法を薄型テレビ市場に応用する．

まずは薄型テレビが仮に市場に登場しなかった場合における家庭用テレビ市場の状況を想定する必要がある．ここでは，市場にはブラウン管テレビしか存在しなかったと想定しよう．具体的には以下の 2 つのシナリオを仮想的な状況としたい．

シナリオ 1　2000 年第 1 四半期当初に発売されている製品構成のうち，ハイビジョンテレビ（画面サイズが 20 インチを超える液晶テレビおよびプラズマテレビ）をブラウン管テレビに置き換え，その製品構成が 2007 年第 4 四半期まで続く．また各製品の限界費用は 2000 年第 1 四半期のまま変化しない．

シナリオ 2　シナリオ 1 と同様に新製品は登場しないが，旧来製品の生産コストは毎年低下する．ただし費用の低下率はすべての製品で共通で，その値は実際に観測されているブラウン管テレビの平均価格の低下率（年率）に等しい．

シナリオ 1 は，ハイビジョンテレビやデジタル放送が登場しないばかりか，旧来製品の生産コストも変わらないという技術進歩が一切止まった状況を想定している．このシナリオでの生産コストが全く下がらないという仮定は，メー

カーの生産性にかかわる点であり新製品の登場と分けて考えるべきとの見方もありうる．たとえ新製品が市場に投入されなかったとしても，生産拠点を海外に移転して人件費を削減し，より安価な部品を用いて生産することで旧来製品の生産コストを下げることが可能だからだ．こうした点を考慮し，シナリオ2では観測されたブラウン管テレビの価格下落率にあわせて製品の限界費用が低下する状況を想定している．ただしシナリオ2で想定するコスト低下は，あくまで実際の市場，つまりハイビジョンテレビの登場によってブラウン管テレビが市場から消えていくプロセスにおけるコスト低下である．もしハイビジョンテレビが登場しなければ，メーカーはブラウン管テレビの生産拠点を海外に移設せず，国内でそのまま製造していたかもしれない．この場合にはブラウン管テレビの価格低下は現実に観測されるようには進まなかった可能性が高い．したがってハイビジョンテレビが登場しない仮想的市場を考えると，より現実的なシナリオは，生産性が向上しないとするシナリオ1と，生産性が大きく向上するシナリオ2との間にあるものと考えられそうだ．

上の2つのシナリオをシミュレーション分析にて評価するにあたって，仮想的に想定される製品からなる市場での価格と市場シェアを決定するモデルが必要となる．本章では，家庭用テレビを製造しているメーカー各社が提供する製品とその費用を所与としたもとで，差別化された製品におけるベルトラン競争によって価格が決定されると仮定する．推定モデルおよび推定手法の詳細については補論Aを参照されたい．このもとで推定された需要関数から各製品の限界費用を算出し，それらの値を用いて仮想現実におけるシミュレーションを行う．2000年第1四半期に存在する薄型テレビ（20インチ以上の液晶テレビおよびプラズマテレビ）はブラウン管テレビに置き換えるが，これらの製品の限界費用がデータとして手に入らない．そこで，上記で推定された限界費用をヘドニック法[15]によって，製品属性値・メーカー・年度・地域へと回帰し，それから予測される値をこれらの製品の限界費用として利用した．具体的なシミュレーション手順は以下である．

手順1 推定した需要パラメータを用いて，各製品の限界費用を求める．
手順2 2000年第1四半期のデータセットから画面サイズが薄型テレビ（20インチを超える液晶テレビとプラズマテレビ）をブラウン管テレビに置き換えた製品構成からなる仮想市場を考える．このうち現実の市場に存在

---

15) ヘドニック法については補論Cを参照のこと．

しない製品については，限界費用をヘドニック法によって別途推定する．

手順 3 上の 2. で構築した製品構成に対して，2000 年第 1 四半期から 2007 年第 4 四半期 ×5 地域の 160 市場について，各製品の均衡価格およびシェアを計算して，消費者と生産者の厚生を推定する．

3.6 厚生分析

仮想的な市場との比較において，消費者厚生をどのように測定するのかについて，本章では補償変分（「compensating variation」の訳．以下「CV」）をその指標として用いる．CV は，現実の経済状態において消費者が得ている効用水準を，比較対象となる経済状態で得られる効用水準と等しくするために補償する金額を指す．本章ではハイビジョンテレビが登場しない市場を想定しているが，この仮想市場の製品から，どれだけの価格の割引を行えば現実の市場と効用水準が等しくなるのかを CV は示している．CV はハイビジョンテレビが世の中に普及することによる消費者の便益を金銭的に示す 1 つの方法である．手法の詳細は補論 A にて説明している．

生産者の便益は，家庭用テレビメーカーが得ている利益の和として表される．この生産者厚生を現実市場および仮想市場の双方においてシミュレーションを用いて求め，その差を計算することで，新製品を市場に投入することの生産者厚生を測定できる．

以下ではシミュレーション結果について説明する．薄型テレビは主にパネルサイズが中型から大型の製品に採用されているため，これらのパネルサイズでは新製品の登場しない仮想的な市場と現実との差が大きいと考えられる．したがって，以下ではネスト構築に利用したパネルサイズ別に価格と販売量の比較をする．図表 5-10 および図表 5-11 にパネルサイズ別の販売台数と平均価格の推移を示す．なお 40 インチ以上の製品はシミュレーションのシナリオ上存在しないことに注意されたい．

まず 10 インチ以下のパネルサイズ製品に関しては，観測値とシナリオ 1（限界費用は観測値のまま仮想的に製品を入れ替えたシナリオ）とで販売台数および平均価格が近いことがわかる．シミュレーションでの仮想市場においてブラウン管テレビに置き換えられたのは 20 インチ以上の液晶テレビおよびプラズマテレビであるので，10 インチ以下の製品構成に関してなんら変更はない．また需要関数の推定結果では，ネスト内での消費者の選好に高い相関があったため，

第 3 節　分析　　117

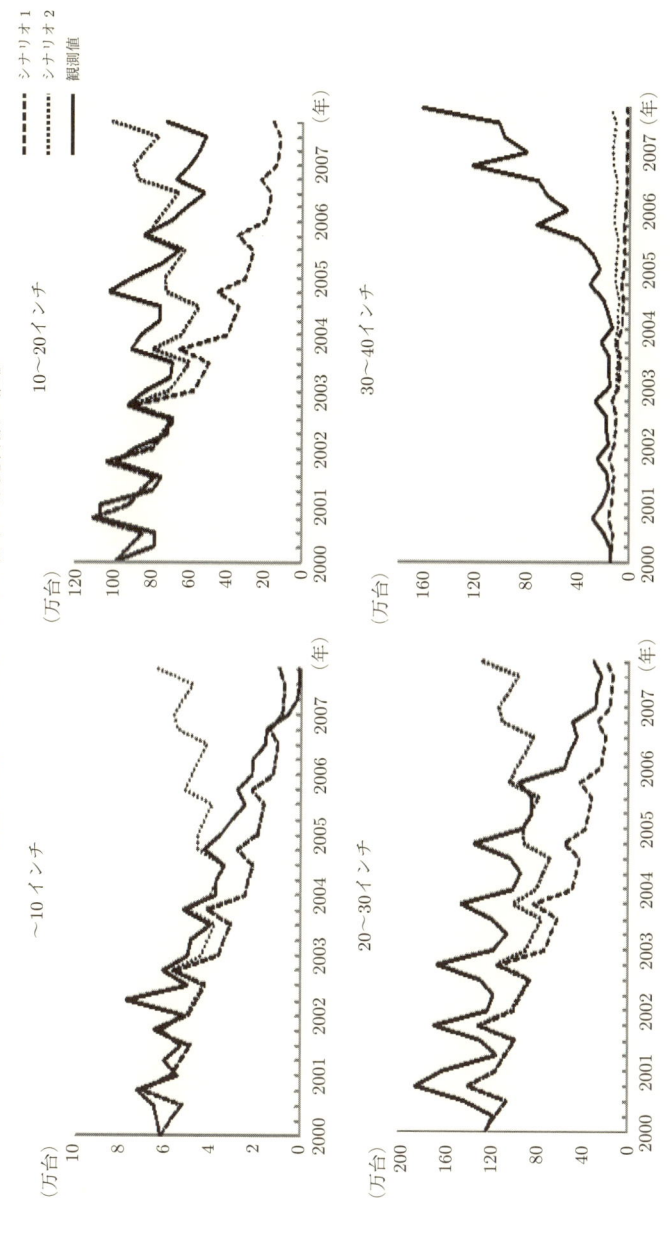

図表 5-10　シミュレーション結果：販売台数の推移

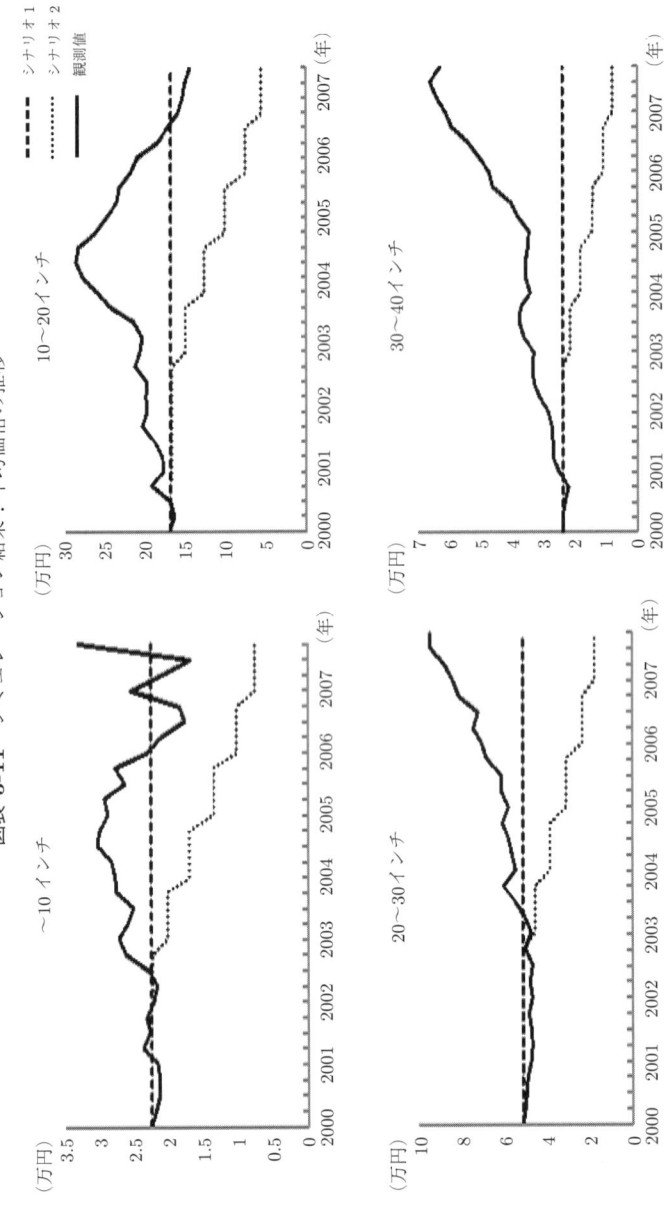

118　第5章　事例II：ハイビジョンテレビ

図表 5-11　シミュレーション結果：平均価格の推移

異なるパネルサイズの製品における属性の変化が他のパネルサイズの販売台数や価格に与える影響は小さい．以上の理由から 10 インチ以下の製品はこの仮想的な状況下においても実際の観測値に比較的近い値をとっている．一方，シナリオ 2 の状況下では，10 インチ以下の製品の販売台数は大きく伸び，逆に価格がかなり落ちている．シナリオ 2 では，すべての製品の限界費用が一定割合で下がることを仮定するが，実際のデータでは，10 インチ以下の製品の価格はほとんど落ちておらず，費用の低下も見られないようだ．したがって，シナリオ 2 はこのパネルサイズの費用低下を過大に見積もっていると考えられる．

10〜20 インチの製品については，現実には高付加価値な液晶テレビを採用した新製品が投入され，これに伴って製品価格が上昇している．これに対し，仮想的なシナリオ 1 の状況下では価格は変わらず，付加価値の低いブラウン管テレビを購入することになる結果として製品を購入した場合の消費者の効用水準は落ち込み，販売台数は激減した．他方でシナリオ 2 では新しい製品は登場しないものの価格が下落したため販売量は落ちず，現実のデータと近い水準に保たれている．

20〜30 インチのパネルサイズの製品についても，10〜20 インチと同様の傾向が見て取れる．現実の市場では多くのハイビジョンテレビの登場によって価格が上昇するが，シナリオ 1 ではブラウン管テレビしか購入できず価格も落ちないため，消費者の効用は大幅に下がり販売台数が激減した．シナリオ 2 については，新製品は登場しなくとも価格が下がるため，むしろ，2005 年以降は現実よりも販売台数が増加する傾向がある．

パネルサイズが 30〜40 インチの製品では，他のパネルサイズと大きな違いがある．技術進歩による画面の大型化によって最も影響を受けたのがこのパネルサイズの製品であり，現実データではこのパネルサイズの製品価格は 2004 年中ごろまでは上昇し，それ以降低下している．これに対して，シナリオ 1 では価格は一定のままであり，シナリオ 2 では価格は 2003 年以降急落した．現実市場においては価格の落ち始める 2004 年以降，販売台数が大きく伸びていくが，仮想的な市場では，いずれのシナリオによっても販売台数は伸びない．

図表 5-12 ではシナリオ 1 および 2 それぞれと現実市場を比較した場合の CV 値（5 地域の平均）の推移をプロットしてある．シナリオ 1 と比較した場合，CV 値は時間の経過とともに拡大していることが見て取れる．これは新製品が投入されることによって消費者の得る便益が急速に伸びたことを反映している．CV 値は 2007 年第 4 四半期までに 1 万 2,000 円になり，これはシナリオ 1 で想定

120　第 5 章　事例 II：ハイビジョンテレビ

図表 **5-12**　消費者便益 (CV) の推移

しているすべての製品から 1 万 2,000 円の値引きをしたのと同じだけの効用を 2007 年第 4 四半期に消費者は受けていることを意味する．

　シナリオ 2 と比較した場合には，2000 年以降 CV 値は一旦増加していき 2003 年第 3 四半期に 3,000 円となるが，2004 年以降は減少に転じ最終的には 2007 年第 4 四半期にはわずか 500 円となってしまう．これは，シナリオ 2 では製品すべての限界費用が低下することを仮定しているため，それに応じて価格が下がるためである．たとえ新製品が全く登場しなくとも価格が十分に低ければ消費者効用は高まるため，シナリオ 2 が想定する市場での消費者厚生は現実に比べてさほど低くはならないことを意味する．

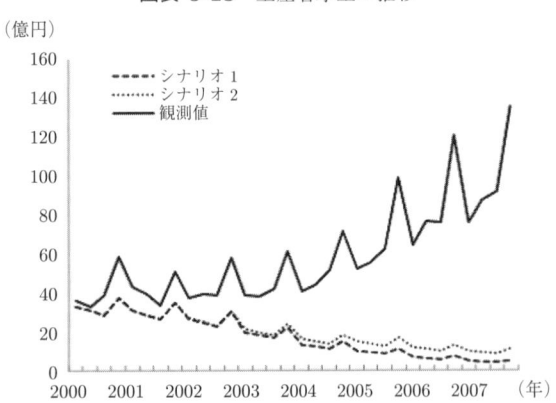

図表 **5-13**　生産者厚生の推移

生産者厚生の推移を図表 5-13 に示す．シナリオ 1 および 2 と比較した場合でも生産者の利潤は現実市場の方が高いことがわかる．2000 年第 1 四半期から 2007 年第 4 四半期までの生産者厚生の総計を計算するとシナリオ 1 が 564 億円，シナリオ 2 が 644 億円であるのに対して，現実の市場では 1,887 億円となり，およそ 2.9～3.3 倍程度まで便益が増加している．付加価値の高い新製品を市場に投入することで生産者の利益が大きく拡大したことがわかる．

3.7 地上デジタル放送が新製品の普及に与えた影響

2003 年 12 月に東京・大阪・名古屋の 3 大都市を皮切りに開始された地デジ放送は，2006 年 12 月までに全国すべての県庁所在地で受信できる環境が整ったとされる．この新しい放送の開始に合わせ，地デジチューナーを内蔵したテレビが家庭用テレビ市場に登場することとなった．ハイビジョン放送の開始当初は，地デジ放送対応テレビは高価格帯のハイエンド機に限られていたものの，2007 年末までには市販されている家庭用テレビのほとんどが地デジ放送に対応している．一方で地デジ放送の開始された後も 2011 年 7 月までは地デジ放送対応テレビでなくとも従来のアナログ放送が視聴できるため，2008 年 9 月時点での地デジ放送に対応したテレビの世帯普及率は 46.9%にとどまるなど，地デジ放送の一般家庭への普及は比較的緩やかに進んだと言える．

ここでは地デジ放送の開始が家庭用テレビの買い替え需要にどれだけ影響を与えたのかを考察する．地デジ放送を含めたテレビ放送番組が家庭用テレビの補完財としてのサービスであることから，地デジ放送の普及に併せて地デジ放送に対応したテレビの普及も進むと考えられる．本来であれば，地デジ放送による影響を調べるためには，地デジ放送に対応したテレビの購入者がどれだけ地デジ放送を視聴しているのか，あるいは地デジ放送の視聴を目的としてどれだけの消費者が地デジ放送対応テレビを購入したのかをデータを用いて分析することが望ましい．しかしながら，こうした分析を行うためには消費者個人レベルでの家庭用テレビの購入履歴に加え，その消費者がどれだけ地デジ放送を視聴しているのかを知る必要がある．このようなデータを集めるのは現実に困難であった．

そこで以下では，前項までに分析したデータを用いて地デジ放送対応テレビが仮想的に登場しない状況を設定し，家庭用テレビ市場の需要・供給を分析する．そして仮想市場と現実市場の家庭用テレビ販売数や価格を比較することで，地デジ放送が家庭用テレビの普及に与えた影響を測定する．もちろん実際に地

デジ放送に対応したテレビを購入した消費者の中には，地デジ放送の視聴を目的とせずに単なる買い替え目的で地デジ放送対応テレビを購入した人もいるだろう．ここでは地デジ放送対応テレビを強制的に市場から取り除いてしまうため，このような地デジ放送の視聴を目的としていない消費者の効用も一律に下げてしまうことになる．以上の理由から，ここでの分析は地デジ放送対応テレビを購入した消費者がすべて地デジ放送の視聴を目的としている場合のものであり，地デジ放送による家庭用テレビの普及効果を最大に見積もったものであることに注意する必要がある．

　地デジ放送対応製品を市場から取り除くにあたっては以下の手順に従う．まず地デジ放送対応ダミーが1である製品について，すべてそれを0に置き換えたときの需要関数を想定する．需要関数のパラメータは図表5-9のモデル(5-iv)を用いる．供給側については，これら仮想的な製品の限界費用として，地デジ放送対応ダミーが0でそれ以外の属性値は元の値であるような他製品の限界費用の値を割り当てる．たとえば，2004年第1四半期のソニーの30〜35インチで地デジ放送対応のLCD製品の限界費用は，同時期のソニーの30〜35インチで地デジ放送に対応していないLCD製品の限界費用の値を割り当てる．ただし，2005年以降のほとんどの製品が地デジ放送に対応している状況では，置き換えられる地デジ非対応製品が存在せず，上記のような限界費用の置き換えができない場合が多く見られた．このようなケースについては，限界費用を各属性値に回帰し，その結果に基づくヘドニック法を用いて地デジ放送に対応していない製品の予測値を求め，限界費用の値とした．

　以上のように想定した需要関数および限界費用の値を用いて，2000年第1四半期〜2007年第4四半期の各市場の均衡価格および販売量を数値計算によって求めた．図表5-14に全国総計での家庭用テレビの販売台数，平均価格および販売総額を示す．地デジ放送に対応したテレビがない仮想的な状況では家庭用テレビ販売数が減少している（グラフの点線が仮想市場に対応している）．地デジ放送に対応したテレビが登場して間もない時期はそうしたテレビがハイエンド機に限られていたため影響は小さく，たとえば2004年の販売台数に与える影響は全体の0.9%に相当する7万5,000台程度と推定される．しかしながら，地デジ放送対応テレビが本格的に普及した2005年以降は両者の差は拡大し，2007年に至っては全販売台数の21%となる192万台にも達する．

　一方，販売価格についても地デジ放送対応テレビのない仮想市場では大きく価格が下がる結果となった．仮想的な状況での市場価格は2004年第1四半期

第 3 節　分析　123

図表 5-14　シミュレーション結果：地デジ放送がない場合の家庭用テレビ市場

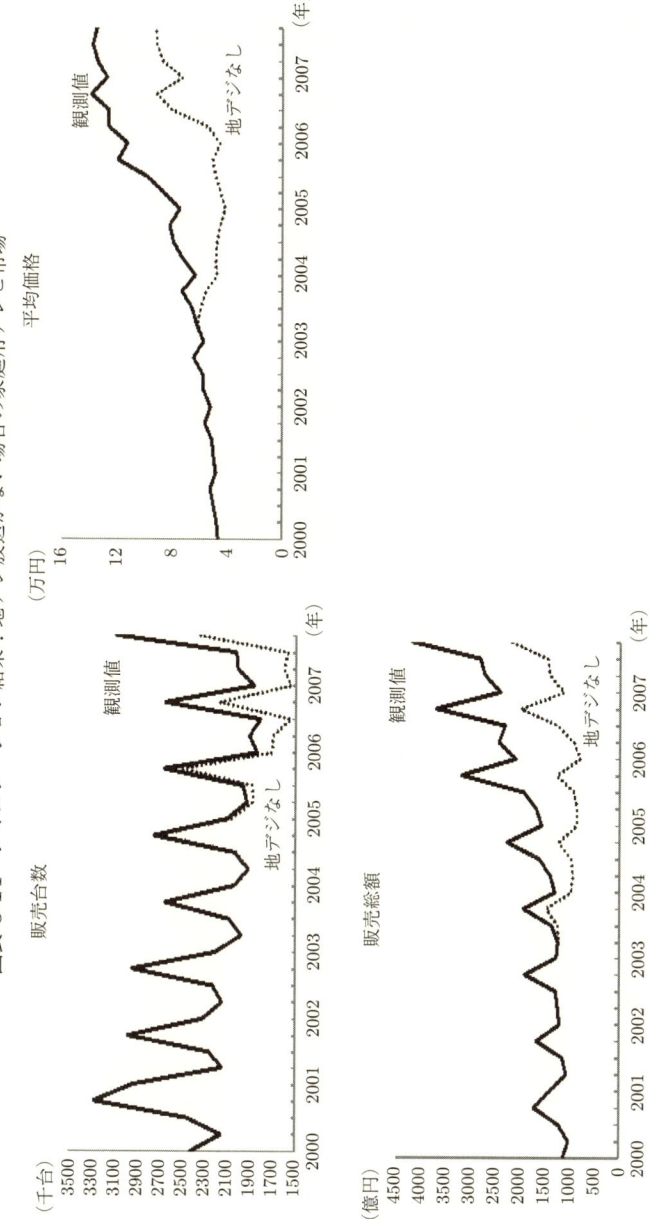

には平均4万7,000円と現実の市場価格の6万4,000円より26%低い．さらに2007年第4四半期では仮想市場では市場価格は9万3,000円となり，現実市場の13万6,000円に対して32%も低くなる．

以上のシミュレーション結果から，地デジ放送に対応したテレビが消費者の購買行動に大きな影響を与えたことがわかる．地デジ放送対応テレビがなければ消費者はもっと安い製品を購入していたはずであった．シミュレーションではこの結果が市場平均価格の下落となって表れている．また地デジ放送に対応したテレビがなければ家庭用テレビの購入自体を控えていた消費者もいるはずであった．これはシミュレーションでの販売台数の減少として表れている．そこで現実の消費者が受けている便益を前述のCVにて計測すると2004年第1四半期には40円程度であるが，2007年第4四半期には3,000円程度まで増加する．このことからも地デジ放送対応テレビを選択できることによって消費者は高い効用を得ていたことがわかる．

なお地デジ放送に対応したテレビがない場合，市場の販売総額が大きく減少してしまう．メーカーは地デジ放送対応テレビを市場に投入することで高い付加価値を生み出していると考えられるが，仮想的な市場ではこれらが失われてしまい販売総額が大きく減少している（図表5-14参照）．地デジ放送対応テレビが登場して間もない時期の2003年では，現実の年間販売額5,800億円に対して仮想市場は5,200億円とその差は10%程度であるが，2007年では現実市場の年間12,000億円に対して仮想市場は6,200億円と50%近くも落ち込んでしまった．これはメーカー各社が地デジ放送対応テレビを市場に投入することで利潤を大きく増加させたことを意味する．実際に，ここで推定した市場価格，販売台数および限界費用の推定値から生産者厚生を求めると，2007年の生産者厚生は地デジ放送に対応したテレビがない場合に比べて178億円程度増加していると推定された．

第4節　小括

本章は，薄型テレビの普及過程に注目し，消費者の効用とメーカーの便益から画期性の高い製品がもたらす市場への影響を測定した．また地デジ放送対応製品の有無によってイノベーションが普及する際の補完財の重要性について定量的な分析を加えた．分析結果をまとめると以下の通りである．

消費者は厚みがなく大画面である薄型テレビに対して，従来のブラウン管テレビよりも数倍高い価値を見出しており，地デジ放送対応製品の経済的価値は非対応製品と比べて 1.5 倍程度となることも明らかとなった．薄型テレビの登場によって消費者および生産者の便益が飛躍的に向上したことも確認された．また地デジ放送対応製品が消費者の購買に与えている影響が大きいことから，イノベーションの普及の際には，補完財の果たす役割が大きいことも明らかになった．

　薄型テレビの普及には地デジ放送の開始と整備が大きく影響しており，相互に関連することで新たな価値を生み出している．本書第 III 部で論じる議論に沿って考えると，地デジ放送という補完財が存在することで，薄型テレビの普及には「専有可能性」の問題があるといえるだろう．一般的に 2 つの製品が補完財の関係にあるとき，一方の製品が普及することで他方の製品の魅力が高まることになるが，補完財が企業の私的誘因にのみ基づいて提供される場合には，その供給量は社会的に望ましいレベルを下回ってしまうことが知られている．薄型テレビの普及における私的誘因を回復するために，エコポイントなどの補助や，地デジ放送に関連する特許管理会社[16]に対して家電メーカーが出資あるいは特許を供与するなどの事業連携は有効な対策になる．補完財の存在などによる市場の失敗を補正するための政策については，更に第 8 章にて議論する．

16）ソニー，パナソニック，東芝，シャープ，三菱電機など 7 社が出資する特許管理会社アルダージが 2013 年 3 月 28 日に，NHK や民放など放送 129 事業者と，地上デジタル放送関連特許に関してライセンス契約を締結したと発表した．

第6章

事例III：スタチン系製剤
——フォローオン・イノベーションの役割

第1節　背景

　イノベーションは，新技術や新商品を生み出すだけでなく，新たな知見や技術情報をもたらすものである．新技術や新商品が開発される過程では，既存技術・既存商品の欠点を克服する方法が明らかにされ，解決すべき技術的課題が何かも示されることになる．このような知見や技術情報は，更なるイノベーションを実現するときに有用だが，対価を払うことなく利用可能な場合も多く，企業にとって「フリーランチ」となる可能性がある．この外部性の問題は，過去のイノベーションの成果が将来のイノベーションの創出に影響を与えるという点で，時点を跨ぐ形での波及効果（スピルオーバー）が存在することに由来する．第5章のハイビジョンテレビでも，地上デジタル放送が薄型テレビの普及に対して補完的な役割を果たしている意味で波及効果があることを指摘したが，第5章の波及効果が「同時点における波及効果」であることに対して，ここで扱う現象は「異時点における波及効果」とよべるだろう．

　なお「波及効果」には，一般的には2つの違った状況が考えられ，いずれの状況を想定するかに応じてイノベーションが生み出される様相が異なる点に注意が必要である．仮に2つの商品A，Bが存在し，両者の間に波及効果が認められるとする．このとき需要家の眼から見てAとBとが補完的に消費されるのか，あるいは代替的に消費されるのかによって，波及効果が持つ経済学的な含意が異なる．補完的な場合とはまさに第5章が該当する．薄型テレビと地上デジタル放送とは補完的であり，よって地上デジタル放送を促すことで薄型テレビの普及も進むことになる．他方で，AとBとが代替的に消費される場合も考えられる．AとBとが同じ商品市場に属することから，一方が消費されれば

片方は消費されないという状況である．このとき A と B とは競合する関係に置かれることになる．

　異時点における波及効果では，イノベーションは連続的・累積的に発展する性質を持つ．あるイノベーションが生まれれば，それを生み出した知見を活用しながら更に改良したイノベーションがもたらされ，それがまた新たな知見を生み出して，より改良を推し進めたイノベーションの源となる．以下ではこのような改良型のイノベーションを「フォローオン・イノベーション[1]」とよぶことにしよう．フォローオン・イノベーションが連鎖的に生み出されることで継続的な技術進歩が生まれ，より大きな経済・社会的価値が実現することになる[2]．

　こうしたイノベーションの連鎖が生じるためには，まず源となるイノベーションが生み出される必要がある．しかしフォローオン・イノベーションが，源となるイノベーションの改良品である以上，もとのイノベーションとフォローオン・イノベーションは，往々にして代替的で競合関係にある．すると自らがイノベーションを行うことによって品質の高い競合品が将来に現れることが予見されることから，源となるイノベーションを生み出そうとする経済主体（企業など）の誘因は削がれてしまうことになる．

　他方で，もとのイノベーションを改良したフォローオン・イノベーションの登場が社会に便益をもたらすこともまた事実である．より優れた製品が登場することで，市場全体が拡大する効果も期待できるだろう．したがって，いたずらにフォローオン・イノベーションを抑制することなく，同時に源となるイノベーションの開発に対する誘因も確保することが求められる．

　本章の目的は，このようなフォローオン・イノベーションのもたらす影響を評価する枠組みを提示し，かつそれを実際の事例に適用することで，フォローオン・イノベーションが持つ経済学的な含意を明らかにすることにある．分析の対象として脂質異常症治療剤[3]の市場を選択する．この市場は，医薬品の中

---

1) Rogers (2003) では，イノベーションに加えられる改良活動を「再発明」(re-invention) とよんでいる．これは技術の利用者である消費者などが，当該イノベーションを利用する中で気づいた欠点を改良するような活動とされており，やや限定的な概念になっている．ほかに，「2 次的なイノベーション」(secondary innovation) と表現されることもある．
2) ここで述べたイノベーションの連続性・累積性は補完的な関係にあるイノベーションにも内在しうる．つまり地上デジタル放送という補完財の開発で得られた知見が，より品質の高いテレビのイノベーションにつながりうる．
3) 脂質異常症は，かつては「高脂血症」あるいは「高コレステロール血症」という名でよばれていた．これはコレステロール水準が高いことが主な問題であるという一般的な認識によるもの

でも特に画期的とされるイノベーションが登場したことで知られている．そして，そのイノベーションが生み出される過程で明らかになった知見を利用する形で，いくつかのフォローオン・イノベーションが登場し，もとのイノベーションのシェアを侵食した．以下では医薬品という製品の特質も考慮しつつ，フォローオン・イノベーションの影響を定量的に評価したい．

第 2 節　対象

　医薬品産業においては，優れた薬効を示す新薬を開発することが，決定的に重要である．医薬品の最終的な需要家は患者であるが，どの薬剤を服用するかは事実上医師が決定していると見なされる．医師はその専門知識に基づき，患者の症状などからみて適切な効果を持つと考えられる薬を処方する．既存薬と比べて薬効が高いもの，副作用が少ないものは，それだけ頻繁に処方されることが期待できる．そのため製薬企業にとって，いかに既存薬よりも優れた薬剤を生み出すかが，その収益に大きく関わってくる．

　本章の分析対象である脂質異常症治療剤は，この点を考えるうえで格好の題材である．脂質異常症とは，血液中のコレステロール水準が正常とされる値を超えている状態を指す．脂質異常症は特段の自覚症状をもたらさないものの，動脈硬化を進行させる要因であり，ひいては心筋梗塞や脳卒中など，重篤な心血管疾患や脳血管障害の発症リスクを高める．コレステロールには「善玉」とされる HDL コレステロールと，「悪玉」とされる LDL コレステロールがあり，特に後者の血中濃度が高まることが問題とされる．コレステロール水準を検査して脂質異常症と診断されると，まず生活習慣を改善し，適度な運動と規則正しい食生活からなる運動・食事療法が行われる．それでもコレステロール水準が基準値を超えたままであれば，コレステロール水準を調節する薬剤が処方される．こうした治療方針やコレステロールの基準値については，日本動脈硬化学会が提唱したガイドラインが存在し，それに則って診断・治療が行われる．

　コレステロールの水準が高まる要因として，動物性脂肪の多い食生活や加齢等が挙げられる．そのため，食生活の欧米化や高齢化の進展により，日本人の脂質異常症患者数は着実に増えているといわれている．推計方法によって値は

だが，第 2 節で述べるようにコレステロールには「善玉」「悪玉」の区別があるため，必ずしもコレステロール水準が高いことだけが問題ではない．したがって現在では，各種のコレステロールに基準値を設け，その範囲外にある状態を「脂質異常症」とよぶのが正式名称となっている．

異なるが，2006年の国民健康・栄養調査では，脂質異常症の疑いがある日本人は約1,410～4,220万人いると推計されている．

患者数の傾向的な増大を受けて，脂質異常症治療剤の市場規模も拡大の一途をたどった．図表6-1は，1991年以降の医薬品市場の推移を金額ベースで見たものである．脂質異常症治療剤市場は2001年までの10年間ほぼ一貫して拡大を続け，約1,400億円から約3,300億円とおよそ2.4倍になっている．同期間に医薬品市場全体の大きさは6.0兆円から6.7兆円へと12%程度拡大したに過ぎないのと比べると，いかに顕著な増大を見せたかが読み取れよう．その後は概ね横ばいで推移しているが，依然として大きな市場であることには変わりない．

この市場の急拡大を担ったのが，スタチン系製剤[4]とよばれる一群（以下単に「スタチン」と記す）である．スタチンは，その優れた薬効から「動脈硬化のペニシリン」の異名をとり，とりわけ画期性の高い薬である．スタチンが登場する以前の主な脂質異常症治療剤としては，フィブラート系，ニコチン酸系，プロブコール系の薬があるが，これらのコレステロール低下作用は血中総コレステロール水準を10～20%下げる程度であり，かつ「善玉」とされるHDLコレス

図表 6-1 医薬品の市場規模

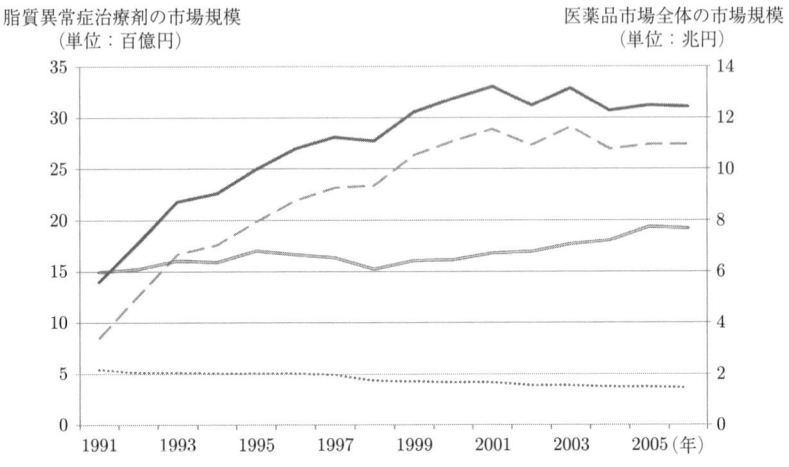

注）IMS医薬品市場統計を基に作成．

---

4) 「HMG-CoA還元酵素阻害薬」とよばれることもある．

テロールの値を下げてしまうものもあった．これに対してスタチンは，「悪玉」とされる LDL コレステロールを 20〜60％程度低下させる一方で，HDL コレステロールについてはむしろ上昇させるという選択性も持つ．こうした画期性を背景に，スタチンは 1980 年代末に登場するや，急速に売上を拡大していった．図表 6-1 からもわかる通り，1990 年代以降の脂質異常症治療剤市場の拡大は，ひとえにスタチンによるものといってよい．既存の脂質異常症治療剤は，むしろその売上を低下させてきた．

現在までに日本で上市されたスタチンは，図表 6-2 にまとめられている（配合剤[5]を除く．またセリバスタチンは，現在では販売が中止されている）．これらはいずれも国内企業だけでなく海外企業も含む大手の製薬会社によって開発されており，世界的にもよく知られた薬となっている[6]．なお図表 6-2 に示した製品名はいずれもブランド品（新規の成分として最初に開発された薬）のものである．医薬品には，あるブランド品の特許が切れた後に，そのブランド品と同一の有効成分を持つものとして，ブランド品の販売会社とは別の企業が販売するジェネリック品（後発医薬品ともいう）があるが，これらは図表には示していない．本章の分析対象期間内でも，メバロチンとリポバスの特許は既に切れているため，両剤のジェネリックが多数参入している．

スタチンの中でも先行したメバロチンとリポバスは，その着想の斬新さと既存薬を大きくしのぐ薬効の高さから，医薬品の中でも画期的なイノベーションの事例として広く認められている．1960 年代に体内でのコレステロール合成プロセスに関する医学・生理学的な理解が進み，そのプロセス自体を阻害する薬を開発すれば有効な脂質異常症治療剤になるのではないか，という観点での着想が生まれた．それまでは，体内でコレステロールが吸収されるのを抑える薬剤の開発が主流であり，これは大きな発想の転換であったといえる．この着想に基づいて，三共（現：第一三共）においてスタチン開発が始められたのが 1971 年のことである．同じ時期に並行する形で，アメリカのメルクでもスタチンの開発が進められていた[7]．

---

[5] もともと別個の薬剤として販売されていたもの（たとえば脂質異常症治療剤と血圧降下剤）を，1 つの薬剤としてまとめたものを配合剤とよぶ．現在日本で上市されている配合剤に含まれる脂質異常症治療剤成分は，図表 6-2 に掲げられたもののみである．

[6] たとえばリピトールは，2006 年の売上が全世界の医薬品の中でも最大となっている．

[7] 三共とメルクの開発は，少なくとも当初は独立して進められていたと考えられる．双方の開発がある程度進展した時期にメルクから三共に問い合わせがあり，一時は共同開発を探る動きもあったが，結局双方が独自に開発を進めることとなった．この経緯について遠藤 (2006) は，三共側の開発担当者としての視点から詳しく述べている．なおスタチンの開発経緯に関する本節の

図表 6-2 日本に上市されたスタチン系製剤一覧

商品名	メバロチン	リポバス	ローコール	セルタ、バイコール	リピトール	リバロ	クレストール
一般名	プラバスタチン	シンバスタチン	フルバスタチン	セリバスタチン	アトルバスタチン	ピタバスタチン	ロスバスタチン
販売会社名	第一三共	メルク	ノバルティス、田辺製薬	武田薬品、バイエル	ファイザー	第一三共、興和	塩野義製薬、アストラゼネカ
上市年月	1989.10	1991.12	1998.9	1999.5	2000.5	2003.9	2005.4
スタチン系製剤全体（配合剤を含む）の販売額に占めるシェア（%）（2006年）	26.9	16.4	5.2	-	38.2	8.0	0.6
由来	半合成（微生物由来）	半合成（微生物由来）	合成	合成	合成	合成	合成
最大濃度に達する時間（時間）	0.9-1.6	1.3-2.4	0.5-1.5	2.0-2.5	2.0-4.0	0.5-0.8	3
半減期（時間）	0.8-3.0	1.9-3.0	0.5-2.3	2.0-2.5	11-30	11	20
LDL-C低下率上限	40	48	33	40	54	51	63
LDL-C低下率下限	19	28	17	30	38	25	52

注）シェアについては、富士経済『医療用医薬品データブック』2007年第2巻より。その他の情報については、Mukhtar et al. (2005) および山村・石上（2007）より得ている。ただし、ピタバスタチンのLDL-C低下率は、承認時の調査報告書PhaseIIIにおける値、セリバスタチンについては、IMSのR&D Focus、および承認時の調査報告書の情報に基づく。

ただしメバロチンやリポバスの開発が始められた 1970 年代には，スタチンが脂質異常症治療剤として有効であるという認識はそれほど一般的ではなかった．メバロチンの開発会社である三共は，当初メバスタチン（コンパクチンともよばれる）という物質[8]をスタチンの候補としていたが，実は同時期にビーチャム（現：グラクソ・スミスクライン）でも同じ物質が発見されていた．ただしそれは抗生物質剤の候補化合物としてのことであり，ビーチャムの研究者たちは，1980 年頃までメバスタチンが脂質異常症治療剤として有効であるという見方に対して否定的であったという．

しかし三共やメルクによるスタチンの開発が進むにつれて，スタチンの属性が次第に明かされ，スタチンが有望な薬であるという認識が広まった．そして三共やメルクの開発過程で得られた情報を利用しつつ，他社でもスタチンの開発が始められるようになった．たとえば後続スタチンの 1 つであるリピトールの開発スタッフは，まず「三共のコンパクチンの公開データを徹底的に研究」し，メルクのメバコールの情報も得つつ，「構造的に異なるが体内で似たような活性を示す物質を得ることができるかどうか」を探る形で，候補化合物の研究を進めていった[9]．

医薬品の場合，通常はその活性成分に関する物質特許によって発明が保護される．しかし特許を受けた物質と化学的な構造に共通する部分があっても，一部が異なっていれば，特許を受けたものとは異なる化合物と見なされることがありうる[10]．すなわちメバロチンやリポバスとある程度似ている物質であっても，メバロチンやリポバスの特許に抵触しないものを発明することは可能である．それらの中でも既存薬より薬効や安全性が高いものが見つかれば，新薬として上市することができる．メバロチンやリポバスを嚆矢としてスタチンの開発が進むにつれて，コレステロール生成をより効果的に阻害するための化学的な構造も判明してきた．その知識を利用することで開発されたスタチンが，1990 年代後半以降相次いで上市されることになる．図表 6-2 に見られるように，最初に登場した 2 つのスタチンは完全に人工的に合成されたものではなく，微生

記述は，遠藤 (2006) に負うところが大きい．
8) メバロチンはメバスタチンの一部を改変したものである．
9) Shook (2007)．
10) 物質特許を取得するには化合物を合成しただけでなく，それが医薬品としての用途を持つことも示す必要があるが，通常それには多大な費用と労力が求められる．単に構造が類似しているというだけでは，医薬品としての用途を持つかどうか定かではないため，ある医薬品の発明に成功したとしても，それと類似の構造を持つ物質を網羅的に特許で保護することは困難である．

物を使った発酵プロセスなどによって生産されるものであったが,それ以降に登場したスタチンは,いずれも化学的に合成されたものである.これら後続のスタチンについては,開発時点からある程度望ましい化学構造が念頭にあったことがここからも窺える.

リポバスから7年遅れで上市されたローコール[11]以降,続々と上市された合成スタチンは,メバロチンやリポバスに関する研究によって得られた知見を踏まえ,より優れた性質を持つよう開発されたものであり,メバロチンやリポバスのフォローオン・イノベーションであるといえる.図表6-2を見ると,ローコール以降のスタチンは,メバロチンやリポバスに比べてコレステロール低下作用が大きく,あるいは長時間その効果が持続するというように,薬剤としてより優れたものに改良されていることがわかる.

後続のスタチンは,脂質異常症治療剤の市場に大きな影響を及ぼした.図表6-3は,メバロチンが上市されて以降のスタチンのシェア(処方人数ベース.計算方法は第3節で詳述する)を,先発スタチン(すなわちメバロチンとリポバス)と後続スタチン(ローコール以降のスタチン)に分けて見たものである.この図

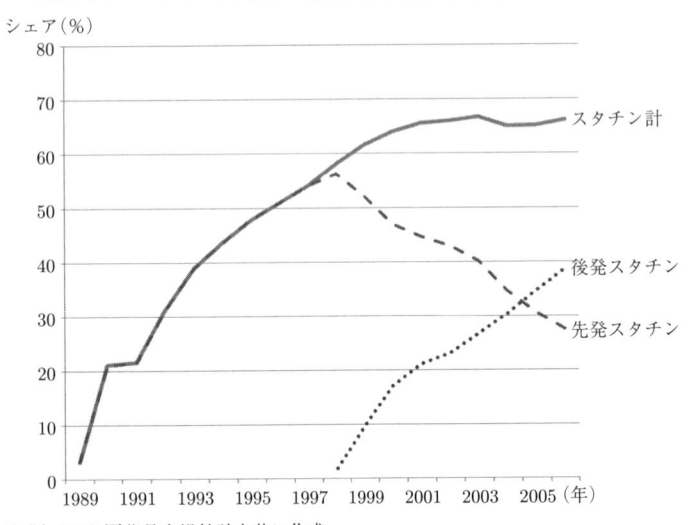

図表 6-3 スタチン系製剤の脂質異常症治療剤市場におけるシェア

出典)IMS医薬品市場統計を基に作成.

---

11) 欧米ではこれよりやや早く,1990年代前半にはLescolという商品名でローコールが上市されていた.

から 2 つの点が読み取れる．第 1 に，後続スタチンの登場以後も，伸びは鈍化しつつもスタチンの普及が進んでいる．後続スタチンの登場直前に 54.1% だったシェアは，その後 70% 近くにまで拡大した．第 2 には，その過程で先発スタチンから後続スタチンへの大きなシェアの移動が生じていた．後続スタチンのシェア合計は，ローコールの上市からの 8 年間で 38.7% まで伸びているが，先発スタチン 2 品目のシェア合計は 56.3% から 27.5% へと半減している．

最初の点からは，後続スタチンがさらにスタチン全体の普及を推し進めたように見えるかもしれない．また第 2 の点からは，後続スタチンはメバロチン・リポバスの先発 2 品目を相当程度代替していたことが窺える．単純なデータの観察からは，後続スタチンが市場創出と製品代替の 2 つの効果を持っていたようにも見える．しかしあるいは，仮に後続スタチンがなかったとしても，メバロチンとリポバスのみによって同程度の市場拡大が達成できており，後続スタチンは単にその市場を侵食しただけかもしれない．この点の分析が本章の主題の 1 つであり，次節にて詳しく見ることにする．

第 3 節 分析

本章における分析は第 3 章および補論 A で述べた枠組みを用いて，以下の 3 つの手順を踏む．

手順 (1) 需要関数を推定する．
手順 (2) 上の推定結果に基づいて，後続スタチンがないという仮想的な状況における各薬剤の需要量をシミュレーションによって推定する．
手順 (3) 上で得られたシミュレーション結果に基づいて，後続スタチンが国民の健康状態をどれだけ改善したかを推計する．

後続スタチンの影響は，後続スタチンがないという状況と，現実の値との比較から得られる．すなわち (2) で得られた需要量に基づく売上高を，実際の売上高と比べることによって後続スタチン（本章におけるフォローオン・イノベーション）がメバロチンとリポバスの先発 2 品目（本章におけるフォローオン・イノベーションの源となったイノベーション）の収益に及ぼした影響を求めることができる．(3) は，後続スタチンがもたらした社会的な便益の大きさを捉えるための推計である．薬剤・治療法ごとの治療効果の情報を利用して，仮に後

続スタチンがなかったとしたら，十分な症状の改善が見られず重篤な疾患の発症や死亡につながる人がどれだけ生じたかを推計し，それを実際の状況における値と比べることで，後続スタチンの効果を示す1つの指標が得られる．本章ではさらに，ヘドニック法に基づいて構築した品質調整済み価格指数（補論C参照）も用いて，後続スタチンがもたらした社会的な便益を別の角度からも探ることとする．

なお第II部のこれまでの章では，市場構造を推定する際に需要関数だけでなく供給側の構造も考慮に入れて価格決定のメカニズムを分析しているが，本章では需要関数のみを考えることとする．後述の推定結果からも明らかなように，医師は薬剤の属性に応じて処方を選択するのであり，価格は重要な判断材料ではないと考えられるからだ．そもそも需要に応じた安定的な供給が求められる[12]という医療用医薬品の特性から，製薬企業が価格を主要な戦略変数としたり，価格水準に応じて供給量を戦略的に変化させたりすることはわが国では想定しづらい．したがって供給モデルを推定せず，各企業はそれぞれの製品属性と需要関数に基づいて決まる需要量を必ず満たすように供給すると仮定しても，本章で対象とする市場においては十分に現実妥当性があると考えられる．仮想的な状況下でのシェアの値も需要関数の情報のみに基づいて計算する．

推定に用いるデータは，1994年から2005年までの日本の脂質異常症治療剤のものである．1993年以前については，後述する薬価差を適切に計算できないため，1994年からを対象とする．分析の末年はデータの利用制約によるものであるが，この年までに現在日本に上市されているスタチンはすべて出揃っている．薬剤×年を観測単位として，需要量や価格，製品属性に関するパネルデータセットを構築して分析を行った．対象となる薬剤は全部で134品目[13]あり，このうちにスタチンは57品目含まれるが，そのうちの46品目はメバロチンとリポバスのジェネリック品である．なおジェネリックは新たな化合物として開発されたわけではないので，本章ではフォローオン・イノベーションとは見なさない．

[12) 日本製薬団体連合会が定めた『製薬企業倫理綱領』では，「医薬品は，健康の確保と疾病の治療に重要な役割を持つ生命関連製品であることに鑑み，需要に即応して安定的に供給しうる体制を整備しなければならない．」と記されている．

13) 同じ製品名がついていても販売企業が異なっている場合は，それぞれ別の薬剤として扱っている．ローコール，リバロ，クレストールなどがこれに該当する．

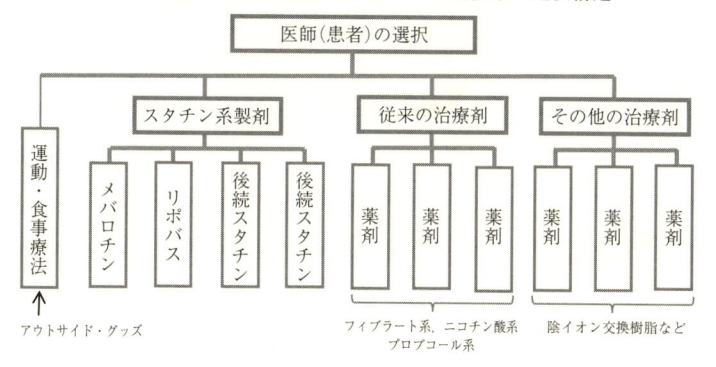

図表 6-4 脂質異常症の治療における需要家の選択構造

（医師(患者)の選択 → スタチン系製剤／従来の治療剤／その他の治療剤）

スタチン系製剤：メバロチン，リポバス，後続スタチン，後続スタチン
従来の治療剤：薬剤×3（フィブラート系，ニコチン酸系，プロブコール系）
その他の治療剤：薬剤×3（陰イオン交換樹脂など）
運動・食事療法 ← アウトサイド・グッズ

3.1 需要関数の推定

需要関数の推定に当たっては，第5章と同じくネスト型ロジットモデルの効用関数に基づく需要行動を想定する．すなわち需要家の選択は図表 6-4 のような2段階の構造を持ち，第1段階のネストでは，脂質異常症治療剤のカテゴリであるスタチン系，スタチン以前に主流だったもの（フィブラート系，ニコチン酸系，プロブコール系），その他の薬剤という3種類のいずれかの系統を選択し，第2段階では第1段階で選択したネストの中から薬剤を1つ選ぶ．アウトサイド・グッズは運動・食事療法とする．系統が異なる薬剤の間では作用機序も大きく異なり，患者の体質などによっては特定の系統が望ましい場合や，逆に服用を避けた方がよい場合が生じる．そのため，まずどの系統の薬剤を処方するかが重要な問題となり，系統の選択が第1段階にくるとするのが妥当である．そのうえで，選択した系統に含まれる薬剤のうちから，薬効の強さや医師の使い慣れの程度などに応じて，処方されるものが選ばれることになる．

このような選択構造を踏まえると，第5章と同様の議論により，製品グループ（第1段階のネスト）g に属する薬剤 $j \in J_g$ の需要関数は，

$$\log(\sigma_{jt}) - \log(\sigma_{0t}) = \alpha \log(p_{jt}) + x'_{jt}\beta + \rho \log(\sigma_{jt/g}) + \xi_{jt} \qquad (6\text{-}1)$$

と表すことができる．σ_{jt} は薬剤 j のシェア，σ_{0t} はアウトサイド・グッズ（すなわち運動・食事療法）のシェア，$\sigma_{jt/g}$ は薬剤 j のグループ g 内でのシェアのそれぞれ t 年における値である．需要に影響を与える製品属性 x_{jt} については，①剤型（錠剤か顆粒かなど）・強度（薬効成分がどれだけ含まれるか）・包装形態

(小分けされているか否か，など)などで区別される商品パッケージの数，②上市されてからの年数およびその2次項，③1日当たりの服用回数，④ブランド品ダミー，を考慮する(①〜③はいずれも対数値，②の2次項については対数値を2乗したもの)．①については，さまざまな形のものが提供されていると，よりきめ細かい処方ニーズを満たすことができ，需要を促すものと考えられる．また，医薬品の需要に関しては，その効能や副作用に関する医師の学習効果が働くことが知られており[14]，これを②の上市後経過年数で捉える．ただし年数が経つにつれて陳腐化の効果も現れると考えられるため，2次項も含めることとする．③については，1日の服用回数が少ない方が患者の負担も軽く，また飲み忘れも起きにくいため，高い利便性を持つといえる．さらにジェネリック品は，同じ薬効成分を持つとはいえ，製剤技術の面などでブランド品とは異なるものと医師や患者に見なされる傾向があることから，両者を区別するために④のダミーを用いる．

こうした製品固有の属性に加えて，販売企業の規模も需要を左右する重要な要因になりうるであろう．たとえば，中小に比べて大企業の方が，販売担当者が頻繁に医師や病院を訪問し，安全性などに関する情報をきめ細かく提供できるならば，それだけ製品の利便性も高いということになる．そこで分析対象に含まれる企業を，分析期間中における売上高(実質・年平均値)の規模順に4つのカテゴリに等分して，カテゴリごとのダミーを作成して x_{jt} に含めた．

誤差項 ξ_{jt} には，x_{jt} では捉えられない製品属性が含まれる．たとえば化学的な性質(図表6-2でみたようなコレステロール低下作用の強さや，薬効の持続時間など)は重要な製品属性であるが，スタチン以外も含めた分析対象の薬剤すべてについて比較可能な形でデータを集めることは困難である．各薬剤の化学的な性質は時間を通じて一定と考えられることから，薬効成分ごとの固定効果 λ_j を用いれば，こうした観察できない製品属性も考慮したことになる[15]．

さらに，観察されない脂質異常症治療剤市場における各年のショックも ξ_{jt} に含まれるべきものである．スタチンの画期性に鑑みれば，スタチンに関するショックはそれ以外のものと異なることが予想されるため，スタチンとそれ以外とで t 年に固有のショック μ_t^g の値が異なることにする．以上から，ξ_{jt} のう

---

14) 薬剤の品質に関する医師の学習効果については，Coscelli and Shum (2004) による分析がある．
15) 成分ごとの固定効果なので，薬剤 j と薬剤 j' が同じ成分を持つ場合(ブランド品とそのジェネリック品，あるいは同じ成分のブランド品を複数の企業が販売している場合)には，$\lambda_j = \lambda_{j'}$ となっている．

ち固定効果 λ_j でも μ_t^g でも捉えられない要素を ν_{jt} として $\xi_{jt} = \lambda_j + \mu_t^g + \nu_{jt}$ となるので，需要関数 (6-1) は

$$\log(\sigma_{jt}) - \log(\sigma_{0t}) = \alpha \log(p_{jt}) + x'_{jt}\beta + \rho \log(\sigma_{jt/g}) + \lambda_j + \mu_t^g + \nu_{jt} \quad (6\text{-}2)$$

と書き直される．

　シェアを計算するに当たって対象となる市場規模は，脂質異常症の治療を受けている人数となる．分析対象期間では，日本動脈硬化学会のガイドラインが「高コレステロール血症」（脂質異常症の当時の呼び方）と判断しているのは血液中の総コレステロール値が 220 mg/dL 以上の場合であり[16]，その基準を採用する．コレステロール値の分布は年齢・性別によって異なるため，ここでは 2000 年に実施された第 5 次循環器疾患基礎調査の結果から，各年齢階層・性別ごとに基準値を超える人の割合を求め，これに総務省統計局「人口推計」より得られる各年における年齢階層・性別ごとの人口をかけて，脂質異常症患者数を求める．こうして得られた患者数はほぼ 2,500 万人前後で推移しており，第 2 節で紹介した値の範囲におさまっている．ただし，脂質異常症は自覚症状がなく，実際には治療対象となるはずなのに本人にその意識がないことも多い．1999 年の患者調査によれば，ガイドラインの基準値に抵触する人のうち脂質異常症を自覚している割合は 32.8%なので，この値を各年の患者数にかけて，対象とする市場規模を求める．

　個々の薬剤の需要量は，それぞれが処方された人数で評価することになる．IMS 医薬品市場統計より得られる各年の販売数量を，それぞれの標準的な 1 日使用量 ×365 で除したものを，その薬剤の処方を受けた人の数とする．脂質異常症は慢性疾患であり，ひとたび薬物療法の対象になると，その後も継続的に服用を続ける傾向にあるので，単純に 365 日分の標準使用量で販売量を割ることとする．

　p_{jt} については，通常の価格ではなく，各薬剤における薬価差を用いることとする．薬価差とは，最終的な需要家（患者・医療保険）が支払うことになる薬価（医薬品の公定価格）と，医療機関が医薬品を購入する際に実際に支払っているもの（実勢価格）との差をいう．この差が大きければ，その薬剤を処方することから医療機関は大きな利益を得ることができるわけであるが，服用する

---

[16] ガイドラインに示される基準は時折改訂されているが，分析対象期間のほとんどにおいてこの基準が用いられていた．2007 年の改訂からは LDL コレステロール値が 140 mg/dL 以上であることが 1 つの基準となり，総コレステロール値についての基準は除かれた．

薬の決定には患者本人よりも専門知識のある医師の判断が重要なことから，薬剤の需要量には，価格そのものよりもこの薬価差が影響していると予想される．

薬価差を求めるには実勢価格が必要になるが，このデータは公表されていない．ただし薬価が改定される際には，通常その前年の実勢価格に基づいており，この情報を利用することで実勢価格を計算することができる．具体的には，改定後の薬価 P_t^r は，改定前薬価 P_{t-1}^r に一定率（この率のことを R 幅[17]とよぶ） R_t をかけたものを，直近の実勢価格 P_{t-1}^a に加えた $P_t^r = P_{t-1}^a + P_{t-1}^r \times R_t$ として定められている．ここから逆に t 年の実勢価格は，

$$P_t^a = P_{t+1}^r - P_t^r \times R_{t+1} \tag{6-3}$$

という式によって求めることができる[18]．

需要関数 (6-2) を推定する際には，通常の需要関数の議論と同じく，価格（ここでは薬価差）についての内生性の問題が想定されうる．すなわち，薬価差と需要関数 (6-2) における ν_{jt} の間には相関があり，OLS 推定量にはバイアスが生じる可能性がある．たとえば，何らかの観察できないショックによってある薬剤の需要が低下したときに，それを販売する企業は実勢価格を下げて薬価差をより大きくしようとするならば，薬価差と ν_{jt} の間には負の相関があり，大まかには OLS 推定量は過小に推定されると考えられる．このような内生性の問題に対処するために，本章では Berry, Levinsohn and Pakes (1995) で提唱された操作変数（補論 A 第 2 節も参照のこと）を用いることとする．すなわち，製品数，各製品のパッケージ数，各製品の上市後経過年数を，それぞれ製品グループ（第 1 段階のネスト）内で当該製品を除いて合計したものと，当該製品を販売している企業内で当該製品を除いて合計したものの，計 6 種類を用いている．

上の諸変数について，すべての情報を収集できた標本は 350 である．企業規模ダミーを作成するための売上高のデータ，薬価，製品数および製品属性の①については IMS 医薬品市場統計より計算し，②〜④は「今日の治療薬」各年版によった．シェアを計算する際に用いた各薬剤の標準的な 1 日使用量は，「治療薬マニュアル」各年版より得ている．

---

17) この方式が導入された 1992 年の薬価改定時における R 幅は 15%であったが，その後段階的に引き下げられて 1998 年に 5%となった後，2000 年以降は 2%となっている．

18) 通常はこの方式で薬価の改定が行われるが，市場規模が著しく拡大した場合などには，例外として実勢価格に基づかない薬価がつけられることがある．メバロチンとリポバスは，1994 年の薬価改定時にこの例外を適用された．本章の分析期間は，この影響を受けないように定められている．

需要関数 (6-2) の推定結果は図表 6-5 にまとめられている．推定に用いた標本数は 350 である．OLS 推定の結果は，極めて高い自由度修正済み R^2 を示しているが，薬価差や製品属性といった主要な変数については有意な係数が得られていない．これに対して上述の操作変数を用いて 2 段階最小 2 乗法 (2SLS) を行うと，やはり自由度修正済み R^2 が極めて高く，当てはまりのよいモデルが推定されたうえに，いくつかの製品属性の変数が有意な係数を持つようになった．薬価差の係数は，0.006 から 0.040 へと大きくなっており，先に述べた内生性バイアスの議論と整合的である．ただし 2SLS の結果においても，薬価差の係数は有意ではなく，医師の処方は薬価差から得られる利益には左右されないという結果になっている．実際，薬価差に対して需要が感応的であれば，有力な代替財である後続スタチンの登場を受けて，メバロチンやリポバスの薬価差が拡大する（薬価に比べて実勢価格が引き下げられる）ことが予想されるが，これら 2 つのスタチンについて見ると，後続スタチン登場以前には平均して薬価の 12～13% あった薬価差は，後続スタチン登場後は 6% 強へとむしろ縮小する傾向を見せている．こうした結果が得られた背景には，日本における医薬分業の進展を指摘することができる．患者に薬剤を処方する者（医療機関）と実際

図表 6-5 需要関数の推定結果

	OLS		2SLS	
	推定値	標準誤差	推定値	標準誤差
薬価差	0.006	0.723	0.040	0.051
グループ内シェア	0.994***	0.000	0.924***	0.041
商品パッケージ数	0.040	0.120	0.171**	0.084
服用回数	−0.126	0.171	−0.141	0.106
上市後の経過年数	0.051	0.202	0.209**	0.099
上市後の経過年数の 2 乗	−0.011	0.486	−0.056*	0.032
先発医薬品ダミー	−0.066	0.146	0.022	0.072
企業規模ダミー_超大規模	0.043	0.419	0.304*	0.161
企業規模ダミー_大規模	0.025	0.573	0.224*	0.123
企業規模ダミー_中規模	0.015	0.677	0.185*	0.102
自由度修正済み R^2	0.998		0.997	
	統計量	P 値	統計量	P 値
H_0「年ダミー_スタチン＝年ダミー_その他」の検定	11.40***	0.000	4.65***	0.000

注）***，**，*はそれぞれ 1%，5%，10% 水準での統計的有意性を表す．
報告されているもののほかに，年ダミー（スタチンとそれ以外で区別），成分ダミーを含む．ダミー変数以外はいずれも対数値（上市後経過年数の 2 次項については，対数値の 2 乗）．企業規模は，「超大規模」「大規模」「中規模」「小規模」の 4 つに分類している（p.138 参照）．

に薬を提供する者（薬局）が明確に分かれてきているため，薬剤の販売益を処方の際に考慮する意味は小さいと考えられる．

2SLSを行った場合，その他の製品属性については，有意かつおおむね予期された結果が得られている．パッケージの種類が豊富な製品は，それだけ多様な使用形態に即して扱えるため需要も増える．また，上市後しばらくは徐々に効能や安全性が認知されて，時間が経つとともに需要が増えるものの，ある程度の期間が経過すると陳腐化が始まり，今度は需要が徐々に減少していく．点推定の値に基づくと，このピークアウトの時期は上市後 $\exp[0.209/(2 \times 0.056)] \approx 6.6$ 年が経過したところということになる．ブランド品ダミーについては，有意ではない正の値をとったが，企業規模ダミーを見ると，規模の大きな企業の製品ほど大きな需要を得ており，ジェネリック品メーカーは軒並み中規模かそれ以下であることから，企業規模ダミーによってもブランド品への選好の強さが捉えられている可能性がある[19]．グループ内シェアの係数は，0.924と1に近い値になっており，グループ内での代替性は高いものといえる．

成分別および年別（ただしスタチン系とその他では異なる）の固定効果を表す λ_j と μ_t^q については，どちらも少なくとも1つ有意なものがあるという検定結果が0.1%水準で得られている．また μ_t^q については，スタチンの値が常にそれ以外のものの値を上回っており，かつその差は0.1%水準で有意である．両者の差は平均で0.62であった．λ_j についてみると，スタチンでは2.1〜2.5，それ以外では −0.2〜+2.5 となっていることから，スタチンに対する需要が高いことがわかる．スタチンの中で λ_j を比べると，メバロチン[20]が最も高く，次いでリピトールが高い．日本最初のスタチンとして確固たる地位を築いたメバロチンと，薬効の優れたリピトールへの評価が高いことがわかる．ただし，メバロチンとローコールの間に10%水準で有意な差があったほかは，λ_j についてスタチン間での有意差は認められなかった．

3.2 先発スタチンの収益に対する影響

脂質異常症治療剤市場の構造が推定されたので，これに基づいてフォローオン・イノベーションである後続スタチンが (a) スタチン全体の市場を拡大させた

---

19) 医薬品市場におけるジェネリック品のシェアは，欧米主要国では数量ベースで40〜50%程度であるのに対し，日本では10%台であるといわれている（姉川，2007）．

20) 正確には成分ダミーであるため，メバロチン以外にメバロチンのジェネリックも含まれる．ただし前述の通り，日本ではジェネリック品のシェアはかなり低いものである．

度合い(市場創出効果)と,(b)先発スタチンの収益を減少させた度合い(商品代替効果)をシミュレーションによって求めることができる.シミュレーションのシナリオは,「すべての後続スタチンが存在しない」というものである.既に述べたように,脂質異常症治療剤の市場については,薬価差と製品属性が与えられた下で需要関数 (6-2) から得られる値で取引数量が決められると考えても,十分な現実妥当性を持つ.このため,需要家の選択肢から後続スタチンを除いたうえで,3.1 項で推定された式 (6-2) に基づいて各薬剤のシェアを計算して,仮想的なシナリオの下における市場の状況を求める.以下では 2SLS の推定結果に基づいてシミュレーションを行う.

なお仮想的な状況においては,各薬剤の薬価差も実際とは異なる値になることが考えられる.しかし供給側の構造に関する情報が十分得られないため,仮想的な状況における薬価差を求めるのは困難であり,以下では薬価差は実際の値のままであると仮定してシミュレーションを行う.ただし既に見たように,薬価差が需要に及ぼす影響は有意ではなく,製薬企業が薬価差を戦略的に変化させる意味合いは小さいと考えられるため,この仮定が結果に及ぼす影響は極めて小さいと考えられる.製品属性の変数や固定効果については実際の値,および 2SLS で推定された値をそのまま用いるので,この単純化によって需要関数 (6-2) における未知数はシェアの値のみになる.

シミュレーションの結果は図表 6-6 にまとめられている.スタチン全体のシェアを見ると,現実の値とシミュレーションによって得られた値の差は,次第に拡大してはいる.後続スタチンが登場したときには,既にメバロチンもリポバスも上市から 7 年以上が経過しており,学習効果よりも陳腐化による需要の低下が上回ることになっていたため,後続スタチンが存在しないことの影響が強まっているといえる.しかしながら,その差は後続スタチンの登場から 7 年経っていてもせいぜい 1% ポイント程度にとどまっている.すなわち,フォローオン・イノベーションとしての後続スタチンは,目立った市場創出効果は持っていなかったということになる.成分ダミーに関する推定結果からは,スタチンは全体に他の薬剤よりもかなり高い需要を享受し,なかでもメバロチンに対して高い需要があることが示唆されていた.このために,仮に後続スタチンがなくても,相当程度の需要家はスタチンを選択することになったと考えられる.ただし後続スタチンが登場する直前時点では,スタチンのシェアは 60.1% と既にかなり高く,ここから更に普及が進展する余地は比較的小さかったともいえる.そこからの伸び率ということで見れば,後続スタチンがなければ年率 0.7% に過

144　第6章　事例III：スタチン系製剤

図表 6-6　後続スタチンの影響に関するシミュレーション結果

脂質異常症治療剤市場におけるシェア(%)

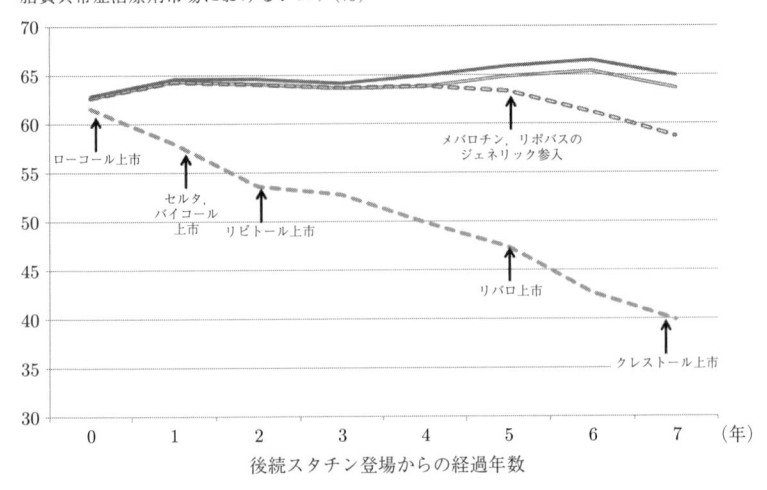

― スタチン全体(実際の値)　― スタチン全体(仮想値)
--- メバロチン＋リポバス(実際の値)　--- メバロチン＋リポバス(仮想値)

（グラフ：横軸「後続スタチン登場からの経過年数（年）」0〜7、縦軸30〜70%。
注記：ローコール上市、セルタ・バイコール上市、リピトール上市、メバロチン・リポバスのジェネリック参入、リバロ上市、クレストール上市）

ぎなかったものを，後続スタチンが出たことによって3割高い年率1.0％にまで押し上げられているということもできる．

　他方，図表6-6の点線を比較すると，現実のメバロチンおよびリポバスの合計シェアは，後続スタチンがないと仮想したときの値よりもかなり小さくなっていることがわかる．特に後続スタチンが立て続けに上市された最初の3年間は，メバロチンとリポバスのシェアが大きく低下している．その後もメバロチンとリポバスについては陳腐化の効果が強まっていくのに対し，後続スタチンは学習効果が強まっていくこともあって，年々両者の差は拡大している．後続スタチンの登場から7年後には，メバロチンとリポバスの合計シェアは，後続スタチンが存在しないと想定したときよりも3分の2程度にまで縮小していた．後続スタチンは，市場創出効果をそれほど持たなかった一方で，その商品代替効果は非常に大きかったといえる．現実のシェアの値とシミュレーションによって得られたものの差，および式(6-3)より計算される各年の実勢価格の情報から，この商品代替効果を金額で評価することができる[21]．後続スタチンの影響

---

21) シェアから売上高を求める際には，脂質異常症の治療を受ける人数は，後続スタチンがなかったとしても変化しないことを仮定している．治療対象者の数は，あくまでも年齢構造や生活習慣

を図表 6-6 に示された期間において累計すると，メバロチンとリポバスの売上高は約 3,000 億円（18.2%）低下したという計算になる（実勢価格の代わりに薬価を用いて計算すれば約 3,200 億円となる）．

図表 6-6 において，後続スタチンがないという仮想の状況であっても，ジェネリック品の登場を受けてメバロチンとリポバスのシェアが低下していることが観察される．先述のように両剤のジェネリック品は 40 品目以上あり，これらが一斉に両剤の特許切れを待って参入してきたが，図表 6-6 からは，このジェネリック品の影響と比べても，後続スタチンによる商品代替効果が大きいことが読み取れる．Lichtenberg and Philipson (2002) は，アメリカのデータを用いて，ジェネリック品との競争と比べると，同じ製品クラスに属するブランド品同士の（すなわちメバロチン・リポバスと後続スタチンの間における）競争の方が，収益に及ぼす影響が強いことを見出している．日本は欧米に比べてもジェネリック品に対する選好が弱いとされており，ジェネリック品の影響はさらに小さいことが予想される．こうしたこととも整合的な結果が得られている．

以上見たように，後続スタチンはメバロチンやリポバスの収益を大きく低下させていた．すなわち少なくとも事後的に見れば，メバロチンやリポバスの開発インセンティブに対する後続スタチンの影響が大きかった疑いがある．ただし医薬品の開発は非常に長期間を要する[22]ものであり，三共やメルクの開発を受けて開始された他社のプロジェクトが上市に結びつくには，相当の年月がかかっている．最初の後続スタチン（ローコール）が上市されたのはメバロチンの上市から 9 年後であり，この間に得られる収益が，メバロチンやリポバスの開発を促すのに十分な大きさであったと解釈することもできる．

3.3 コレステロール値改善への効果

前項で明らかにしたように，フォローオン・イノベーションがその源になるイノベーションの収益を大きく損なう存在であるならば，メバロチンのような画期的なイノベーションについては，フォローオン・イノベーションの登場を抑制すべきだろうか．フォローオン・イノベーションはその源となる新商品を改良した，より品質を高めた商品であることから，それによる経済厚生の向上

など，ここでは外生的な与件として扱われる要因によって定まっているものとする．
22) 山田 (2001) では，前臨床試験の着手から承認を得るまで平均 12 年という結果を得ている．候補化合物の探索は前臨床試験の前になされるため，探索から上市までには，さらに長い年月が必要になる．

などの貢献もあるはずである．この点について，ここでは後続スタチンが国民の健康状態をどの程度改善したかという観点から考察をしたい．

後続スタチンは優れた薬効を持ち，それらがメバロチンやリポバスを置き換えていったことで，国民の健康リスクがより大きく低下したと考えられる．この点を評価するために，後続スタチンによってどれだけ脂質異常症に由来する循環器疾患による死亡が抑制されたかを，以下の手順によって評価する．

ステップ1 後続スタチンが登場した時点における日本人の人口構成やコレステロール値分布を反映しているコーホートを設定する．

ステップ2 薬剤ごとにコレステロール値を改善する度合いを定める．

ステップ3 薬剤の需要状況として，実際のシェアと，後続スタチンがないという仮想的な状況下でのシェア（3.2項のシミュレーションで用いた値）を想定する．

ステップ4 ステップ1で想定したコーホートにおいて，ステップ3で想定したような薬剤の需要がなされたとして，ステップ2で定めた値に従ってコレステロール値分布の変化を計算する．

ステップ5 日本人を対象とした既存の疫学調査が提供している，コレステロール値水準と循環器疾患による10年後死亡率との関係を用いて，ステップ3の各状況別に死亡者数を計算する．

ステップ5で後続スタチンがないという仮想的な状況における値に基づく死亡者数が得られるので，これと実際の値に基づく死亡者数との差を，後続スタチンの健康状態改善効果を表す指標と見なす．

脂質異常症の健康への影響は長い時間をかけて発現するものである．このため実際の疫学調査では，まず調査対象となるコーホートを定め，それをある薬剤を継続的に服用するグループと別の薬剤を継続的に服用するグループに分けて一定期間追跡調査し，長期間にわたる健康への影響を評価するのが通常である[23]．ここでの試算も，そのような疫学調査と近い考え方に基づいて設計している．

---

[23] たとえばメバロチンの効果を評価するために実施されたMEGA Studyは，冠動脈疾患の既往がなく，一定のコレステロール水準にある成人8,000人あまりからなるコーホートを，食事療法のみのグループとメバロチンの服用も加えたグループに分け，平均5.3年の追跡調査を行っている．

コーホートについては，2000年[24)]の第5次循環器疾患基礎調査における総コレステロール値の年齢・性別分布と，同年の人口推計より得られる年齢・性別分布を用いて，その構成を想定する．本来スタチンの効果をより明確に捉えるには，LDLコレステロールとHDLコレステロールを分けて考えるのが望ましいが，日本人に関して2つのコレステロール値の同時分布の情報が得られない．またそもそも本章の分析においては，日本動脈硬化学会のガイドラインに従い，市場規模を総コレステロール値に基づいて定めていることから，ここでは総コレステロール値の分布を用いることとする．

各薬剤・治療法の効果については，同じ薬剤であっても調査によって様々な数値が得られており[25)]一意に定めることは難しいため，それらの臨床試験の結果を踏まえて，メバロチンとリポバスは17.5%，ローコールは20%，ローコール以外の後続スタチンは27.5%，スタチン以前に主流であった脂質異常症治療剤は12.5%，その他の脂質異常症治療剤は7.5%，運動・食事療法は3%だけ総コレステロール値を引き下げるものとする．

ステップ3でとりあげるシナリオは以下の3つである．

　　ケース0　すべてのスタチンが実際通り存在する場合（すなわち実際の値）

　　ケース1　後続スタチンのみが存在しない場合

　　ケース2　スタチンがすべて存在しない場合

本章の関心は後続スタチンの効果であり，それはケース0とケース1を比較することで得られるが，さらにこの効果を，メバロチンとリポバスがもたらした効果と比較させる形で評価する．メバロチンとリポバスの効果は，ケース1とケース2を比較することから導かれる．この値に対する比率として後続スタチンの効果を見れば，フォローオン・イノベーションによる改良が，もともとのスタチンが持っていた効果をどれだけ高めたかという視点から評価することもできる．

---

24)　この時点で既にいくつかの後続スタチンが上市されており，厳密には後続スタチンの影響を受けたコレステロール値分布になっている．ただし循環器疾患基礎調査は10年ごとに行われる調査のため，第4次の調査結果よりは最初に後続スタチンが上市された状況に近いと考えられる．

25)　薬剤の効果は，当然服用の仕方によっても異なる．たとえばメバロチンに関する大規模臨床試験がいくつか実施されており，比較的強度の弱いものを服用して，総コレステロール値が15～17.5%程度低下したという結果が得られている．他方，最も強度の高いものを服用した場合，総コレステロール値は25%低下するという臨床試験の結果も出ている．以下に示す数値は，各薬剤・治療法についての様々な資料から，おおむね妥当と思われる水準として定めたものである．

それぞれのケースにおける各薬剤・療法に対する需要は，1998〜2005年の需要量を合計し，そのシェアに応じるものとする．ケース0については実際の需要量，ケース1については3.2項のシミュレーションから得られた需要量を用い，ケース2については，さらにメバロチンとリポバスもないとしたうえで3.2項と同様のシミュレーションをおこなって求めた各薬剤・治療法の需要量を用いることになる．

総コレステロール値と循環器疾患との関係は，NIPPON DATA 80 の結果を利用して定めた．これは，日本人を対象にした循環器疾患に関する19年にわたる追跡調査に基づいて，年齢・性別ごとに総コレステロール値水準[26]と冠動脈疾患[27]による10年後死亡率との関連をチャートにまとめたものである．ここでは総コレステロール値が高いほど，10年後死亡率が高くなるという関係が見られる．

以上の設定に基づいて上記ステップ1からステップ5によって計算すると，ケース0では脂質異常症患者10万人につき，10年後に冠動脈疾患によって死亡する人数は2,708人となった．ケース1での死亡者数は2,711人，ケース2では2,757人となるので，メバロチンとリポバスの登場によってまず1.66%の死亡者減を達成でき，さらに後続スタチンが利用されるようになったことで，さらに0.12%ポイント死亡者減の効果が高まった．すなわち後続スタチンは，冠動脈疾患に由来する死亡を抑える効果を7.23%高めたことになる．この数値を2000年時点の脂質異常症患者数に当てはめると，メバロチンとリポバスによって死亡者が3,130人だけ減り，後続スタチンによってさらに221人減る計算になる．後続スタチンはスタチンの市場の量的な拡大には目立った貢献を見せなかったが，薬剤としての品質を高めたことで，国民の健康状態にはある程度のインパクトを与えたといえる．

3.4 品質調整済み価格指数による経済厚生評価

後続スタチンがもたらした社会的な便益を，品質調整済み価格指数から捉えることもできる．品質調整済み価格指数は，補論Cで紹介するヘドニック法を

---

[26] 総コレステロール値のほか，血圧，血糖値，喫煙の有無による違いも見ているが，これらに関する情報はないため，以下のシミュレーションにおいては，各コレステロール水準について，すべてのケースにおける死亡率を単純平均した値を用いている．

[27] NIPPON DATA 80 では，心血管疾患と脳卒中に関する死亡率についても扱っているが，これらの疾患についての疫学調査によれば，総コレステロール値水準は，これらの疾患による死亡率を有意に左右するものではないとされている．

用いて導出される．まず各薬剤の価格を被説明変数とし，各種の製品属性，および年ダミーを説明変数とする式を推定する．補論 C で論じられているように，推定された年ダミーの係数から，脂質異常症治療剤の品質調整済み価格指数を構築することができる．この品質調整済み価格指数が下がっていれば，同じ品質のものがより安価に取引されているということになり，それだけ経済厚生の向上があったことが窺える．

　より具体的には次のような推定を行う．まず被説明変数となる価格については，経済厚生への影響を評価することが目的であるため，最終的な需要家（患者・医療保険）が支払う価格，すなわち政府によって定められている薬価を用いることとする[28]．製品属性については，3.1 項の需要関数の推定で用いたものと同じく，①〜④の各変数，企業規模ダミーと，成分の固有効果で捉えることとする．

　価格と製品属性の関係を表す関数は，第 4 章の需要関数 (p.83) と同様に，説明変数，被説明変数とも原数値のままとした線形モデル，被説明変数のみ対数値にした片対数線形モデル，説明変数，被説明変数とも対数値とした両対数線形モデルという 3 種類の関数形を当てはめて推定した．3 つのうち最も対数尤度が高かったのは両対数線形モデル

$$\log(P_{jt}) = a + x'_{jt}b + \sum_{s=1995}^{2005} \pi_s YD_{s,t} + \lambda_j^P + \epsilon_{jt} \qquad (6\text{-}4)$$

であり，以下ではこのモデルに基づいて議論を進める．なお P_{jt} は薬剤 j の t 年における 1 日薬価，x_{jt} は需要関数の推定で用いたものと同じ製品属性の変数ベクトル（ダミー変数以外はいずれも対数値であったことに注意），$YD_{s,t}$ は $t = s$ のときに 1 をとり，それ以外の場合 0 となる年ダミー，λ_j^P は成分固有効果，ϵ_{jt} は通常の仮定を満たす誤差項である．年ダミーは 1994 年を基準年としている．

　図表 6-7 は，式 (6-4) を OLS によって推定した結果を示している．標本数は需要関数の推定と同じく 350 である．製品属性の係数は概ね有意になっており，符号も予想されたものとなっている．剤型・強度・包装形態のバラエティが多いもの，服用回数が少なくてすむもの，ブランド品に対して高い価格がつけら

---

[28] 同じ薬剤であっても剤型や強度によって付けられる薬価は異なる．ここでは薬剤を観測単位としているため，これら剤型・強度ごとの薬価を，売上高をウェイトとして薬剤ごとに加重平均している．薬価はおよそ 2 年ごとに改定されるが，ウェイトの方は毎年変化するので，ここで用いられる薬価も毎年変化することになる．

図表 6-7 脂質異常症治療剤のヘドニック価格分析

	推定値	標準誤差
商品パッケージ数	0.067**	0.027
服用回数	−0.334***	0.114
上市後の経過年数	−0.211***	0.043
上市後の経過年数の2乗	0.073***	0.018
先発医薬品ダミー	0.337***	0.056
企業規模ダミー_超大規模	−0.070	0.058
企業規模ダミー_大規模	−0.014	0.051
企業規模ダミー_中規模	−0.105***	0.039
自由度修正済み決定係数	0.945	

注）年ダミーの結果は表示していない．
***，**はそれぞれ 1%, 5%水準での統計的有意性を表す．

れる傾向がある．上市後経過年数については，$\exp[0.211/(2 \times 0.073)] \approx 4.2$ 年後を底とする U 字型になる．薬価は時間とともに引き下げられる傾向があるものの，時間とともにその安全性や使用方法についての知見が蓄積し，（需要家の主観的な認識における）薬剤の品質が高まる側面があるため，2 つの相反する効果によってこのような結果になったものと思われる．

脂質異常症治療剤の品質調整済み価格指数は，式 (6-4) の π_s を用いて作成できる．π_s は，品質などの製品属性の差を考慮したうえで，基準年（ここでは 1994 年）に対して s 年における価格（対数値）がどの程度高いかを表している．そのため 1994 年における値を 100 に基準化すると，品質の変化を調整した価格指数の t 年における値 $\tilde{p}_t$ は

$$\tilde{p}_t = 100 \times \exp(\pi_t) \tag{6-5}$$

のように表される．

また品質と価格の関係が時期によって変わりうるモデルとして，連続する 2 年間分のサブサンプル（1994~95，95~96，…，2004~05 年）ごとに

$$\log(P_{jt}) = a + x'_{jt}b_s + \pi_s YD_{s,t} + \lambda_j^P + \epsilon_{jt}, \ s \in \{1995, \cdots, 2005\}, \ t \in \{s-1, s\} \tag{6-6}$$

という式も推定した．この場合の年ダミー $YD_{s,t}$ は，サブサンプルの 2 年目 ($t=s$) のみ 1 をとり，1 年目には 0 をとるよう定義され，その係数 π_s は $(s-1)$ 年から s 年にかけての品質調整済み価格指数の対数階差

$$\log(\tilde{p}_s) - \log(\tilde{p}_{s-1})$$

図表 6-8 脂質異常症治療剤の価格指数 (1994=100)

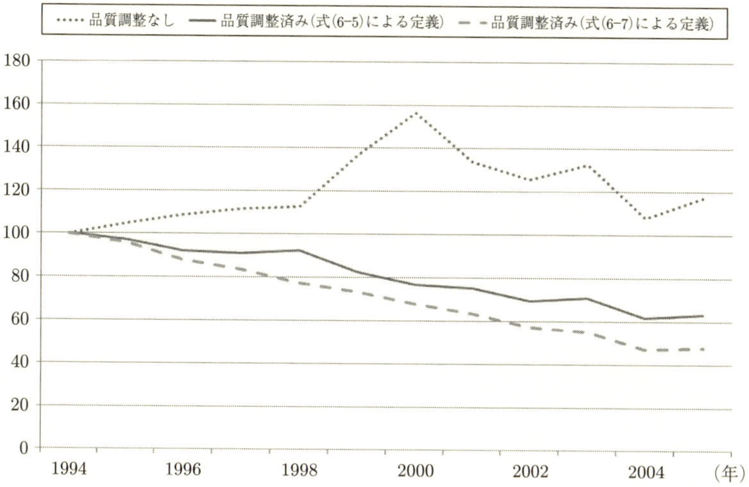

……… 品質調整なし ── 品質調整済み(式(6-5)による定義) - - 品質調整済み(式(6-7)による定義)

になる．したがってこのモデルに基づく品質調整済み価格指数 $\tilde{p}_t$ は以下のように求められる．

$$\tilde{p}_{1994} = 100$$
$$\tilde{p}_{1995} = \tilde{p}_{1994} \times \exp(\pi_{1995})$$
$$\tilde{p}_{1996} = \tilde{p}_{1995} \times \exp(\pi_{1996}) \quad (6\text{-}7)$$
$$\vdots$$
$$\tilde{p}_{2005} = \tilde{p}_{2004} \times \exp(\pi_{2005})$$

式 (6-5) および式 (6-7) のように品質調整済み価格指数を作成し，年々の推移を見たものが図表 6-8 である[29]．実線が式 (6-5) に基づいて作成した指数を表し，破線は式 (6-7) に基づいて作成した指数である．点線は実際の薬価について基準年におけるその加重平均を 100 とした指数（すなわち品質を調整しない場合の価格指数）である．

図表 6-2 で見たように，1998 年以降 2005 年まで，ほぼ毎年のように後続のスタチンが上市されている．そこで，これらフォローオン・イノベーションの登場後をそれ以前と比較すると，脂質異常症治療剤の品質調整済み価格指数がより速やかに低下していることがわかる．式 (6-5) に従って求めた価格指数に基づ

---

[29] 以下に示す結果は，スタチンだけを対象にして同様の分析を行った場合にも，定性的には変わらない．

くと，フォローオン・イノベーションが登場する以前の年平均低下率は3.1%であったが，登場後の値は4.3%となっている．式(6-7)による価格指数を用いた場合は，フォローオン・イノベーション登場前が5.8%，登場後が6.7%となっている．ここから，フォローオン・イノベーションが経済厚生を改善する効果が高かったことが窺える．

また品質で調整する前の価格指数と，品質調整済み価格指数の変化率の差から，品質の変化に由来する価格の変化を見ることができる．セルタ，バイコール，リピトールが上市された1999・2000年に特にこの差が大きくなり，式(6-5)に基づく価格指数で見た場合，両年における差はそれぞれ32.1%，21.1%，式(6-7)に基づく場合には26.6%と21.4%を記録している．リピトールは，後続スタチンの中でも特に優れた薬効を持つと評価されており，このことと整合的な結果が得られたといえる．

第4節　小括

本章では，異時点間のスピルオーバーを受けて生み出されたフォローオン・イノベーションが，源になったイノベーションの収益を損なう程度と，国民の健康状態や経済厚生などの社会的な便益を向上させる程度とをそれぞれ計測した．スピルオーバーを受けて改良されたイノベーションが生み出されるという事例は，ここで取り上げたものに限らない[30]．異時点における波及効果を持ち，なおかつ競合関係にあるイノベーションが滞ることなく生み出されるために，どのような政策的関与が必要かという問題は，広く一般的に論じられるものであり，本章で提示した分析枠組みは，それらを考えるうえでも有用なものとなろう．

スタチンの事例においては，フォローオン・イノベーションは確かに経済厚生や国民の健康状態の向上に貢献していた．メバロチンとリポバスの開発がもたらした知見を活用して生み出された後続スタチンが登場したことで，脂質異常症治療剤の品質調整済み価格指数はより一層の低下を見せ，脂質異常症に起因する死亡者数を抑制することにもある程度成功した．

しかしもとのイノベーション，すなわちメバロチンやリポバスにとっては，

---

30) 医薬品に限ってみても，血圧降下剤の分野で画期的とされるニューロタン（一般名：ロサルタン）とその後続品との間に，メバロチン，リポバスと後続スタチンのような関係を見ることができる．

フォローオン・イノベーションは大きく収益を損なう存在であった．後続スタチンの市場創出効果は極めて小さいのに対し，商品代替効果はかなり高く，メバロチンとリポバスの売上を2割近く低下させる効果を持っていた．もし企業があらかじめこうした商品代替効果を予想していれば，それだけもとのイノベーションを生み出すインセンティブが阻害されることになろう．場合によっては，フォローオン・イノベーションの潜在的な脅威により，そもそももとのイノベーションが生み出されず，結果としていずれの開発もなされないということもありうる．

　この点は，より一般的には，第III部で論ずる専有可能性の問題として捉えることができる．異時点間の波及効果によってフォローオン・イノベーションが登場することまで考慮すると，メバロチンが生み出す経済・社会的価値は，開発者である三共がメバロチンから得た利益を大きく上回っていた．つまり，開発者は画期的なイノベーションが生み出す価値のうち，一部分しか専有できないことになる．画期的なイノベーションを生み出すための投資が私的なインセンティブに基づいてなされるとすると，結果的にイノベーションへの投資が社会的に望ましい水準よりも少ないものに留まることになる．こうした問題を解決するためには，特許などの知的財産権制度を強化し，開発者が利益を専有できるようにするという政策的対応が考えられる．しかしその一方で，フォローオン・イノベーションが一定の経済・社会的価値を生み出していることも，本章の分析によって明らかになった．この点を踏まえれば，先行する画期的なイノベーションのインセンティブばかりを考慮して，あまりに強い知的財産権を認めてしまうことは，今度はフォローオン・イノベーションの方を阻害し，フォローオン・イノベーションがもたらしたはずの経済・社会的価値が実現するのを妨げてしまうだろう．したがって，第III部でも述べるように，画期的なイノベーションとフォローオン・イノベーション双方にバランスのとれたインセンティブ体系を構築することが，イノベーション政策を立案するうえで肝要である．

　イノベーションから得られる収益を確保するための手段としては，特許などの知的財産権もあるが，日本の医薬品産業においては薬価制度の役割も重要である．薬価は政府によって定められ，その水準は新薬から得られる収益を大きく左右する．従来の薬価制度は医療費の抑制を主たる目的としていたが，それとともに強い外部性を持つ新薬開発のインセンティブを確保するという視点も必要になるといえよう．2010年より導入された新薬創出加算制度は，こうした

動きに向かう第一歩として評価できる．この制度は，ジェネリック品がなく，薬価差が一定水準以内に収まっている新薬について，いくつかの条件が満たされる間は高い薬価をつけるというものである．これにより，難病の治療薬などの開発に製薬企業が取り組むインセンティブを高めることが意図されている．本章で見たような外部性の解決を直接の目的としたものではないが，改良型新薬から先発品が受ける影響が，この制度によってどれだけ緩和されることになるか，これからの動向が注目される．

第III部　イノベーション創出に向けて 市場の役割と政策への含意

　第II部では微視的アプローチを用いて3つの事例を取り上げて定量的な分析を行った．各々の事例研究では，需要関数を推定してイノベーションが市場に普及する経済学的メカニズムを解明し，その普及によって生み出される経済的・社会的な価値を定量的に評価した．特に太陽光発電やハイビジョンテレビの事例では，生産者である企業の利潤動機に基づく価格付けを定式化し，消費者の便益に生産者の利潤を加味した社会厚生の観点から分析を行った．スタチン系製剤の事例においては，心疾患による死亡者数という尺度を用いて分析することで，微視的アプローチが必ずしも金銭評価のみに基づいて活用される手法ではなく，社会的な観点からのある種の価値判断に資する指標を提供しうる点も明らかにした．微視的アプローチで得られた結果から，第2章での俯瞰的アプローチでは迫ることができなかったイノベーションの普及過程における価格の重要性（第4章），補完財（第5章）やフォローオン・イノベーション（第6章）の果たす役割等が明らかになった．

　本書の最後のパートとなる第III部では，第II部での個別事例にて議論されたイノベーション普及の経済学的なメカニズムを，JNISを用いた俯瞰的なアプローチに依拠しながら普遍化する試みを行う．第III部は2つの章から構成される．第7章では，付加価値を生み出すような画期性のあるイノベーションを創出するにあたっての市場の役割について，4つの視点（市場規模，技術機会，市場構造そして専有可能性）から検討する．この章にて議論される視点のうち，政策的な観点からとりわけ注目に値するのが，専有可能性に代表される「市場の失敗」に関する論点である．第1章でも取り上げたように市場の失敗が存在することで，イノベーションの創出に対して政策的な関与を正当化する余地が生まれる．本書の結びとなる第8章ではイノベーションの創出における政策的課題について触れたい．なお「イノベーション政策」が対象とする射程は極めて広範に及ぶが，第8章では本書での関心であるイノベーションの普及に関わ

る側面について JNIS を用いて定量的に分析できる範囲に射程を絞って議論を行うことにしたい．

第7章

市場の役割と限界——「4つの視点」から

　第II部で取り上げた太陽光発電,ハイビジョンテレビそしてスタチン系製剤は,ナノテクノロジー・材料,情報通信,ライフサイエンスの3分野において社会的・経済的なインパクトが高いものをSPRUの手法[1]に基づき選択した事例である.これらの個別事例の背景にある経済学的なメカニズムを,需要の観点から定量的に明らかにした分析は,筆者の知る限りわが国には存在せず,その点からも第II部で紹介した分析は学術的に興味深いのではないかと思われる.しかしイノベーションの議論が個別事例にとどまり,一般的な含意への広がりを欠くのであれば,その分析は"pico-economics"[2]との批判を免れえないだろう.本章では,第II部で得られた経済学的な含意を踏まえつつ,画期性のあるイノベーションを創出・普及させるときの市場が果たす役割について,第2章で紹介した俯瞰的なアプローチに基づいた議論を展開したい.なお第2章でも触れたように,ここでいう画期性とは市場にとっての画期性を指し,必ずしも技術的な画期性を意味しない.市場にとって画期性のあるイノベーションは,売上高の点で大きな付加価値を生み出しうることを第2章にて明らかにした.本章では引き続き,「画期性」とは市場にとっての画期性を意味するものとして用いることにする.

　本章ではまずイノベーションの創出における市場の役割について,「4つの視点」を提示し(第1節),それぞれの視点に基づいた分析を行う.「4つの視点」とは,市場規模(第2節),技術機会(第3節),市場構造(第4節)そして専有可能性(第5節)である.各節では,これらの視点からわが国のイノベーションの現状と課題をJNISを用いて明らかにする.なお4つの視点のうち,政策的な観点から特に注目に値するのが最後の専有可能性である.専有可能性に代表される市場の失敗は,政策

---

1) 第2章および補論Bを参照のこと.
2) 「超微視的な経済学」の意.経済学的な含意が個別事例の範囲に限定され一般性・汎用性を持たない点を米国カリフォルニア大学バークレー校 Richard Gilbert 教授が皮肉った言葉.Levin et al. (1987: 830) を参照のこと.

等による公的関与を正当化する必要条件となる．「イノベーション政策」については，第8章にて論じたい．

第1節 4つの視点

本章では市場規模，技術機会，市場構造，そしてイノベーションから得られる利潤の専有可能性の4つの要素を取り上げて，わが国のイノベーションの現状を定量的に確認したい．以下で議論するように，経済学の分析枠組みで表現すると，イノベーション活動の水準は，その需要の大きさを規定する「市場規模」と，どの程度容易に供給がなされうるかを左右する「技術機会」によって決まる．そしてこのイノベーション活動における「需要」と「供給」をシフトさせる要因として，市場構造と専有可能性を考えることができる．

Pakes and Schankerman (1984) や Cohen (2010) といったイノベーションについての過去の文献をみると，市場規模，技術機会，専有可能性の3つの要素を取り上げ，市場構造には焦点を当てないことが多い．市場での競争度合いを示す市場構造は，Schumpeter がイノベーションとの関係で命題を提起した論点であり，伝統的に実証分析が活発になされてきたテーマである．しかし産業間の比較を行った過去の実証研究（いわゆる cross-industry studies）の中には市場構造とイノベーション活動の成果との間に明確な関係を見ることができず，市場構造は市場規模と技術機会とによって説明されうるとの議論も多くなされた（代表的には Levin et al., 1985）．だが第4節で紹介するように，企業レベルのデータを用いた最近の実証研究では，イノベーションの成果と市場競争の程度との間に一定の関係があることが報告されていることもあり，本章では市場構造も視点の1つとして検討に加えている．

第2節 市場規模

第II部での微視的アプローチではまず需要関数を推定した．これは第3章でも議論したようにイノベーションの普及を考えるにあたり，需要家の嗜好・行動を経済学的に理解することの重要性を踏まえているからに他ならない．イノベーションが対象とする潜在的な市場規模が大きい場合には，それだけ当該イ

ノベーションが実現したときに得られる収益が高いと予想されることから，そのイノベーションを創出することへの誘因が高まると期待される．

　市場規模が技術革新の速度と方向性に与える影響について初めて注目したのは，Jacob Schmookler であろう．彼の著作 *Invention and Economic Growth* (1962) の冒頭第一文にて発せられた遠大な問いかけ（"What laws govern the growth of man's mastery over nature?" 人類が自然の制約を克服してこられたのはなぜか？）に挑戦するにあたり，Schmookler は産業間・産業内にて発明・発見の程度が異なる理由を探ることがその手掛かりになるとして，米国の資本集約型産業における特許数と産業規模との関係を産業別に丹念に調べた．その結果，産業規模とその産業に属する特許数との間に有意な相関関係があることを見出し，市場規模がイノベーション活動を生み出すとの結論を導き出した．この結論は，第 II 部で取り上げた太陽光発電やスタチン系製剤といった画期性のあるイノベーションについても共通して観察される点である．分散型エネルギーに対する注目の高まりや，生活習慣の変化や高齢化の進展による脂質異常症患者の増大によって，太陽光発電やスタチン系製剤の対象市場は明らかに拡大傾向にあった．また地上波デジタル放送の視聴可能エリアが拡大したことは，ハイビジョンテレビの購入にメリットを感じる消費者を増やし，潜在的な市場の拡大に大きく貢献したと考えることができるだろう．

　JNIS では，主な製品・サービスを投入する市場が拡大・縮小のいずれの局面にあったかを企業に尋ねており，市場規模が変化する方向によって，イノベーションの水準がどれだけ異なるかを比較できる．その相関関係を企業規模別・産業別に見たものが図表 7-1 である．対象となる国内市場規模が拡大していると答えた企業は，縮小すると答えた企業と比べて，プロダクト・イノベーションを実現する割合も高く，かつ画期性のあるイノベーションも生まれやすい傾向にある．この結果は，企業規模・業種に関わらず観察されているが，企業規模別では特に中小規模の企業において，業種別ではサービス業において顕著である．

　なお画期性のあるプロダクト・イノベーションはそうでないプロダクト・イノベーションと比較して（平均的に見て）新たな市場を創出して高い売上高を生み出す傾向があることを第 2 章にて明らかにした．その点で，第 II 部にて取り上げた個別事例は JNIS における画期性のあるプロダクト・イノベーションに対応すると考えてよいだろう．

　もちろん市場規模を考えるときには国内市場にのみ囚われる必要はない．海

外へと展開している企業は，国内市場にとどまっている企業よりも相対的に大きな規模の市場に直面し，したがってイノベーションへの誘因も強いと考えられる．たとえば第6章で取り上げたメバロチンの場合，1990年代における年間売上1,000億円のうち海外市場での売上はその2割を超えており，海外市場の存在がメバロチンを生み出すうえで追加的な推進力となったことがうかがわれる．

海外進出とイノベーションの実現確率との相関関係をみた図表7-2によると，企業規模や業種に関わらず海外市場への供給を行っている企業の方がプロダクト・イノベーションを実現し，画期性のあるイノベーションも生み出されやすい傾向にあることが見て取れる[3]．そしてこの傾向は，規模が小さい企業ほど

図表 7-1　市場規模の変化とプロダクト・イノベーション

(単位：％)

	国内市場の拡大		国内市場の縮小	
	プロダクト・イノベーション実現	画期性あり	プロダクト・イノベーション実現	画期性あり
全規模	46.7	23.1	33.6	15.0
小規模	37.9	20.3	18.8	8.5
中規模	45.6	21.1	25.4	12.4
大規模	51.9	25.6	43.9	19.1
製造業	56.4	29.7	46.6	21.9
サービス業	40.1	18.3	24.2	10.0

図表 7-2　海外市場への進出状況とプロダクト・イノベーション

(単位：％)

	国外で商品を提供する企業		国内でのみ商品を提供する企業	
	プロダクト・イノベーション実現	画期性あり	プロダクト・イノベーション実現	画期性あり
全規模	50.0	22.7	26.3	13.4
小規模	38.4	17.5	18.8	8.3
中規模	36.0	15.4	23.9	11.9
大規模	58.8	26.6	31.9	17.7
製造業	56.5	25.9	30.3	14.7
サービス業	37.3	16.4	22.9	12.8

---

3) イノベーションを実現した企業に対する割合で見ると，画期性のあるイノベーションが生み出される割合は，海外進出の有無で大きな差はつかない．もちろん，国内市場にて「画期性」のある商品が，必ずしも海外市場にて「画期性」があるとは限らず，逆もまた真である．海外進出

顕著である．上の結果と合わせると，中小企業によるイノベーションが市場規模の変化に敏感であることがうかがえる．業種別には，サービス業よりも製造業の方が，海外販売の有無による差が大きい結果となっている．ただしサービス業では，海外市場に参入している企業の割合が製造業と比べてかなり低い水準にあり，業種の特性からそもそも販売先が国内に限定される企業が多いことにも注意が必要であろう．

なお図表 7-1 および 7-2 における結果は"相関"関係を示したものに過ぎず，"因果"関係の分析にまで至っていない点に解釈上留意する必要がある[4]．つまり図表 7-1 について言えば，国内市場規模の拡大がプロダクト・イノベーションの実現を促す傾向があるのか，あるいはプロダクト・イノベーションが活発な商品市場ではその国内市場が拡大する傾向があるのか，いずれの解釈がより適当なのかを図表から判別することはできない．この点については，Acemoglu and Linn (2004) が米国製薬市場における外生的なショック[5]を利用して，潜在的な市場規模が拡大（縮小）すると新薬の承認件数が増加（減少）するという因果関係を見出している．因果関係を特定するための内生性のコントロールについては更なる研究事例の蓄積が有益だろう．

また市場規模の意義を考える際に，イノベーションの需要家は，単に新商品を購入するだけの存在にとどまらないことにも注意すべきだ．新商品・新技術を購入・利用した需要家からのフィードバックは，さらなるイノベーションを生み出すうえで重要な情報源の 1 つとなる（この点は次節で論ずる）．加えて von Hippel (1976) が lead users（先導者）という概念を用いて指摘するように，需要家自身がイノベーションを生み出す事例も知られている．市場規模が大きくなるほどそうした lead users が増えることになれば，イノベーション活動も活性化することが見込まれる．最近では，消費者自らが CAD（computer aided design，コンピュータ支援設計）を用いて 3 次元上で設計を行い，自分のニーズに合った半導体の基板を作成する等ということが可能となっており，需要家側からのイノベーションが広がりを見せはじめている．この点は最終消費財のみならず，中間生産財においても観察されている．たとえば鉄鋼産業において，わが国の鉄鋼メーカーが輸入した生産装置を自ら工夫して改良を加え，その改良

の有無における「画期性」の定義の違いも確認が必要であろう．
4) 両者を区別することの重要性は第 3 章でも議論した．第 3 章の第 5 節で紹介した構造形推定はまさに因果関係を識別するための手法である．
5) 薬効分野によって対象となる患者の年齢構成が異なることから，年齢別人口の変化で潜在的な市場規模の変化を捉えている．

が後に諸外国の企業にもライセンシングされて広まったという事例からも，需要家がイノベーション活動に果たす役割が指摘できる (Nakamura and Ohashi, 2012)．このようないわゆる「プロシューマー[6]」(Toffler, 1980) は，情報通信が発達した今日において，さらに存在感を増す可能性があるだろう．

第3節 技術機会

　Schmookler (1962) によって最初に指摘された市場規模の役割は，その後に大きな論争を引き起こすことになった．潜在的な需要規模の大小がイノベーションの誘因を生み出していることは疑いないものの，イノベーション活動は需要のみが牽引（いわゆる demand pull）しているわけではなく，技術機会という供給側からの働きかけ（いわゆる technology push）も重要である点が Rosenberg (1974) や Scherer (1967) 等によって指摘された．特に Rosenberg (1974) は，X線結晶学の進展が有機化合物（特にビタミン B_{12}）の合成・開発に果たした重要性を指摘し，供給側の要因もイノベーションの創出に大きな影響を及ぼすと主張した．

　現在では，市場規模と並んで技術機会がイノベーションの創出を促すうえで重要であるとの認識は広く共有されている．たとえば第 II 部におけるハイビジョンテレビの事例では，画像処理用半導体デバイス技術の発展が後継機種における技術機会を拡大させ，価格低下に大きな貢献を果たしたことを明らかにした．スタチン系製剤でも，生体内でのコレステロール合成過程に関する医学・生理学的な研究の進展がメバロチンの開発へとつながり，さらにメバロチンの登場によってリピトールなど後続する製剤の技術機会も広がったことがわかった．しかし他方で Cohen (2010: 172) がサーベイ論文の中でも言及しているように，技術機会は研究者によってその定義がまちまちであり，正確に定量化・定式化することが困難な概念でもある．

　ここで技術機会を「企業の研究開発が効果的にイノベーションに結び付くような情報に接する機会」（後藤・永田，1997）と定義すると，JNIS の調査結果からわが国におけるイノベーション活動の技術機会についての現状を一定程度評価することが可能である．図表 7-3 はイノベーションを実現した企業に対し

---

　[6] Producer（生産者）と consumer（消費者）とが融合した概念として Toffler (1980) が提唱した造語．消費者が生産活動を行うことが普通になる時代を「第3の波」として予見した．

第 3 節　技術機会　163

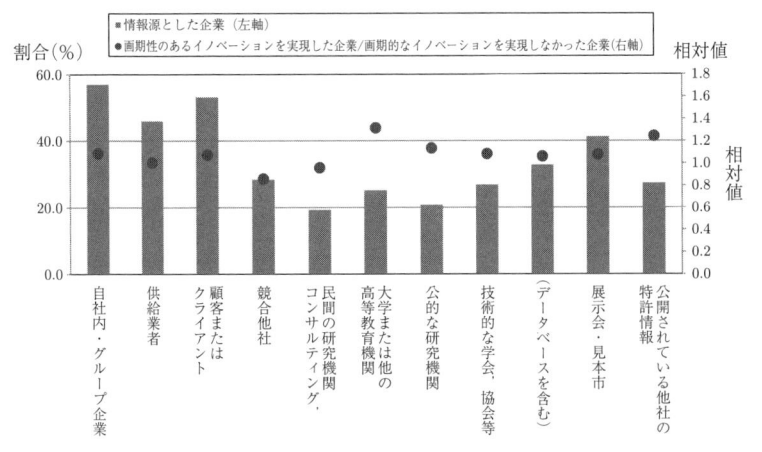

図表 7-3　画期的なプロダクト・イノベーションの実現確率と情報源

■情報源とした企業（左軸）
● 画期性のあるイノベーションを実現した企業／画期的なイノベーションを実現しなかった企業（右軸）

（横軸項目：自社内・グループ企業／供給業者／顧客またはクライアント／競合他社／民間の研究機関・コンサルティング／大学または他の高等教育機関／公的な研究機関／技術的な学会、協会等／（データベースを含む）／展示会・見本市／公開されている他社の特許情報）

て，そのイノベーションを生み出す際の情報源についての回答をまとめたものである．この図によると，「大学または他の高等教育機関」および「公開されている他社の特許情報」を情報源とした企業が画期性のあるプロダクト・イノベーションを実現する傾向が見て取れる．この 2 つの情報源は，新たに生み出された知識に接することができるという意味で，企業にとっての技術機会と考えることができる．

特に「大学や他の高等教育機関」の情報源としての有効性を高めるうえで，産と学との連携は重要であるが，図表の棒グラフが示すように大学等と連携してイノベーション活動を行う企業の割合は，これまでのところ 2 割程度と，産学連携は幅広く行われているとは言い難い現状にある[7]．「公開されている他社の特許情報」を情報源とする企業の割合も同程度に低調である．

図表の棒グラフから「自社内・グループ企業」，「供給業者」，「顧客またはクライアント」が高い企業シェアを占めており，企業規模別・製造業／サービス業別の分類[8]では「顧客またはクライアント」がほぼ一様に最も高い割合を占めていることがわかる．前節で言及したようにいわゆるユーザーからの情報が広く技術機会をもたらしているといえそうだが，他方でユーザーからの情報を活用することが，必ずしも画期的なプロダクト・イノベーションを生み出すこと

---

[7] OECD (2009) における国際比較によれば，「高等教育機関または政府機関」と協力してイノベーション活動を行った企業の割合について，日本は調査対象 14 カ国中最下位となっている．
[8] この分類での図表はスペースの都合でここでは載せていない．詳しくは科学技術政策研究所 (2010) を参照のこと．

と高い相関を持っていない．この点は，ユーザーからもたらされる技術機会は主に既存の商品についての選好や技術的課題に関するものであり，改良的なイノベーションにおいてむしろ有用になりやすいとの指摘と整合的とも考えられるだろう．

第4節　市場構造

　異なる2つのイノベーションに注目したとき，直面する市場規模が同じであっても，それらのイノベーションを実現することで得られる利益が同じになるとは限らない．市場での競争が厳しければ企業の価格支配力も相対的に小さくなることから，利益率も低下すると推察されるからだ．市場での競争度合いを示す市場構造が，イノベーションに対する需要を「シフト」させる要因と考えられる所以がここにある．

　市場構造とイノベーション活動との関係については，「Schumpeter の命題」の検証としてこれまで多くの定量的な研究がなされてきた．産業組織論という研究分野に限ってみると，市場構造とイノベーション活動との関係を調べた実証研究は，市場構造と利潤率との関係を調べたものに次いで，研究に厚みのある分野であると Cohen (2010) は指摘している．「Schumpeter の命題」については，相異なる2つの命題が知られている．まず *The Theory of Economic Development* (1911) において Schumpeter は起業家と小規模企業による競争が生み出すイノベーションとそのメリットについて論じている．他方で後年になり *Capitalism, Socialism, and Democracy* (1942) において，市場支配力を持つ大企業の存在がイノベーションを促すために必要であると述べている[9]．

　実証的にも，競争の程度とイノベーションの間には単調でない関係が観察されている．古くは Scherer (1967) の産業レベルのデータを用いた分析において，また最近では Aghion et al. (2005) の企業データを用いた分析にて，逆 U 字の関係，すなわち競争度が中程度であるときにイノベーションが最も盛んになり，そこから競争の程度が低くなっても高くなってもイノベーション活動は低調となるという結果が得られている．利潤の大きさがイノベーションの主たるインセンティブならば，市場が独占に近い方がイノベーションは盛んになると一見

---

9) この2つの命題は一見相反するように見えるが，「事後的に独占になることを目指して企業は事前には厳しい競争をしている」と理解すれば，必ずしも相反する命題ではないことがわかる．詳細にはたとえば Shapiro (2012) を参照のこと．

考えられそうだが，独占企業が新製品開発に成功しても独占的に利潤が得られる構造には変わりがないことから，独占企業にはイノベーションを起こして更なる利潤の獲得機会を得ようとする誘因が乏しいと理解できる[10]．

これに対して競争が厳しい市場では，既存製品を多少改良した程度のイノベーションでは利潤を上げることが難しく，画期性のあるイノベーションを生み出して市場での独占的な地位を得ることの魅力は大きいはずである．つまりこの場合，競争度が高いとむしろイノベーションのインセンティブが大きくなりうる．Aghion et al. (2005) は，これを「競争回避 (escape competition) 効果」とよび，この効果と競争によって利潤が低下する効果との相対的な重要度によって，イノベーションに取り組むインセンティブが変化するモデルを提示した．そこでは競争度とイノベーションの間に逆 U 字型の関係が生じることを理論的に導き出している．

JNIS からも，こうした先行研究と同様の結果が得られている．図表 7-4 はイノベーションの成果指標として画期的なプロダクト・イノベーションから得られる売上高を縦軸に取り，製品市場における競合企業数との関係をプロットしたものである[11]．この図表の特徴として市場競争との関係に逆 U 字が見られ，

図表 7-4　画期性のあるプロダクト・イノベーションの売上高と市場競争度

売上高(中央値，百万円)

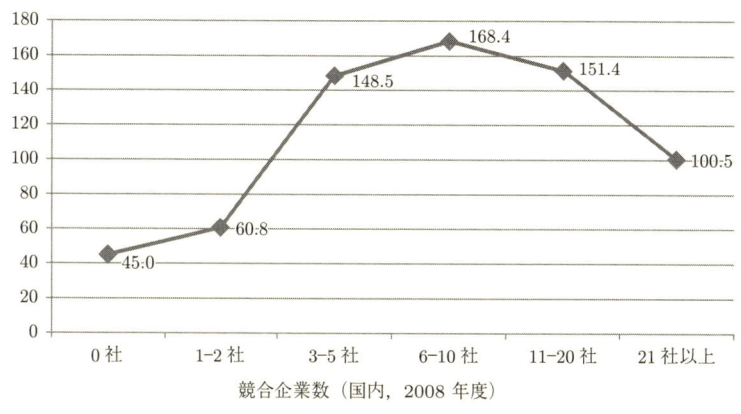

競合企業数	売上高
0 社	45.0
1-2 社	60.8
3-5 社	148.5
6-10 社	168.4
11-20 社	151.4
21 社以上	100.5

競合企業数（国内，2008 年度）

---

10) これは「置き換え (replacement) 効果」とも呼ばれる．
11) JNIS では製品市場というかわば「下流」における競合企業数をデータとして記録しているが，イノベーションを生み出す「上流」での競合関係については調査をしていない．そのためここでは，成果指標としてプロダクト・イノベーションの実現割合をみることはしなかった．仮に「上流」における競合企業数が製品市場における企業数と同じだとして作図をすると，画期的な

そのピークは競合企業数が6～10社程度となっている．単に売上高だけを見ると画期的なプロダクト・イノベーションがより高い経済的な付加価値を生み出すためには，ある程度の競争的な市場環境が望ましいことがわかる．しかし図表によると11社以上の市場競争に直面すると画期的なイノベーションからの売上高は減少し，また他に競合企業がいない独占のときに画期的なプロダクト・イノベーションからの売上高がもっとも小さいことがわかる．

もちろん市場構造の代理変数として企業数を用いることが適当かどうかについて丁寧な議論が必要だ．また図表7-4は単なる相関関係を示すプロットに過ぎず，因果関係を導き出すことにも慎重であるべきである．しかし，わが国のデータにおいても海外文献と同様の逆U字型の関係がイノベーションの成果指標と市場競争度との間に見出された点は興味深く，市場構造とイノベーションとの関係について今後さらなる研究が望まれるところである．

第5節　専有可能性

前節まで述べてきた3つの視点のうち「市場規模」と「市場構造」についてはイノベーション活動の水準に与えるかなり明確な影響が定量的にも明らかにされた．「技術機会」を直接的に捉える変数を見出すことが困難であることを前提とするものだが，イノベーションを生み出すための情報源の観点から見ると，限定的ながら市場が一定程度の役割を果たしていることもわかった．本節では，イノベーション活動を行う際の市場の限界として「専有可能性」を取り上げ，市場だけではイノベーション活動の誘因を最適に与えることができず，その誘因は過少となることを指摘するとともに，イノベーション政策の重要性に対して示唆を提供する．

Arrow (1962) は，知識を市場で取引することができない理由として，情報の非対称性と専有可能性の2つを挙げた．「知識」を生み出した当事者以外がその「知識」の内容を知ることができない（つまり情報に非対称性が存在する）とき，内容のわからない「知識」を市場で購入しようと思う人は恐らくいない．かといって知識の内容を事前に知らせてしまうと，知識の価値はなくなり市場での価格はゼロになってしまう．科学技術によって生み出された知識は，自由に無料で利用されることが社会的に望ましいが，自由に無料で利用されるようにな

イノベーションの実現確率は競合企業数に関わりなくほぼ一定との結果になる．

ると知識を生み出す誘因が削がれ，知識の供給が過少（場合によっては供給されないこと）になってしまう．つまり知識の供給においては市場がうまく機能しない（「市場の失敗」が起こる）可能性があるというのである．

ここで知識をイノベーションに置き換えると，いかなることが言えるだろうか．イノベーションは知識と違い，新商品の内容を事前に知ることができる点で，情報の非対称性は若干ながらも緩和されていると思われる[12]．しかし知識の場合と同様に，イノベーションに技術的な波及効果が伴う場合には事情が異なる．イノベーションを生み出した企業が，そのイノベーションが社会にもたらす便益を利潤の形で専有できないという，専有可能性の問題が発生し，イノベーションの創出においても知識の創出と同様に「市場の失敗」が存在する可能性が出てくる．

第 II 部で議論した個別事例では，専有可能性の問題が既に指摘されていた．たとえば第 6 章でのスタチン系製剤における分析では，メバロチンやリポバスといったイノベーションにとってフォローオン・イノベーションが大きく収益を損なう存在である点が明らかになった．本節では，画期性を持つプロダクト・イノベーションに伴う専有可能性の問題を JNIS に基づいてみてみたい．

JNIS では，調査期間である 2006 年から 2008 年までの間において，企業のイノベーション活動を取り巻く環境について専有可能性の観点から以下の 3 つの問いを尋ねている．

1. 商品・技術に関わる情報伝播が早まっているか否か（情報伝播の早期化）
2. 商品のライフサイクルが短縮化しているか否か（ライフサイクルの短縮）
3. 競合他社が当該回答企業と技術的に同等のプロダクト・イノベーションを実現するのにかかると予想される年数（キャッチアップ期間）

上記 3 つのそれぞれの切り口とイノベーションの画期性との関係を示したものが図表 7-5 である．図表の左側は，3 つの観点のうち最初の 2 つの切り口をまとめたものである．画期性の指標として，市場にとって画期性のあるプロダクト・イノベーションを生み出した企業数を分子とし，市場にとって画期性はないがプロダクト・イノベーションを生み出した企業数で除した割合を用いて

---

[12] もちろん経験財 (experience goods) や信頼財 (credential goods) のように，消費してみなければその機能や中身を知ることができない（つまり情報に不完全性が存在する）商品も考えられる．本章では，イノベーションに関して情報の不完全性がないものとして議論するが，もし情報の不完全性があれば，本章の結論であるイノベーションに伴う市場の失敗とそれに伴う問題はさらに深刻なものになる．

いる．情報の伝播が早くなった，あるいは商品のライフサイクルが短くなった，との回答では割合が（僅差ながら）1を切っており，画期性のあるプロダクト・イノベーションを生み出す企業の割合が相対的に低いことが見て取れる．同じ図表の右側は，キャッチアップ期間ごとに画期性のあるプロダクト・イノベーションを生み出した企業の割合(%)を求めたものである．競合他社がキャッチアップする期間が長いと回答企業が予想するほど，画期的なプロダクト・イノベーションを生み出す企業の割合が高まっている．

　商品に関する情報の伝播が早まり，商品のライフサイクルが短くなることは，キャッチアップ期間が短くなることと同様に，プロダクト・イノベーションから得られる専有可能性を低くする．専有可能性の低い事業環境におかれた企業は，市場にとって画期性のあるプロダクト・イノベーションを実現したとしても，そこから十分な利潤を得ることが期待できないことから，そうしたイノベーションを生み出す誘因が低くなる．JNIS に基づく図表 7-5 の結果は，Arrow (1962)が知識の生産について言及した専有可能性の問題が，イノベーションの創出についてもあてはまることを示唆するといえるだろう[13]．

　市場にとって画期性のあるプロダクト・イノベーションに専有可能性の問題があるとは，イノベーションの創出を民間主体にのみ任せていては，イノベーションの供給が社会的にみて最適なレベルよりも過少となることを意味する．つまり市場の失敗が生じているのである．そのため，画期的なイノベーションが社会的に見て最適供給されるためには，専有可能性の分だけ過少となりがち

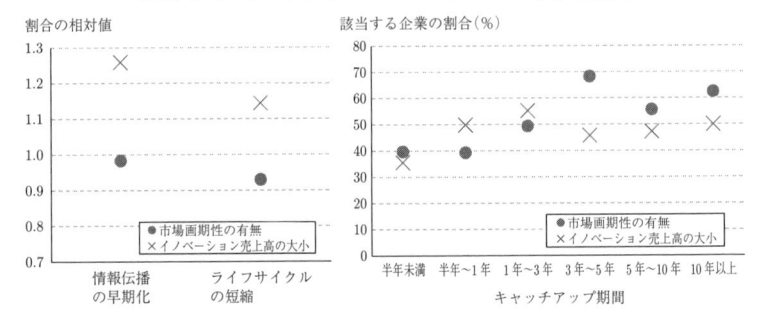

図表 7-5　プロダクト・イノベーションの専有可能性

[13) 次章では専有可能性に対応した政策として，知的財産権による保護を取り上げるが，JNIS によるとこの手段が有効に機能していないという結果が得られている．この点も専有可能性の問題が存在することの追加的なエビデンスとなる．

な民間による供給に対して政策的な後押しが正当化される．次章では，本節で議論した専有可能性を含む市場の失敗の観点から政策的な含意について考察を深めたい．

第8章

イノベーション政策に向けて

　科学技術やイノベーションを推進するうえで，政策に対する期待が近年国内外を問わず高まっている．この背景として，持続可能な経済成長や雇用の拡大を実現するためには科学技術やイノベーションを活性化することが不可欠であり，そのための有効な手立てを政策が与えるべきとの認識があるように思われる．たとえば企業活動基本調査における従業者数と JNIS との結果を個票ベースで突合させると（図表 8-1），プロダクト・イノベーションと雇用との関係には相関関係があることが見て取れる．因果関係の精査は必要だが，雇用拡大を促す政策にイノベーションが何らかの役割を持ちうる可能性が示唆される．

　前章第 5 節で指摘した専有可能性に起因する「市場の失敗」の観点からすれば，市場に任せておくだけでは民間部門におけるイノベーション活動が過少となることから，それを補うための政策的な関与が正当化さ

図表 8-1　雇用とプロダクト・イノベーションの実現

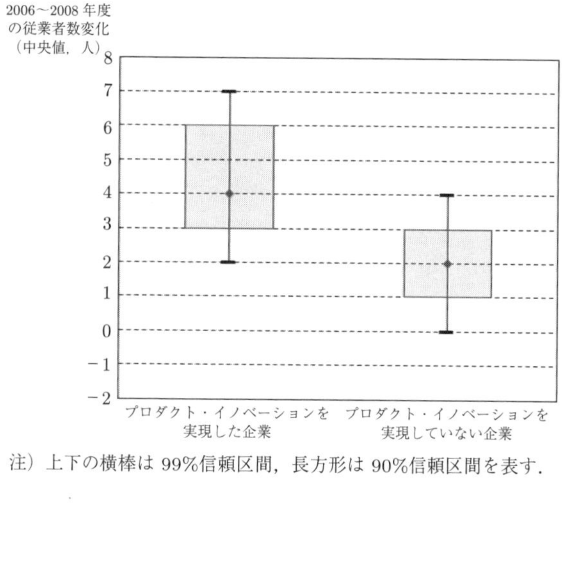

注）上下の横棒は 99% 信頼区間，長方形は 90% 信頼区間を表す．

れる.しかし科学技術やイノベーションを推進するために政策が必要だとしても,どのような政策が効果的かつ効率的なのかについての知見は,経済学の分野においても未だ十分な蓄積がない.

科学技術イノベーション政策の論点は多岐にわたり,その論点を漏れなくカバーすることは,本書の取り扱う射程を遥かに超えてしまう.本章ではイノベーション政策の体系的な俯瞰を試みたうえで,JNIS や本書で紹介した分析を通じて明らかにされた範囲の中で,政策的な視点を紹介することを試みたい[1].

本章は 4 つの節から構成される.第 1 節ではイノベーション政策を経済学的に正当化するための必要条件[2]である市場の失敗について改めて言及したい.第 2 節では,イノベーション政策のアプローチについて 3 つの分類を既存文献に沿って紹介する.第 3 節では,専有可能性に代表される市場の失敗に対処するための政策を紹介するとともに,わが国でのイノベーションの活性化を考えるうえで,重要な鍵を握ると思われる中小企業に焦点を当てた議論を行う.中小企業は,わが国において大きな割合(企業数でみて約 8 割)を占めるだけでなく,中小企業のイノベーションが大企業のそれに比較して著しく低迷しているという現実がある.第 4 節は小括である.本章では,JNIS からの定量分析および推定結果を適宜踏まえた政策の方向性を議論しながら,今後の経済学研究の方向性を示唆するものともなっている.なお本文中で言及する定量分析の詳細は,補論 D にまとめられている.

第 1 節 市場の失敗

イノベーション政策に限らず,政策一般が経済学的に正当化される理由は,政策を行うことが行わない場合と比較して,社会厚生を向上させるからである.そして市場メカニズムに委ねる以上に政策介入が社会厚生を向上させうるための必要条件とは,市場の失敗が生じる場合である.前章第 5 節で明らかになった専有可能性の問題は,市場の失敗を引き起こす原因として伝統的に議論されてきた[3].

---

1) たとえば,イノベーションが雇用に与える影響等は重要な政策課題と考えられるが本章では触れない.この点については,Brynjolfsson and McAfee (2012) が参考になる.
2) 必要条件である理由は,政策が失敗する可能性があるからである.第 4 節にて改めて触れる.
3) 市場の失敗は必ずしも専有可能性の問題だけを意味しない.理論的には,企業間の R&D 競争が社会的に見て過大な投資を生んでしまうという可能性も指摘されている (Jones and Williams,

イノベーションを創出する経済主体が，そこから生み出される社会的な付加価値に対する対価を十分に得ることができないことを専有可能性の問題と呼んだ．この問題は専門的な言い方をすれば，イノベーションの社会的限界純便益が私的限界純便益[4]を上回るために，イノベーションへの投資が社会的に見て過少となるという点を指している．Arrow (1962) や Nelson (1959) 以降の経済学研究の発展によって，こうした専有可能性に代表される市場の失敗が，様々な形で現実の事象となって現れていることが指摘されてきた．特にイノベーション政策との関わりで重要な論点は，「人的資本」と「情報の非対称性」の存在である[5]．

人的資本は，内生的成長理論との関係でも注目された論点だ．人的資本の蓄積を通じた技術進歩によって経済成長が持続的になされうるという内生的成長理論は，1960 年代に Solow を中心とする新古典派的成長理論に基づく外生的な技術進歩の見方を大きく覆すものであった．教育や職業訓練などを通じて蓄積される人的資本は様々な生産活動に汎用的に利用可能であり，企業が自ら人的資本に対する投資を行ったとしても，労働市場を通じた人の移動によって，そうした人的投資のメリットを競合企業が享受できる可能性がある．こうした外部効果の存在は，人材育成を通じたイノベーション投資への私的誘因を低減させる効果を持つ．JNIS によると，回答企業のうち 2 割以上の企業で定年退職となった研究者・技術者を雇用・再雇用する制度を持っており，また同じ割合の企業が研究開発の成果の人事評価への反映や職務発明に対する報奨制度の実施あるいは実施の検討を行っていると答えている．近年ではグローバルな企業間競争の中で，研究者・技術者の引き抜きも産業分野によっては激しくなっており，社内の若手人材の育成もかねて人的資本を社内にとどめる工夫をする企業が増えてきている現状にある．

経済主体の間で保有する情報が偏在するという情報の非対称性も，政策的な対応を必要とする経済学的な要素である．イノベーションの文脈で重要な論点の 1 つとして資金制約がある．企業の持つ技術開発やイノベーションの能力について，その企業は認識しているものの資金の出し手は正確に判断できない場

1998). しかしこれまでの実証分析では，過大な投資を指摘したものは筆者が知る限り皆無に等しい．

4) ここでいう純便益とは，イノベーションを創出する費用を便益から差し引いたものを指す．

5) Steinmueller (2010) は，この他にも集積の経済性，標準化に代表されるネットワーク効果などを挙げている．

第 8 章 イノベーション政策に向けて

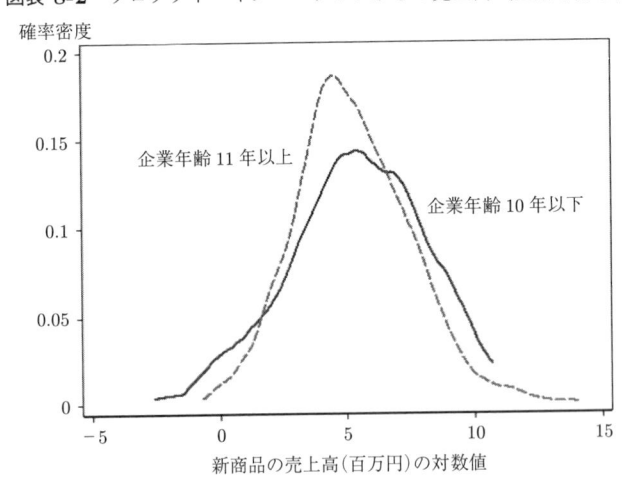

図表 8-2 プロダクト・イノベーションからの売上高（企業年齢別）

[図：確率密度分布のグラフ。縦軸「確率密度」0〜0.2、横軸「新商品の売上高（百万円）の対数値」-5〜15。「企業年齢11年以上」と「企業年齢10年以下」の2本の曲線が描かれている。]

合が往々にしてある．資金は研究開発能力の高い企業に本来供給されるべきところ，企業と資金供給者との間で情報が完全に共有されていない（つまり情報に非対称性がある）場合には，資金供給者は企業の正確な研究開発能力を見極めることができず，本来資金が供給されるべき企業に金融機関等の民間経済主体からの資金が円滑に供給されない可能性がある．

イノベーション活動において情報の非対称性が存在する可能性は，JNIS からも見て取れる．まず第 2 章で見たようにプロダクト・イノベーションからの売上高は大きな分散を持ち，不確実性が極めて高い．図表 2-11 では新商品からの売上高は平均 41 億 5,900 万円に対して標準偏差が 400 億 7,000 万円となっている．この分散は，図表 8-2 にあるように企業年齢が若い企業の方が高い傾向を示しており，情報の非対称性の弊害が自己資金を潤沢に持つ大企業よりも，中小企業や企業年齢の若い企業の場合に深刻に顕れることを示唆している．一般に資金制約に直面する企業は，自らの能力に見合ったイノベーション活動を行うことができず，成長制約に直面してしまうだろう[6]．

人的資本や情報の非対称性の問題は，わが国でもイノベーションを創出する

---

[6] もちろん企業は自らの研究開発の能力を完全に把握しているかと言えば，必ずしもそうとも言えない．JNIS によるとイノベーション活動を実施した企業のうち，中止したものがあると回答した企業の割合は 36.1% にのぼっており，少なくない割合の企業がプロジェクトの中止を経験している．プロジェクトの成否については資金以外にも様々な制約下に企業は置かれていると考えられる．

上での隘路となっている点を第3節にて明らかにする．その前に，次節ではイノベーション政策を構成する政策の体系を，文献に沿って簡単に整理しておきたい．

第2節　イノベーション政策体系

青木 (2011) や Steinmueller (2010) は，科学技術イノベーション政策を (1) 需給政策，(2) 補完財供給，(3) 組織改革という3つのアプローチに分類している．本節ではこれらアプローチを簡単に紹介して，イノベーション政策の枠組みについて概観をしておきたい．

「需給政策」とは，市場の失敗によるイノベーションの過少供給を補正するために，需要・供給を担う両経済主体に対して直接的な介入を行うアプローチである．第4章の太陽光発電の事例のように需要家に対してイノベーションの導入に対する補助を与えることもあれば，イノベーション創出に関する供給者の私的限界純便益を下支えするために減税や補助金などの施策を行うこともあるが，これらの施策が需給政策に相当する．

「補完財供給」とは，イノベーションが活性化されるような土壌（インフラ）を整備するアプローチである．前節で触れた人的資本の高度化を目指すような学校教育・職業訓練の充実や，情報の非対称性を解消するための施策はこの分類に属するだろう．特に後者の情報の非対称性に対しては，個別のケースごとにその施策の内容は大きく異なりうる．たとえば安全・衛生に関しては，認証制度の確立や基準・ガイドラインの策定が考えられるだろうし，前節で取り上げた資金制約に対しては，金融機関の審査能力の充実・向上などの対応が含まれる．

またやや論点が矮小化されるかもしれないが，第5章で取り上げた地上デジタル放送も薄型テレビというイノベーションのみに注目すれば，その普及を促進させるためのインフラとして補完的な役割を果たしているといえる．外部性を持つ補完財の供給を支援することは，そうした供給が費用対効果に見合うものである限り，イノベーションの普及に資するものとして政策的に推し進めることが正当化されうる．

最後の「組織改革」とは，イノベーションを生み出す社会制度システムの補完性を高めるような取り組みを指す．伝統的には，産学連携を深化させることに

よってイノベーションのシーズとニーズとの効率的なマッチングを促し，あるいはアライアンスやコンソーシアムを形成することによって研究開発の効果的な取り組みを行うことが例として挙げられる．また近年見られるオープンソース化への取り組みは，イノベーションを積極的に提供することによって標準化・規格化を図ろうとする新たな企業戦略の試みとして，イノベーションを生み出す企業組織の改革と捉えることができるだろう．次節にてこれらの論点の幾つかを更に議論したい．

　これら3つに分類されたアプローチは互いに関連しあっている．たとえば，専有可能性を高めるための「需給政策」の1つに，企業連携・合併を促すような「組織改革」がふくまれるだろうし，また人的資本の高度化という「補完財供給」は，労働市場の流動化などを含む「組織改革」を伴う必要がある．既存文献にある上記のような政策アプローチに基づく分類は，あくまで便宜的なものであり，実際の政策を考えるときには市場の失敗の発現の仕方に応じて個々別々に最適なアプローチが選択されるべきであろう．上記の枠組みを頭に置きながら以下ではイノベーション政策に関わる論点を提示してみたい．

第3節　JNISから得られる3つの論点

　本節では，市場の失敗に対するイノベーション政策のあり方について，JNISから得られる知見を紹介したい．ここでは大きく3つの論点を取り上げる．最初の2つの論点は，前章にて議論した専有可能性の問題に由来するイノベーションの過少供給を回復するための政策である．この政策にはイノベーションを行う私的誘因を回復するために，誘因の「漏れ」（リーケージともいわれる）を防ぐことと，「漏れ」の分だけ補てんすることとの2つの政策アプローチがある．3つの論点の第1の「漏れ」を防ぐ政策として知的財産権（3.1項）と企業提携・合併（3.2項）を論じ，次に「漏れ」を補てんする政策として公的助成（3.3項）を議論する．

　3番目の論点として，わが国の企業数の約8割を占めながらイノベーションの実現割合が低い中小企業に注目して，その政策的含意についてJNISの定量的な分析を踏まえた議論をしたい（3.4項）．特に中小企業がイノベーションを行う上での隘路（ボトルネック）として，この節にて焦点を当てたいのは人材および資金制約である．

なお前節の政策アプローチに基づく分類に照らすと，3.1項と3.3項は需給政策，3.2項は組織改革に該当する．3.4項の主な対象は，補完財供給および組織改革である．

3.1　知的財産権

イノベーション創出に伴う専有可能性の問題に対する1つの対処方法は，イノベーションの成果を秘匿してブラックボックス化することで，競合企業が模倣できないようにすることである．また特許などの知的財産権を利用することは，技術情報を公開することにはなるが，法定保護期間中は当該技術を独占的に利用する権利を保有・行使できる点で，専有可能性の問題に対する1つの解決方法かもしれない．こうした保護手段が想定通り有効に機能するならば，これらの手段を利用することによってイノベーションがもたらす利潤の専有可能性を高め，イノベーションの過少供給を緩和することが期待できる．

JNISでは，特許や実用新案などの知的財産権による保護，市場への先行投入，製品・製造設計の複雑化，製造技術等の秘匿といった専有可能性に関わる手段に注目し，それぞれの手段をどの程度の企業が利用し，また利用することによって専有可能性が期待通り高められているかを調査している．図表8-3に見られるように，「市場への先行投入」を除くすべての手段を，過半数の企業が利用していると回答しており，保護手段はどれも広範な企業に利用されていることがわかる．

他方で，保護手段の利用がイノベーションからの利潤の専有可能性を有効に高めているのか疑問を投げかける数字も見られる．たとえば51.8%の企業が特許による保護を利用と回答しているものの，保護が有効であると認識する企業はそのうちのわずか13.9%（=7.2/51.8）にとどまる．この傾向は特に製造業に強くみられている．上述のように特許を取得した場合，同時に特許対象技術についての情報を公開することになるが，この公開によって利潤の専有性が妨げられる懸念が産業によってはあるのかもしれない．実際に，前章でも，「公開されている他社の特許情報」を利用した企業は30%近くに上り，そうした企業から画期性のあるイノベーションが生まれていることが示唆された（図表7-3を参照）．この点は，他社が実現したイノベーションが，新たなイノベーションを生み出す際に重要な情報源の1つになっていることと整合的な結果である．

イノベーションの創出に波及効果がもたらすトレードオフは，第6章のスタチン系製剤の事例にも明確に表れていた．画期性のあるイノベーションによっ

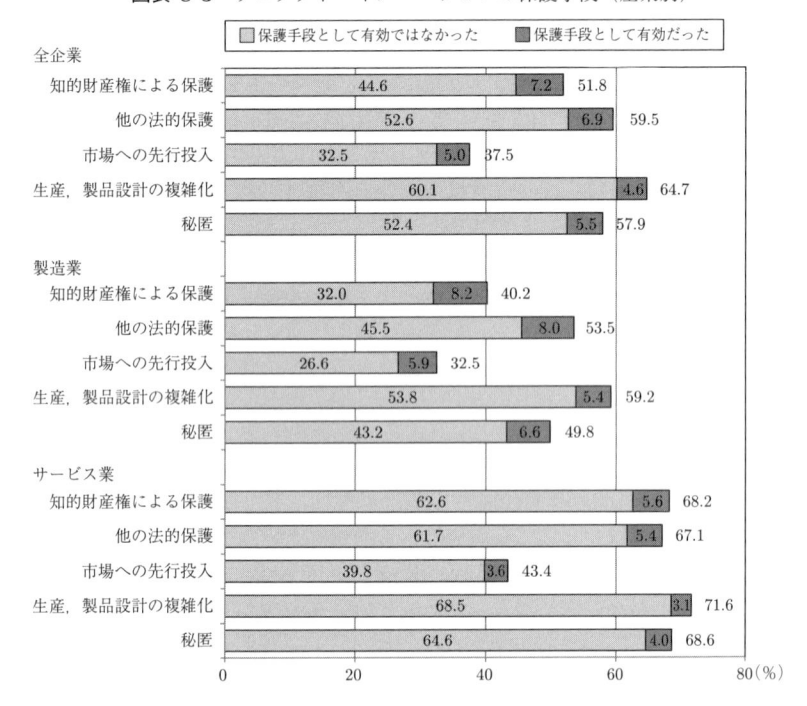

図表 8-3 プロダクト・イノベーションの保護手段（産業別）

凡例：□ 保護手段として有効ではなかった　■ 保護手段として有効だった

全企業
- 知的財産権による保護：44.6 / 7.2 / 51.8
- 他の法的保護：52.6 / 6.9 / 59.5
- 市場への先行投入：32.5 / 5.0 / 37.5
- 生産，製品設計の複雑化：60.1 / 4.6 / 64.7
- 秘匿：52.4 / 5.5 / 57.9

製造業
- 知的財産権による保護：32.0 / 8.2 / 40.2
- 他の法的保護：45.5 / 8.0 / 53.5
- 市場への先行投入：26.6 / 5.9 / 32.5
- 生産，製品設計の複雑化：53.8 / 5.4 / 59.2
- 秘匿：43.2 / 6.6 / 49.8

サービス業
- 知的財産権による保護：62.6 / 5.6 / 68.2
- 他の法的保護：61.7 / 5.4 / 67.1
- 市場への先行投入：39.8 / 3.6 / 43.4
- 生産，製品設計の複雑化：68.5 / 3.1 / 71.6
- 秘匿：64.6 / 4.0 / 68.6

てもたらされる新しい知見は，後続の改良された新商品を生み出し，こうした積み重ねを通じてイノベーションの経済的・社会的価値も高まっていくことにもなる．特許を含む知的財産権の強化は，こうした後続の改良を権利の侵害と見なし，むしろスムーズなイノベーションの進展を阻害することにもなりかねない[7]．他方で，知的財産権等による保護がなければそもそもの「オリジナル」なイノベーションを生み出す誘因が減殺される可能性がある．イノベーションの累積的な性質に鑑みれば，「オリジナル」のイノベーションを生み出す開発者だけでなく，後続の改良者に対しても研究開発の誘因を適切に与えるべきだが，

---

[7] 先行するイノベーションに与えられた特許が，後続の改良を妨げた古典的事例として，しばしば取り上げられるのはワットの蒸気機関である．ワットが開発した技術よりも優れ，のちに広く普及したホーンブロワーの蒸気機関も，そのアイデアの一部がワットの蒸気機関に由来することからワットの特許（1769 年取得）に抵触するとされ，その開発・発展がワットの特許期間の満了（1800 年）まで遅れることになったとの指摘がある（Boldrin and Levine (2008)）．ただしこの事例については，特許権の問題というよりも，技術的な不確実性が発展を遅らせた主因であったという見方も近年提示されている (Selgin and Turner (2011))．

両者に付与する誘因をどう割り当てるかは自明ではない.
　Scotchmer (2004) は，後続する改良は先行するイノベーションに対する特許に抵触するとみなし，先行するイノベーションの開発者から後続の改良者に排他的な技術供与をすることで，両者のインセンティブを確保できると述べる．しかし改良が実現するまでに長期間を要する場合や，改良者の開発費用がサンクされ回収不能となる前に技術供与契約を結べない場合などには，こうしたやり方が本当に有効か疑問が残るところだ．最近では，Acemoglu and Akcigit (2012) がスタチン系製剤の事例のような累積的なイノベーションにおいて，先発者と後発者との技術的な格差に応じて知的財産権の保護の強度を調整すべきとの提言をモデル分析にて行っている．彼らの動学的なモデルでは，先発者と後発者との間の技術格差が大きいときには，先発者に対してより強い知的財産権保護を付与することによって，後発者を含む産業全体のイノベーションの誘因が高まることが結論として得られている.
　イノベーション創出に必要な技術の取得や提供を，どのような要因で回答企業が行ったかを JNIS を用いて回帰分析したところ[8]，特許契約に基づく技術供与をうまく行うためには，図表 8-3 で示したような保護手段が有効に機能することが前提であることがわかる．また特許契約は大企業同士でなされていて，中小企業では余り用いられていないことも統計分析から明らかにされた．技術を取得する側である後発者は往々にして中小企業である可能性を考えれば，Scotchmer (2004) や Acemoglu and Akcigit (2012) のモデルの含意を現実のものとするためには，中小企業をいかにイノベーションの創出活動に関わらせるかが鍵となるように思われる．この点については，さらに 3.4 項にて議論したい.

3.2　企業提携・合併

　互いに関連の深い技術知識を持つ企業同士が事業連携を通じてイノベーションに取り組み，知識の波及効果を内部化することは有用である．たとえば Branstetter and Sakakibara (1998) は，日本の鉱工業技術研究組合（コンソーシアムの一種．共同研究組合ともいう）に着目し，組合内での知識の波及効果によって，組合への参加企業がより生産的に研究開発活動を行っていたという結果を得ている．共同研究組合に参加する前後における企業，および同時期に組合に参加した企業と参加していない企業について特許件数を比較することで

---

[8] 分析手法と結果については補論 D を参照のこと.

得られた上記の結果は，組合の形成を外生と考える限り，波及効果の内部化が専有可能性の問題に対する有効な解決策であることを示唆する[9]．

企業提携を通じた技術情報の授受がいかなる経済的要因と関係しているかを，JNIS を用いて回帰分析したところ（結果は補論 D を参照のこと），イノベーションの成果を市場に投入するために費用を要するほど，企業提携を通じた技術供与が行われやすく，また法的な保護手段が有効に機能する環境が企業提携を通じた技術情報の授受を促すうえで有効であることがわかる．なお企業規模を示すダミー変数の推定値を見ると，企業提携による技術の供与は大規模企業同士で行われる傾向が強く表れている．技術力を持つ中小企業の蓄積に厚みがあるといわれるわが国において，イノベーションのポテンシャルを最大限生かすためには，中小企業が持つ技術情報を生かすような提携をいかに進めていくかも重要な課題であろう．

もちろん共同研究組合については否定的な意見も多く存在する．たとえば多くの共同研究組合において，組合で得られた研究成果が組合参加企業に等しく利用可能であることから，企業は共同研究組合に対して真剣な投資を行わない（たとえば優秀な人材を組合に派遣しない）というものがある．これはまさに経済学でいうところの「フリーライダー問題」である．こうしたフリーライダー問題に伴って共同研究組合に内在するインセンティブの欠如を回避する方法の1つが，共同研究組合を経営統合にまで押し進めた企業合併であろう．

企業合併は，経済学的に2つの相反する効果を社会厚生にもたらすことが知られている (Williamson, 1968)．まず1つの側面として，合併は企業の生産・経営の効率性を向上させる効果を持つ．この「効率性向上効果」は，規模の拡大や部門間の相乗効果を通じた生産・販売・流通部門の生産性向上を通じて，より高い品質を持つ製品をより安価に需要者に提供できる可能性を高める点で社会厚生上好ましい効果であるといえる．

他方で合併を通じて企業数が減少することから企業間の競争が緩和される懸念がある．この「競争制限効果」には大まかに，企業単独で行われる形態 (unilateral effect) と企業間での協調・共謀を促すことによる形態 (coordinated effect) との2つがあると考えられる．いずれの形態も市場が不完全競争の場合でのみ見ら

---

[9] 仮に知識の高い波及効果が見込まれる企業同士が組合を形成する傾向が強いとすれば，Branstetter and Sakakibara (1998) の研究でみられる波及効果は過大に推定される恐れがある．この内生性が共同研究組合の生産性の推定結果にどの程度の影響を与えているかについては更なる研究の余地がある．

れる現象であり，市場競争が緩和されることによって需要家は高い価格や低い品質を甘受せざるをえないことが見込まれる点で，社会厚生を悪化させる効果を持つ．

競争法をもつ180を超える国々では，ある一定規模以上の企業同士が合併するときに事前審査を設けている．その理由は概して言うと，企業合併における「効率性向上効果」の便益よりも「競争制限効果」の弊害を競争法が問題視しているからに他ならない．これは伝統的に競争法が大企業による市場支配力を問題視してきた歴史的な背景に由来するものと思われるが，他方で「効率性向上効果」が「競争制限効果」と比較してどの程度の大きさなのか，定量的な学術研究は未だに乏しい．明示的にイノベーションの観点を判断要素の1つとして企業合併審査を行った事例が米国では見られ始めているものの[10]，わが国を含め多くの国では企業合併におけるイノベーションに対する考え方が定まっていない．過去の企業合併事案にイノベーションを活性化させる効果があったのか，あったとすればその効果はどれだけの大きさでどのような経済的なメカニズムを通じて見られたのかを事後的に評価することは，企業合併審査の判断要素にイノベーションの観点を考慮する上で重要な知見となる．今後の定量的なケーススタディの蓄積が待たれるところである[11]．

3.3 公的助成

プロダクト・イノベーションの創出に伴う専有可能性の問題を企業連携や合併によってある程度内部化できても，なおイノベーションの私的誘因が過少である場合には，イノベーションの私的供給に対する公的助成が正当化されうる．JNISでは公的助成を「地方あるいは地域の公共事業機関[12]」または「中央政府[13]」によって実施される税控除，補助金，借入保証と定義し，企業に対して公的助成の受入有無を尋ねている．そのデータをもとにプロダクト・イノベーションを実現した企業に対して，公的助成の受入有無別に画期性のあるプロダクト・イノベーションの実現割合を見たものが図表8-4である．

---

10) 海外の事例については，Shapiro (2012) を参照のこと．
11) わが国におけるケーススタディとして，たとえば大橋・中村・明城 (2010)，大橋・遠山 (2012) がある．
12) 都道府県や市町村ならびにこれらの地方公共団体に代わって業務を行っている機関を指す．
13) 各府省庁のほか，中央政府に代わって業務を行っている科学技術振興機構 (JST)，新エネルギー・産業技術総合開発機構 (NEDO)，中小企業基盤整備機構などの独立行政法人，特殊法人または認可法人を指す．

図表 8-4 公的助成と画期性のあるプロダクト・イノベーション

画期性のあるプロダクト・
イノベーションを実現した
企業の割合(％)

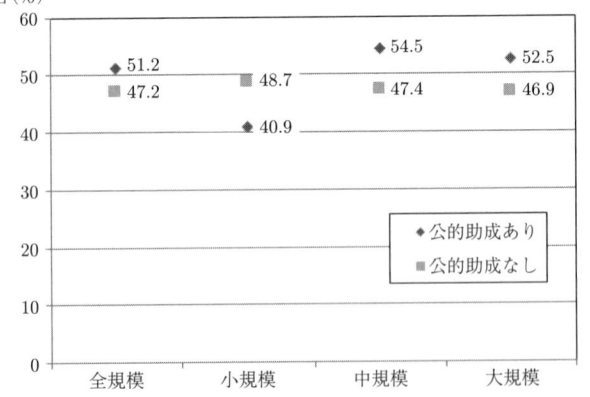

企業規模	公的助成あり	公的助成なし
全規模	51.2	47.2
小規模	40.9	48.7
中規模	54.5	47.4
大規模	52.5	46.9

なおこの図表では企業規模[14])別にも割合をプロットすることによって企業の異質性による違いを一定程度捉えようとしている．全企業平均では，公的助成によって画期的なイノベーションが実現する割合は4％上昇しており，公的助成が画期性を有するプロダクト・イノベーションの供給を押し上げ，イノベーションの過少供給を多少なりとも解消していることと整合的な結果となっている．特に中規模以上の企業では公的助成を受けた方が画期的なプロダクト・イノベーションを実現する割合が高く，他方で小規模の企業ではプロダクト・イノベーションを生み出すことにつながっていない．

図表 8-4 における公的助成の有無と画期的なイノベーションとの間の統計的な相関関係を踏まえて，五十川・大橋(2012)ではイノベーションが創出される動学的なプロセスを構造形推定モデルにて記述し，公的助成によってどれだけ民間企業のイノベーションが活性化して企業価値の向上につながるか，JNISを用いて分析している．

五十川・大橋(2012)は，最初のステップとしてイノベーション活動における企業の意思決定を内生化したモデルを構築し，その構造モデルのパラメータを推定している．これによってプロダクト・イノベーションの波及効果を定量化することが可能となる．次のステップでは，シミュレーション分析を行うことによって，波及効果と企業間の相互依存関係を考慮しつつ，わが国における公

---
14) 企業規模の定義は，第 2 章第 2 節を参照のこと．

的助成の効果を評価している．

　彼らの分析を通じて次の2点が明らかになった．第1に，民間企業のプロダクト・イノベーションには波及効果が存在し，その影響は競争激化による負の効果を上回っている点である．プロダクト・イノベーションが活性化されると，その商品市場に企業が参入する結果として市場競争が活発になり，イノベーションが持つ正の波及効果を減殺する可能性がある．企業の参入プロセスを明示的に推定することにより，イノベーション創出に伴う競合企業への波及効果が有意に存在することが構造形推定に基づいて明らかになった．この点は前章第5節で得られた専有可能性の問題を別の実証的な手法にて裏付ける結果となっている．

　第2に，イノベーション活動への公的助成はプロダクト・イノベーションを活発化することを通じて社会厚生を増大させうる点が示された．補助金による便益の上昇幅は配分された補助金の1.4倍程度となり，イノベーションへの公的助成に経済的に無視しえない経済効果をもたらすことがわかった．第3に，現状の補助金配分は必ずしも効率的に行われていない可能性が示唆された．補助金を受けた企業のうち4割程度は，仮に補助金を受給しなくともイノベーション活動を同じ程度に実施したであろうことが定量分析の結果から推測される．

　つまりわが国における現状の公的助成は必ずしも効率的に付与されておらず，効率的に付与されれば公的助成が民間のイノベーション投資を完全にはクラウド・アウト（代替）しないことが示唆されている．公的助成を行うことの是非ではなく，公的助成のやり方が重要である点は，今後の実証分析の方向を考えるうえで1つの重要な指摘になりうるだろう．

　国内外の研究においても，最適な公的助成の付与方法にまで踏み込んだ実証研究は今のところまだなされていないように思われる．イノベーションの成果を完全に専有できなければ政策の関与する余地があるとはいえ，その政策の関与が度を過ぎればイノベーションの「過大な」供給に繋がることになる．たとえば次々と新商品が生み出されるような社会においては，消費者は新商品の購入を控える傾向が強くなり，イノベーションの普及が阻害されるかもしれない[15]．消費者は少し待てばすぐに新しい商品が出ることを見越して，買い控えをしてしまうからである．国内外の政策パッケージに「イノベーション」という用語を目にしないことがない「イノベーション崇拝」(innovation fetish) (David, 2012)

---

[15] 理論的には「コースの推論」といわれる現象である．

が蔓延する昨今において，イノベーションの普及も含めた社会厚生の観点から最適といえるように，イノベーション活性化に向けた公的助成のあり方を考えることは，効果的・効率的な科学技術イノベーション政策の制度設計において欠かすことのできない視点のはずである．

併せて公的助成における政策効果の観点で考えると，企業の海外展開が進む中で政策効果が国内にとどまらず海外に漏れ出してしまう問題がある[16]．日本で行われる研究開発の成果が，外国企業に波及（スピルオーバー）することを経て海外の市場により大きな利益をもたらすことになった場合に，研究開発に対する公的助成を政府はどの程度行うべきなのだろうか．もちろん日本企業が海外企業からスピルオーバーを享受して国内経済に利潤をもたらすこともありうるという点で，グローバル化に伴うスピルオーバーは日本経済にとって必ずしも損失とは言えない側面がある．国境を越えた知識のスピルオーバーが，国内におけるスピルオーバーに比べてその程度が弱いという研究[17]や，頭脳流出が必ずしも流出元の国において損失にはならず，中長期的に国際間のネットワークを通じて流出元にメリットをもたらす[18]など，実証研究が幾つか存在するが，政策的な含意は未だ確たるものが得られていない．今後の研究が待たれるもう1つの分野である．

3.4 中小企業政策

前節では，専有可能性に代表される市場の失敗に注目して，その政策的な視点を JNIS の分析を踏まえて論じた．この節では，わが国の過半を占める中小企業に焦点を当てて議論したい．第2章にて紹介したように企業規模別にイノベーションの実現状況を見ると（図表2-4），その実現割合は大規模（従業者数250人以上）58.2%に比較して，中小規模はそれぞれ中規模（従業者数50人以上249人以下）44.0%，小規模企業（従業者数10人以上49人以下）33.1%とかなり見劣りする状況にある．わが国におけるイノベーションを活性化させるうえでは，中小企業のイノベーション活動をいかに刺激するかが1つの鍵になるかもしれない．本節ではまず JNIS から観察される中小企業におけるイノベーションの特徴を整理するとともに，その政策的な課題について考えてみたい．

---

16) Havranek and Irsova (2011) では，直接投資によって海外に進出した企業から進出先の現地企業へ経済的波及効果が見られることがサーベイされている．
17) Branstetter (2001) や Jaffe and Trajtenberg (2002) を参照のこと．
18) たとえば Docquier and Rapoport (2012) を参照のこと．

(a) 中小企業におけるイノベーションの特徴

　中小企業の特徴を考えるに当たり，まず企業設立後の経過年数（以下「企業年齢」という）に着目し，企業の規模別におけるプロダクト・イノベーションの特徴をみていきたい．企業年齢とプロダクト・イノベーションの実現確率との関係を企業の規模別に見たものが図表 8-5 である．なおここでは企業規模は従業者数で大小の2つに分けて比較を行う．

　図表によると，両規模ともに企業年齢でみて 18 年目に大きな変曲点が見られ，大規模では U 字型，小規模では逆 U 字型になっている．規模が同じであれば企業間に差異がないとの仮定で議論を行えば，大規模企業では企業設立後 18 年までプロダクト・イノベーションを生み出す確率が 40% から低下を続けるが，18 年を過ぎるとその確率は上昇し続ける[19]．小規模企業については，プロダクト・イノベーションの実現確率はどの企業年齢の断面で見ても 2 割を超えることがなく，大規模企業における実現確率の半分程度にとどまっている．

　プロダクト・イノベーションを起こした企業のうち，画期性のあるイノベーションを実現した企業の割合と企業年齢の関係についても分析を試みた．創出されたプロダクト・イノベーションのうち画期性のあるものの割合は，大規模企業においては企業年齢を問わず 5 割程度でほぼ一定であるのに対して，小規模企業については一貫して右上がりとなる（図表 8-6）．とりわけ小規模企業では，企業年齢 18 年で画期性のあるイノベーションの割合が約 5 割となると，その後 20 年間は画期性が創出される確率は微増のまま推移し，企業年齢が 40 年に近づくと改めて画期性のあるイノベーションの実現する確率が 100%（つまり小規模企業において創出された全てのプロダクト・イノベーションが画期性をもつ状況）に向かって上昇していく．

　以上の分析結果から経済学的な含意を引き出すに当たっては，更なる詳細な分析が必要とされるであろう．図表 8-5 および図表 8-6 の問題点を 1 つ挙げるとすれば，これらは個々の企業の履歴を追跡したものではなく，JNIS の調査時点における企業の年齢とイノベーションの成果指標とをプロットしたものに過ぎないために，企業間の異質性を調整できていない点だ．本格的には JNIS で得られている横断面のデータを時系列的に拡張したデータ（いわゆるパネルデー

---

19) なお企業年齢の若い大企業の場合，合併などを経て誕生したために形式的に設立年が新しいものの，実質的には長い歴史を持つ企業が含まれていると考えられる．そこで以下では U 字型のうち右下がりの部分については特段の焦点を当てず，大規模企業は年齢と共にイノベーション確率が高まる点に注目する．

第 8 章 イノベーション政策に向けて

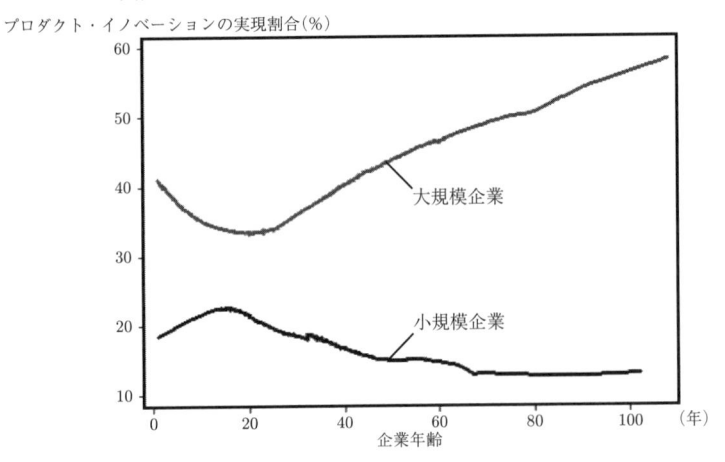

図表 8-5 企業年齢とプロダクト・イノベーションの実現割合

図表 8-6 企業年齢と画期的なプロダクト・イノベーションの実現割合

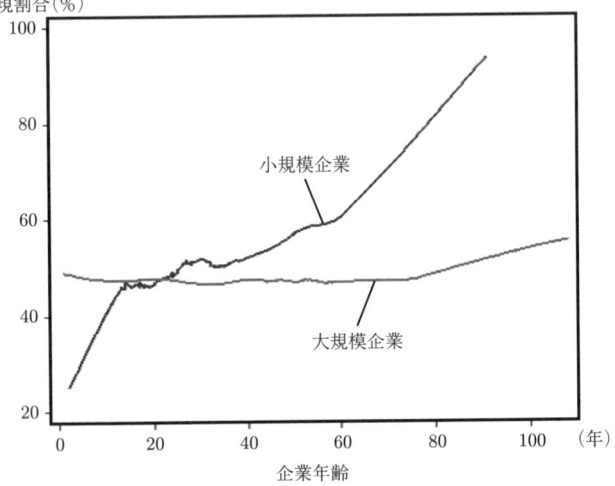

タ）を構築したうえでの分析が必要である．

　横断面のデータを用いているという制約に留意したうえで，図表から得られる観察事実は次の2つの点と整合的である．第1に，わが国においてプロダクト・イノベーションは大企業に担われており，小規模企業によるベンチャー企業は平均的に見ると大企業と比べてイノベーティブとは言えないということである．図表8-5でも触れたように，企業規模が大きいほどプロダクト・イノベーションの実現確率も高まることが示されているが，どの企業年齢の断面をとっても，小規模企業のプロダクト・イノベーションを生み出す割合は大企業の半分にも満たない．工業統計表から企業規模別に生産性を計測した深尾 (2012) でも，大企業の生産性の向上と対照的に中小企業の生産性が減退している結果が得られており，定性的に同様の結論となっている．

　第2に，企業年齢を重ねるにつれ，小規模企業は画期性のあるイノベーションを生み出す企業しか生き残れないが，大規模企業については画期性がなくともイノベーションさえ生み出していれば市場にとどまることができるという点である．大規模企業はイノベーションを高い確率で実現し，その確率は企業年齢とともに高まっているものの，画期性のあるイノベーションを生み出している確率はあまり変わっていないという点はいくつかの解釈が可能である．たとえば，企業規模と企業年齢との間に正の相関があれば，大規模企業は規模が大きいほど多額の研究開発投資を行い，プロダクト・イノベーションをより高い確率で生み出しているものの，そのうち市場画期性を持つイノベーションが誕生する確率は低くなる傾向にあるとの解釈が可能だ．あるいは，小規模企業のうちプロダクト・イノベーションを生み出すような企業は大規模企業へと移行しているものの，大規模になると画期性のあるイノベーションを生み出すことができなくなる，という解釈もできるかもしれない．いずれにしても市場画期性のあるイノベーションを生み出せない限り，小規模企業が経営し続けることが難しいという解釈が正しいのであれば，小規模企業の方が大規模企業よりも厳しい事業環境に直面していると理解できるだろう．

　画期性を生み出す小規模企業は，設立後間もないベンチャー企業だけではなく，往々にして長い間創業をしている老舗小企業であるのはどうしてか，大企業のイノベーション活動は市場画期性の観点からどのように考えられるのか，上記の問いに答えるためには，更なるデータセットの構築を通じた研究を進める必要がある．

　次の (b) では，中小企業が大企業と比較してイノベーション活動が低位にある

188　第8章　イノベーション政策に向けて

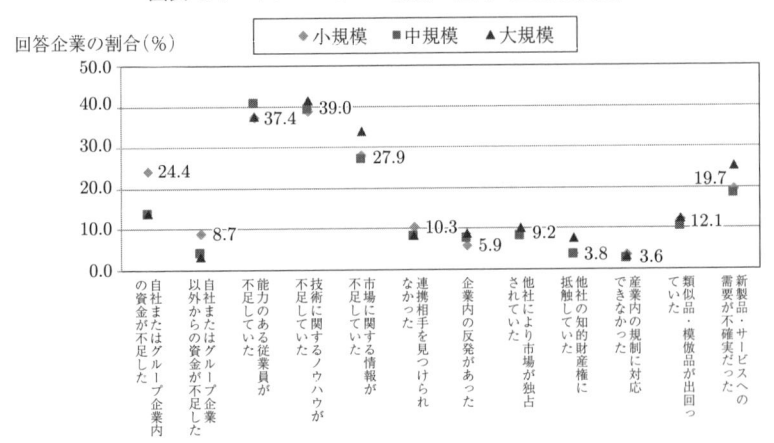

図表 8-7　イノベーション活動の隘路（企業規模別）

回答企業の割合（%）
◆ 小規模　■ 中規模　▲ 大規模

項目	小規模
自社またはグループ企業内の資金が不足した	24.4
自社またはグループ企業以外からの資金が不足した	8.7
能力のある従業員が不足していた	37.4
技術に関するノウハウが不足していた	39.0
市場に関する情報が不足していた	27.9
連携相手を見つけられなかった	10.3
企業内の反発があった	5.9
他社により市場が独占されていた	9.2
他社の知的財産権に抵触していた	3.8
産業内の規制に対応できなかった	3.6
類似品・模倣品が出回っていた	19.7 / 12.1
新製品・サービスへの需要が不確実だった	—

注）図表内の数字は小規模の割合を示す．

理由はどこにあるかを，イノベーション活動に関わる人材や資金などインプットの観点から深めていきたい．

(b)　インプットからの考察

　JNIS では，2006年から2008年までの期間で実施したイノベーション活動にて企業が直面したボトルネック（隘路）について調査をしている．その結果をまとめたものが図表8-7である．この図表から2つの特徴が浮き彫りにされている．第1に，企業規模を問わず，有能な人材や技術に関するノウハウ，市場に関する情報の不足が隘路になりやすい点である．第2は特に小規模企業において資金的な制約がイノベーションの隘路となりやすいと考えられる点である．

情報源の隘路と人材

　イノベーションを生み出す際の情報源の観点から企業規模における特徴を探ったものが図表8-8である．ここでは小規模と大規模に分けて各情報源を利用した割合を求め，その比を相対値としてプロットしている．図表によると，小規模企業ではすべての情報源において相対値が1を切っており，特に大学または他の高等教育機関や特許情報について，中小企業のアクセスが低調な状況にあることがわかる．第7章において，画期性のあるイノベーションを実現した企業には，大学・高等教育機関や特許情報を情報源としている傾向にあることが

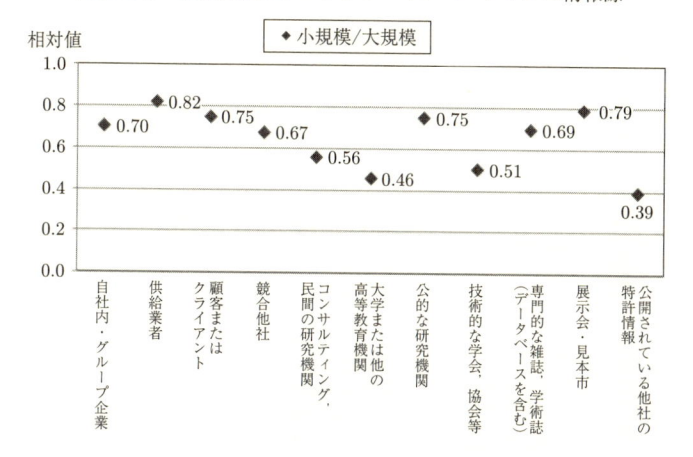

第3節 JNISから得られる3つの論点　189

図表 8-8 企業規模とプロダクト・イノベーションの情報源

相対値（小規模/大規模）：
- 自社内・グループ企業: 0.70
- 供給業者: 0.82
- 顧客またはクライアント: 0.75
- 競合他社: 0.67
- コンサルティング, 民間の研究機関: 0.56
- 大学または他の高等教育機関: 0.46
- 公的な研究機関: 0.75
- 技術的な学会, 協会等: 0.51
- 専門的な雑誌・学術誌（データベースを含む）: 0.69
- 展示会・見本市: 0.79
- 公開されている他社の特許情報: 0.39

　明らかにされていることと考えあわせると，図表8-8に表れている情報の隘路が，特許契約や企業提携を通じた技術情報の提供・取得を中小企業がうまく行えていない一因であるとの推測ができる．市場を創出するような画期性のあるプロダクト・イノベーションを中小企業が生み出すためには，企業と大学などの高等教育機関の間を取りもてる人材を育成・確保することが重要な政策課題の1つであろう．

　なお興味深い点は，JNISを用いてオープンソースにおける技術情報の授受を統計的に分析してみると，補論Dの推定結果から明らかなように，大規模だけでなく小規模企業も積極的にオープンソースを活用している傾向が見て取れるところだ．推定結果によると，オープンソースは保護手段の有効性と関係なく利用されており，直観に沿う推定結果になっている．こうしたオープンソース化の取り組みが具体的にどのような形で事業として実を結んでいるのか，オープンソース化における政策的な課題が存在しうるのか．こうした点はJNISから明らかすることはできないものの，情報源における隘路を乗り越えようとする中小企業の対応として興味深い推定結果と言える．オープンソースに関する研究は未だ端緒についたばかりであり，わが国の中小企業に対するイノベーション政策を考えるうえでも，今後の研究の進捗が求められる分野だろう．

資金制約

　図表8-7から見て取れる2番目の特徴は，小規模企業において資金的な制約

図表 8-9 プロダクト・イノベーションの実現割合と研究開発支出額

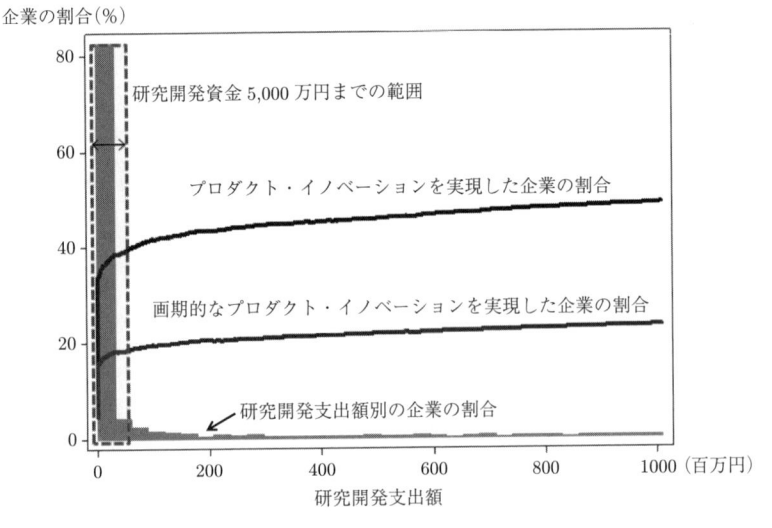

企業の割合(%)

研究開発資金 5,000 万円までの範囲

プロダクト・イノベーションを実現した企業の割合

画期的なプロダクト・イノベーションを実現した企業の割合

研究開発支出額別の企業の割合

研究開発支出額 (百万円)

が隘路となりやすいという点である．中・大規模企業で資金的な要因が隘路となるのは 15%程度であるにもかかわらず，小規模企業では 30%近くに達している．図表 8-9 は研究開発費とプロダクト・イノベーションの実現確率をプロットしたものだ．この図表によると，研究開発支出を増やすと，画期性の有無を問わずプロダクト・イノベーションの実現確率が高まる．とりわけ企業のほぼ 8 割を占める研究開発支出 5,000 万円までの範囲においては，飛躍的にイノベーションの起こる確率が高まるものの，それを超えると頭打ちになる様相が見て取れる．3.3 項で紹介した五十川・大橋 (2012) では企業規模別における公的助成の効果について十分に分析ができておらず今後の研究が待たれるが，公的助成の制度設計を考えるうえで中小企業に対して手厚い支援を行うことが費用対効果の観点から適当である可能性が図表 8-9 から示唆される．

公的助成を行わずとも，資金制約におけるイノベーションの隘路を解決する方法は，技術力のある中小企業が資金力のある大企業と事業提携することである．3.2 項で議論したように，この方法は専有可能性の問題を緩和するばかりでなく，大企業と中小企業がそれぞれ持つ得意・不得意を相補いあうことで，相乗効果を生み出す可能性がある．こうした関係は海外におけるメガファーマとバイオベンチャーとの関係にも見られており，他にもこうした手法がなじむ分野があるか検討する余地はあるだろう．

雇用吸収力や経済成長の原動力として起業・ベンチャーの重要性が常に指摘され，また海外の実証研究においても確立した知見として存在する．わが国では起業や新産業の育成についての取り組みがさまざまなされてきたが，この分野での成果が上がっていない．起業・ベンチャーは独り立ちするまで長い年月を要し，息の長い取り組みが必要とされている (Lerner, 2009)．2008 年のリーマンショック以降，民間のベンチャーキャピタル (VC) の活動は世界的に減退し，VC が長期的な資金提供者としてその役割を果たせるかに大きな疑問が呈されることとなった．国際的にも精彩を欠く日本の起業状況を改善するためにも，国が補完的な取り組みを行うことが不可欠である．政策的に主導すべき 3 つの点として，起業家や新産業を育成するための環境作り，VC の需要創出，そして VC の供給拡大があるだろう．ともすれば，政治的にはどれだけお金をつけるかという 3 番目の点に関心がいきがちであるが，起業や新産業の創出にもっとも重要な点は，起業しやすい環境づくりをいかに整備するかだといわれている．マッチングファンド[20]の利用や海外人材の活用など，成功事例からさまざまな指摘がなされているが，今後の体系的な研究が待たれるところである．

第 4 節　小括

本章では，わが国のプロダクト・イノベーションの現状について JNIS の調査結果を踏まえて定量的に議論を行った．危機的な財政状態における未曾有の高齢化と人口減少の時代に突入したわが国経済が，東日本大震災の甚大な被害を乗り越えていくためには，新たな需要を創出するプロダクト・イノベーションの活性化は喫緊の課題である．とりわけ売上高の観点からは画期性のあるイノベーションの創出をさらに強化していくことが望まれる．画期性のあるイノベーションは，波及効果（技術的なスピルオーバー）が存在することから，過少供給になる傾向がある点を指摘した．

社会的に望ましいイノベーションの供給がなされるために本章では 3 つの論点を提示した．イノベーションを行う私的誘因のリーケージを防ぐための知的財産権や企業提携・合併，私的誘因を下支えするための公的助成の役割，そして中小企業に焦点を当てた施策の重要性である．もちろん市場の失敗が存在す

[20) 企業・大学・行政等が資源を持ち合い，それらを基盤としてより規模の大きい事業を実現させる連携手法のこと．

ることだけで政府の介入が常に正当化されるわけではない．政策介入はしばしば，政治的な介入や政策担当部署からのレント獲得への誘因（たとえば天下り先の確保など）を生み出し，市場の失敗を放置しておく以上の社会的な弊害を生み出す可能性もある．政策を論じる際には，市場の失敗と政府の失敗とのバランスを取った議論が必要である．専有可能性の問題に対応するうえで，政策介入が代替的な方法と比較して果たして本当に望ましいのかを，費用対効果の観点から検証する試みは常に必要な視点であると思われる．

併せて本章では，イノベーション政策を考えるうえでの研究の方向性についてもいくつか言及を試みた．とりわけ企業合併における効率性向上効果の検証，効率的な公的助成の制度設計，中小企業に対する政策を考えるうえでのオープンソースの役割については定量的な観点からの知見が乏しく，イノベーション政策の観点からの研究のニーズは今後もますます高まっていくことだろう．

補論 A　構造形推定

　本補論は第 3 章および第 II 部にて用いた構造形推定の手法の技術的な側面を説明することを目的とする．ここでは離散選択モデルを用いて差別化された商品に対する需要関数の推定手法を計量経済学的な観点から説明する．また第 3 章では完全競争市場を仮定することによって生産者厚生を捨象して（つまり企業の利潤は 0 として）議論を進めたが，たとえば第 5 章のハイビジョンテレビの事例で扱ったように，完全競争市場の仮定を外しても構造形推定を行うことが可能である．この点を踏まえて本補論では寡占市場における企業の価格付けを考慮した供給側のモデルを紹介し，その推定手法についても議論する．

　第 II 部にて紹介した 3 つのイノベーション事例では，いずれも市場レベルでの「集計データ」を用いた分析であった．つまり販売量や価格，その他の特性を地理的な市場のレベルで，商品ごとにある規則的な周期（本書では年や四半期）で観測されるデータを利用した．ここでは第 II 部での事例に合わせて，市場レベルでの集計データを用いた推定手法に特化して説明を行う．具体的には Berry, Levinsohn and Pakes (1995)（「BLP」）によって提案された分析手法を紹介する[1]．

　ここでは，個々の消費者の選択行動を離散選択としてモデル化するものの，モデルから導出される消費者の選択確率を観測データから直接推定するのではなく，消費者が属する母集団で購入確率を積分することで得られる市場シェア[2]を，価格を含めた製品特性を表す変数に回帰することで需要関数を推定する．したがって，個々の消費者の選択行動が観測できなくとも，集計データのみを使っ

---

[1] なお市場レベルのデータに加えて，個票データを利用することで需要関数のパラメータの推定精度を高める手法が近年開発されている．これらについては Berry, Levinsohn and Pakes (2004) および Petrin (2002) を参照のこと．
[2] ここでいう市場シェアは通常の意味とは異なり，アウトサイド・グッズも市場規模に入れたうえで定義されるものである．以下にて具体的に詳述する．

て商品市場の需要分析が可能となる.

第 1 節　離散選択モデルによる需要関数

需要関数の推定における離散選択モデルでは，消費者は直面する商品の集合の中から自らの効用を最大とする商品を 1 単位購入するかどうかを決定する．つまり消費者の効用は商品が持つ特性と消費者個人が持つ嗜好を含む関数で表され，個々の消費者はこの効用関数を最大化するように行動する．特に効用関数を確率的に扱うモデルを確率効用 (random utility) モデルと呼び，研究者が観測できない消費者の嗜好を確率変数として扱う．

ここでは 1 つの市場に注目し，時点 t においてある消費者 i が $J_t + 1$ 個の商品の中からある 1 つの商品 j を選択した場合に得られる効用 u_{ijt} を以下で定義する[3]．

$$u_{ijt} = \delta_{jt} + e_{ijt} \quad i = 1, \ldots, n, \ j = 0, \ldots, J_t. \tag{A-1}$$

なお δ_{jt} は商品 j から得られる消費者個人に依存しない平均的な効用レベルであり，e_{ijt} は消費者 i の個人差，すなわち研究者には観測できない消費者 i の商品 j に対する好みを表す．このモデルでは，消費者の商品に対する嗜好を表す変数が効用関数に分離付加的 (additively separable) に入ることを仮定する．通常，δ_{jt} は商品 j の価格や属性の線形関数で表して

$$\delta_{jt} \equiv x'_{jt}\beta - \alpha p_{jt} + \xi_{jt} \tag{A-2}$$

と定義されることが多い．ここで p_{jt} と x_{jt} はそれぞれ商品 j の価格と属性値ベクトルであり，消費者と（需要推定を行う）研究者の双方が観測できるとする．一方，ξ_{jt} は消費者には観測できるが研究者は観測できないような商品の属性と考える．つまり x_{jt} と ξ_{jt} の違いは，前者がデータとして取得可能なものであるのに対して，後者は研究者がデータを入手できない変数と考えることができる．なお多くの商品は，その基本的な商品設計は一度市場に投入されれば不変だが，たとえば商品に対するイメージのように時点とともに変動しうるような属性も持ちうる．そうした点を考慮して x_{jt} と ξ_{jt} は共に時点 t を添字に

---

[3] 第 5 章では複数の市場が時点 t において存在したが，以下の議論はその場合にも成立する．なお複数の市場を同一時点で観測できる場合には，内生変数に対する識別に用いる手法の選択肢が増えることになる．この点については第 2 節にて解説する．

含めている.なお α および β は推定すべきパラメータである.分析対象となる商品のいずれもが消費者に選ばれないことを想定し,アウトサイド・グッズ(当該商品を購入しない選択肢であり,$j=0$ とする)を含めることで選択肢となる商品数を J_t+1 とする.アウトサイド・グッズが選択肢にない場合,J_t 個の商品価格が同率で上昇してもそれらの商品に対する需要は減少せず,現実妥当性を欠いたモデルとなってしまうからである.

消費者 i が J_t+1 の選択肢の中から選択肢 j を選ぶのは,すべての $k=0,\ldots,J_t$ に対して $u_{ijt} \geq u_{ikt}$ のときであり,確率で表すと以下となる.

$$\sigma_{ijt} \equiv \Pr[u_{ijt} \geq u_{ikt}, \text{for all } k=0,\ldots,J_t] \tag{A-3}$$

この確率は消費者の好み $(e_{i0t},\ldots,e_{iJ_tt})$ がどのような確率分布に従うかに依存する.$(e_{i0t},\ldots,e_{iJ_tt})$ が従う確率密度関数を $f(e_{i0t},\ldots,e_{iJ_tt})$,累積分布関数を $F(e_{i0t},\ldots,e_{iJ_tt})$ で表すとし,更に $A_{ijt} = \{e_{i0t},\ldots,e_{iJ_tt}|e_{ijt}-e_{ikt} \geq \delta_{kt}-\delta_{jt}, \text{for all } k=0,\ldots,J_t\}$ とおくと式 (A-3) は以下のように書き換えられる.

$$\begin{aligned}\sigma_{ijt} &= \int\cdots\int_{A_{ijt}} f(e_{i0t},\ldots,e_{iJ_tt})\,de_{i0t}\cdots de_{iJ_tt} \\ &= \int_{-\infty}^{+\infty} F_j(e_{ijt}+\delta_{jt}-\delta_{0t},\ldots,e_{ijt}+\delta_{jt}-\delta_{J_tt})\,de_{ijt}\end{aligned} \tag{A-4}$$

ここで $F_j(\cdot)$ は F の j 番目の要素に関する微分を表す.

式 (A-4) より,$(e_{i0t},\ldots,e_{iJ_tt})$ が従う確率分布がわかれば消費者の購入する確率が評価できる.この確率変数の従う分布にどのような仮定を置くかによって様々なモデルが導出されるが,式 (A-4) は集合 A_{ijt} 上での積分を求める必要があり,一般的には数値計算によって評価される.

ここでは離散選択モデルのなかでも基本形であるロジット (logit) モデルについてまず説明し,その後にネスト型ロジット (nested logit) モデルを解説する.

ロジットモデル

ロジットモデルは Luce (1959),Marshak (1960),Luce and Suppes (1965),McFadden (1974) などによる一連の研究で開発された長い歴史を持つモデルである.消費者個人の嗜好 e_{ijt} が商品 $j(j=0,\ldots,J_t)$ の間で独立に同一のタイプ 1 極値分布に従う.すなわち

$$F(e_{i0t}, \ldots, e_{iJ_t t}) = \exp\left[-\sum_{j=0}^{J_t} \exp(-e_{ijt})\right] \quad (\text{A-5})$$

と仮定すると，消費者 i が商品 j を選ぶ確率 σ_{ijt} は以下のロジット確率で表される (McFadden, 1974)．

$$\sigma_{ijt} = \frac{\exp(\delta_{jt})}{\sum_{k=0}^{J_t} \exp(\delta_{kt})} \quad (\text{A-6})$$

ロジットモデルではある商品が選択される確率が，その商品の平均効用 δ_{jt} (の指数値) を選択肢の平均効用 (の指数値) の和で除したものとなっており，推定結果の解釈が容易なことからも，現在でも消費者行動を説明するモデルとして広く活用されている．ロジットモデルでは効用水準に影響を与える個人の嗜好は e_{ijt} のみであるが，上記の確率にはすでに消費者のインデックス i が残っていない．ロジットモデルでは消費者 i が商品 j を選ぶ確率 σ_{ijt} が母集団における選択確率，すなわち商品 j の時点 t におけるシェア σ_{jt} と同一となる[4]．$\sum_j \sigma_{jt} = 1$ となることに注意し[5]，アウトサイド・グッズの平均効用レベルを 0 に基準化すると $(\delta_{0t} = 0)$，式 (A-6) の選択確率は次のように書き換えられる．

$$\log(\sigma_{jt}) - \log(\sigma_{0t}) = \delta_{jt} = x'_{jt}\beta - \alpha p_{jt} + \xi_{jt} \quad (\text{A-7})$$

これがロジットモデルにおける商品 j の需要関数である．

この需要関数に含まれる需要パラメータ α と β は，商品のシェア σ_{jt}，価格 p_{jt}，および属性 x_{jt} の観測値を所与として，研究者に観測できない属性 ξ_{jt} が平均独立 (mean independent) の仮定，すなわち商品 j に関して独立かつ $E[\xi_{jt}|x_t] = 0$ という仮定のもとで統計的な回帰手法を用いて推定できる．ただし，商品の価格が市場均衡として与えられる内生変数の場合には，式 (A-7) において価格 p_{jt} と誤差項 ξ_{jt} が相関を持つ可能性が高い．この場合には，通常の OLS 推定では価格パラメータ α の一致推定量を求めることはできない．一般的に p_{jt} と ξ_{jt} の間に正の相関があると OLS による α の推定量は絶対値で下方バイアスを持つからである．この場合，α の一致推定量は，価格とは相関を持つが誤差項とは無相関であるような操作変数を用いて 2SLS を使うことで求められる．需要関数の推定に用いる操作変数については第 2 節にて扱う．

---

[4] もちろん δ_{jt} に消費者 i の属性を入れると，σ_{ijt} は本質的に i によって異なることになる．このようなモデルを確率係数 (random coefficient) モデルと呼ぶ．本書の分析では用いていないが，近年その応用が広まりつつある．これについては，本節末尾で改めて述べる．

[5] 時点 t の市場規模にはアウトサイド・グッズを選ぶ消費者も含んでいる．そこで商品 j のシェアは，通常に言われる市場シェアよりも小さい値となる．

なお上記の平均独立の仮定を設けることによって属性 x_{jt} を外生変数として扱うことができるが，これに対しては批判がある．x_{jt} と ξ_{jt} は共に消費者にとっては購買において重要な変数であり，その違いは研究者がデータとして観察できるか否かに依存している．しかし推定において研究者がどのような属性 x_{jt} を用いるかは恣意的に決められ，しかも属性 x_{jt} の値が高い商品は大抵 ξ_{jt} の値も高いと予想されることから，x_{jt} と ξ_{jt} の平均独立の関係は常に成立するとは言い難い側面がある．しかしこの仮定を外すと，属性 x_{jt} も内生変数となり，推定上新たな困難が加わることになる．そこで本補論では原則として平均独立を仮定して議論を進めることにする．なおこの仮定をどれだけ緩められるかは現在の需要関数の推定において1つの重要なトピックである．

ロジットモデルには選択肢である商品の間の代替関係に強い制約が置かれている．商品 j のシェアの価格弾力性は式 (A-6) から，

$$\frac{\partial \sigma_{jt}}{\partial p_{kt}}\frac{p_{kt}}{\sigma_{jt}} = \begin{cases} -\alpha p_{jt}(1-\sigma_{jt}) & (j=k) \\ \alpha p_{kt}\sigma_{kt} & (j \neq k) \end{cases} \tag{A-8}$$

となる．この価格弾力性の式から以下のことがわかる．まず商品 j のシェア σ_{jt} が十分に小さいとき，$\alpha(1-\sigma_{jt})$ は定数に近づき，自己価格弾力性は価格 p_{jt} に比例する．したがって価格が低い商品の需要ほど自己価格弾力性が小さく，したがってより大きなマークアップ率（価格から限界費用を引いた差額が価格に占める割合）が期待されることになる．しかしながら，現実には高価格の商品のほうが低価格の商品よりもマークアップ率が高いことも多々あり，需要関数の性質として先験的に強い仮定が置かれている懸念がある．また商品間の交差価格弾力性については，商品 j が商品 k の価格変化から受ける影響が商品 k の価格とシェアのみに依存する点にも注意が必要である．これはある商品 k の価格変化が他の商品のシェアに与える影響はすべて等しいことを意味する．直観的には，ある商品の価格が上がるときにはその商品と特性の近い商品がより大きな影響を受けると考えられるが，ロジットモデルでは価格変化を通じた商品間の代替関係に商品の属性値は影響を与えない．これは「関連性のない選択肢の独立性」(IIA) の仮定と一般に言われ，ロジットモデルは商品間の代替性に対して強い制約を課していることがわかる．この IIA の仮定を一部緩めたものが以下で述べるネスト型ロジットモデルである．

ネスト型ロジットモデル

ネスト型ロジットモデルは，消費者個人の商品に対する好み (e_{ijt}) に関してある種の極値分布を仮定する点でロジットモデルと同様である．ただしロジットモデルと異なるのは，この確率変数が限定的な形ではあるが異なる商品の間で相関を持つことを許す点である．これは他の条件を一定とすれば，ある商品 j から高い効用を受け取る消費者は，その商品と正の相関を持った他の商品 k ($k \neq j$) からも高い効用を受け取る可能性が高いことを意味する．したがってネスト型ロジットモデルは異なる商品の間の代替関係についてロジットモデルよりも高い柔軟性を持つと言える．

ネスト型ロジットモデルでは，$J_t + 1$ 個の選択肢を互いに排他的な $G + 1$ 個の部分集合（ネスト）に分類する．ネスト化に際しては研究者があらかじめどの商品をどのネストに分類するかを決める必要があり，通常は性質や特性が似通った商品を1つのネストにまとめることが多い[6]．ここでは，異なる市場であっても同じ基準でネストが作られるものとして，F_g をネスト g に属するすべての商品インデックスからなる集合としよう ($g = 0, \ldots, G$)．時点 t において消費者 i が商品 $j \in F_g$ を選んだときに得られる効用を以下で表す．

$$u_{ijt} = \delta_{jt} + e_{ijt} \tag{A-9}$$

ここで $\delta_{jt} = x'_{jt}\beta - \alpha p_{jt} + \xi_{jt}$ は商品 j の平均効用，e_{ijt} は消費者個人の好みを表す項である．この効用関数の関数形はロジットモデルで用いたものと同じである．ネスト型ロジットモデルでは e_{ijt} が従う分布関数として以下を考える．

$$F(e_{i0t}, \ldots, e_{iJ_tt}) = \exp\left[\sum_{g=0}^{G}\left\{\sum_{j \in F_g} -\exp\left(-\frac{e_{ijt}}{1-\rho}\right)\right\}^{1-\rho}\right] \tag{A-10}$$

ここで，ρ ($0 \leq \rho \leq 1$) は同一ネストに属する商品に対して消費者の好み e_{ijt} が持つ相関を表すパラメータである．式 (A-10) の分布関数を用いると消費者 i が商品 j を選ぶ確率は以下のように計算できる．

$$\sigma_{jt} = \frac{\exp\{\delta_{jt}/(1-\rho)\}}{D_{gt}^{\rho}[\sum_h D_{ht}^{1-\rho}]} \tag{A-11}$$

---

6) もちろん推定されたモデルの適合具合から最適なネスト構造を持つモデルが選択されることも多い．

ここで，$D_{gt} \equiv \sum_{j \in F_g} \exp\{\delta_{jt}/(1-\rho)\}$ はネスト g に含まれる商品から消費者が得る期待効用を表し，inclusive value と呼ばれる．なおここでは，ネスト g に含まれる商品数は時点 t と共に不変としているが，t と共に変化しても以下の議論は本質的に変わらない．

ネスト型ロジットモデルでは，商品 j のシェアを，その商品が含まれるネスト g の全商品が市場に占めるシェアと，商品 j がそのネストに占める割合に分解することができる．すなわち式 (A-11) を $\sigma_{jt} = \sigma_{jt/g} \cdot \sigma_{gt}$ と分解し，ここで商品 j がネストに占める割合 $\sigma_{jt/g}$ は以下となる．

$$\sigma_{jt/g} = \frac{\exp\{\delta_{jt}/(1-\rho)\}}{D_{gt}} \tag{A-12}$$

ただし，$\sum_{j \in F_g} \sigma_{jt/g} = 1$ となることに注意する必要がある．またネスト g に属する商品全体が市場 t に占めるシェアは次で表される．

$$\sigma_{gt} = \frac{D_{gt}^{1-\rho}}{\sum_g D_{gt}^{1-\rho}} \tag{A-13}$$

なお，アウトサイド・グッズは単独で 1 つのネストを構成するものとして，$g = 0$, $\delta_{0t} \equiv 0$, $D_{0t} \equiv 1$ に基準化するとアウトサイド・グッズのシェアは $\sigma_{0t} = 1/\sum_g D_{gt}^{1-\rho}$ となる．

以上の説明は図表 A-1 に示すように，ネスト型ロジットモデルでは消費者の選択があたかも 2 段階の選択過程から構成されるように扱える．つまり消費者は，まず上段となるネストを確率 (A-13) に基づいて選び，次いで選択されたネ

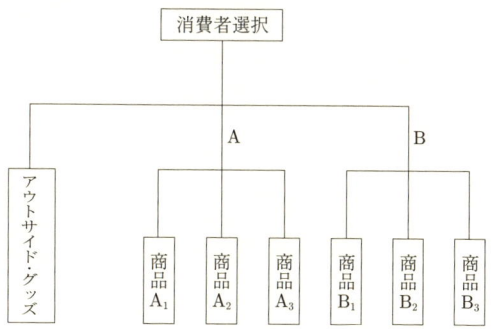

図表 A-1 ネスト型ロジットモデルの概念図

注) 3 つのネストがあり，A, B のネストにそれぞれ 3 つの商品が属する場合を描写している．

ストの中で個別商品を確率 (A-12) に基づいて選ぶかのように購入確率 (A-11) を分解することができる．

ネスト型ロジットモデルでは消費者の個人差 e_{ijt} を以下のように分解できる (Berry, 1994)．

$$e_{ijt} = \eta_{itg} + (1-\rho)\epsilon_{ijt} \tag{A-14}$$

ϵ_{ijt} は極値分布に従う確率変数で，η_{itg} は同一のネスト g に属する商品はすべて同じ値をとる確率変数である．Cardell (1997) は，ϵ_{ijt} が極値分布に従うとき e_{ijt} 自体もまた極値分布に従うという性質を持つ確率変数を η_{itg} とするとき，その確率分布が ρ に依存することを示した．ここで，パラメータ ρ は同一のネストに属する商品の間で e_{ijt} の相関を表すパラメータであり，ρ が 1 に近づくと相関は高まり，0 に近づくと無相関となる．また同じネストに属する異なる 2 つの商品では e_{ijt} は互いに相関を持つが，異なるネストに属する 2 つの商品の間で e_{ijt} は互いに無相関となる．なお，$\rho = 0$ の場合は通常のロジットモデルになる．

式 (A-11) の両辺の対数をとると，ネスト型ロジットモデルを用いた商品 j の需要関数が以下のように求まる．

$$\log(\sigma_{jt}) - \log(\sigma_{0t}) = x'_{jt}\beta - \alpha p_{jt} + \rho\log(\sigma_{jt/g}) + \xi_{jt} \tag{A-15}$$

需要関数に含まれるパラメータ (α, β, ρ) も価格，商品の属性，および市場シェアの観測値を所与としたもとで統計手法によって推定できる．ただし，ロジットモデルの需要関数の推定と同様に，式 (A-15) の右辺に含まれる価格とグループ内シェアは市場内で決定する内生変数と考えられるため操作変数を用いた推定手法が必要となる．

ネスト型ロジットモデルの需要関数ではロジットモデルの需要関数 (A-7) の右辺に $\rho\log(\sigma_{jt/g})$ が加わった形をしている．この項によって，同じネストに属する商品間の関係は，異なるネストに属する商品間の関係よりも強くなる．たとえば，商品の価格弾力性は，

$$\frac{\partial \sigma_{jt}}{\partial p_{kt}}\frac{p_{kt}}{\sigma_{jt}} = \begin{cases} -\alpha p_{kt}\left\{(1-\rho\sigma_{jt/g})/(1-\rho) - \sigma_{jt}\right\} & (j=k) \\ \alpha p_{kt}\{\rho\sigma_{kt/g}/(1-\rho) + \sigma_{kt}\} & (j,k \in F_g, j \neq k) \\ \alpha p_{kt}\sigma_{kt} & (j \in F_g, k \notin F_g) \end{cases} \tag{A-16}$$

となるが，$\rho > 0$ であれば商品 j の価格が変化したときに同じネストに属する商品のシェアのほうが，異なるネストに属する商品よりも大きく影響を受ける

ことがわかる．ネスト型ロジットモデルでは，分析対象となる市場をネスト構造によって分割することで，あるネストに属する商品と属さない商品で異なる代替関係を表すことができるため，ロジットモデルよりも現実的な市場を表現することが可能といえる．ただし同じネストに属する商品間の代替関係は依然としてシェアと価格のみに依存し，IIA の性質を有する点はロジットモデルと同様の制約となる．また分析対象となる市場がどのようなネスト構造を持つのか事前に明らかでないことが多く，ネストの組み方が研究者の裁量に任されているという点もネスト型ロジットモデルの問題点として挙げられる[7]．このような問題点を克服するため，消費者の異質性を明示的に導入し，消費者の属性と商品属性との相互関係をモデル化した確率係数 (random-coefficient) ロジットモデルが需要関数の推定方法に利用されつつある[8]．

第 2 節　内生性への対応

既に説明したように価格やグループ内シェアなどの説明変数は，内生変数と考えられる．このとき，内生変数が推定式の誤差項 ξ_{jt} と相関を持つために，式 (A-7) および式 (A-15) を OLS で回帰すると価格やグループ内シェアの係数にはバイアスが生じる[9]．いわゆる内生性と呼ばれるものである．この問題に対処するためには，内生変数と相関を持つが誤差項とは無相関となる操作変数を利用した 2SLS によってモデルを推定する必要がある．以下では，操作変数に関して 3 つのタイプを紹介したい．

第 1 のタイプに挙げられるのは，その商品の限界費用に関する情報である．たとえば，商品の原材料価格や生産技術に関する情報は，企業にとって製品の価格を決定するうえで重要な変数であり，それらの情報のうち商品の需要ショックと無関係なものは操作変数として利用できる．他方で差別化された商品 j ごとに生産コストを公表されたデータ（たとえば有価証券報告書などの会計情報）から抽出することは容易でないことが知られている．また仮にそうした情報が利用できる場合であっても，原材料市場で市場支配力を持つ企業がある場合に

---

7) この点は第 3 章 4.2 項 (2) で説明した多段階予算モデルと同じである．
8) 本書では確率係数ロジットモデルについては扱わないが，詳細についてはたとえば Nevo (2000)，Dubé et al. (2012) を参照のこと．
9) たとえば，Trajtenberg (1989) では CT スキャン市場での観測できない属性がもたらすバイアスについて議論している．

は，需要ショックがその企業の原料調達コストにも反映されるため，生産コストは需要ショックとは無相関とはならず操作変数としては利用できない．

操作変数の2つ目のタイプは，前述の平均独立の条件 $E[\xi_{jt}|x_t] = 0$ を利用して，観測できる商品属性 $x_t = (x_{1t}, \ldots, x_{J_t t})$ の関数として操作変数を作り出す方法である．BLPでは，商品特性値 x_{jt} に加えて，自社が市場に投入している他の商品の特性値 x_{kt} の和（あるいは平均値）と，競合他社の投入している商品の特性値 x_{kt} の和（あるいは平均値）である以下の変数を価格 p_{jt} の操作変数として用いた．

$$\sum_{k \neq j, k \in F_t^f} x_{kt}, \quad \sum_{k \notin F_t^f} x_{kt}$$

なお製品 j は企業 f が市場に投入しているものとし，F_t^f はその企業が投入する商品集合を表す．商品 j の価格 p_{jt} は市場競争を通じて競合する他の商品の価格 p_{kt} と相関を持ち，更にこの p_{kt} は商品特性値 x_{kt} と相関を持つ．したがって p_{jt} は自身の商品特性値 x_{jt} だけでなく，市場に投入されている自社および他社の他の商品の特性値の関数として表される．ただし，寡占市場では自社商品 j の価格 p_{jt} を決定する際に，自社が投入する他の商品の特性値 x_{kt} ($k \neq j, k \in F_t^f$) と他社の投入する商品の特性値 x_{kt} ($k \notin F_t^f$) に対して，企業は異なる反応をしていると考えられる．したがって，これら2つの操作変数は自社商品と他社商品の差異を反映したものとなるはずである (Bresnahan et al., 1997)．

価格の操作変数として考えられる第3のタイプは，需要ショックが互いに独立となる2つ以上の地理的市場における同一商品の価格を用いるものである (Hausman and Leonard, 2002)．複数の市場に供給されている商品が，同一企業の同一工場で生産されている場合には，同じ生産コストに基づいて価格付けがなされると考えられることから，一方の市場での商品価格は他方の市場での商品価格と相関を持つ．もしそれぞれの市場における需要ショックが独立ならば，一方の市場におけるその商品価格を，他方の市場における価格の操作変数として用いることが可能となる．ただし，この操作変数が有効となるためには需要ショックが互いに独立であるような複数の市場をデータセットに観測できることが前提となる．たとえば，日本の各都道府県を独立した地理的市場と見なした場合でも，全国的なテレビCMによって市場を跨ぐ需要ショックが同時に生じていれば，他の地理的市場での価格が別の地理的市場の需要ショックと無相関とならず，操作変数としては不適当となる[10]．

---

10) Clements and Ohashi (2005) では，米国ビデオゲーム市場における需要関数を推定するに

時点だけでなく地理的な次元も持つようなパネルデータの場合には，内生性に対処するうえで 2SLS とは異なる有効な方法がある．この点を本書で扱ったハイビジョンテレビの事例を用いて説明しよう．第 5 章では，国内の家電量販店から得られた家庭用カラーテレビの販売に関する POS データを利用して需要関数を推定した．このデータは 2000 年第 1 四半期から 2007 年第 4 四半期までの 32 期間について国内 5 地域（北海道・東北，関東・甲信越，東海・北陸，近畿，中国・四国・九州）での製品型番ごとの販売台数を集計している．この分析では，地域・四半期の組み合わせを 1 つの独立した市場とみなした．そして Nevo (2000) に従い，研究者には観測できない商品の属性 ξ_{jts} を，全ての地理的市場および時点で共通の平均的な属性 ξ_j とそれからの乖離 $d\xi_{jts}$ に分解した[11]．

$$\xi_{jts} = \xi_j + d\xi_{jts} \tag{A-17}$$

なお，s は地理的市場を示すインデックスである．ここで ξ_j は商品固有のダミー変数として推定され，これによって需要モデルに含まれる誤差項を各市場および各時点の平均からの乖離 $d\xi_{jts}$ のみに減らすことができる．推定には，この $d\xi_{jts}$ が各市場および各時点で独立であると仮定して，BLP および Hausman and Leonard (2002) の操作変数を用いることが可能である．この方法によるメリットは，価格と相関を持つが研究者が観測できない属性のうち，市場 s および時点 t に依存しない部分を明示的にモデルに含めることで，説明変数が欠落していることに起因して生じる問題（計量経済学では omitted variable bias とも呼ばれる）を緩和できる点にある．

このアイディアを一般化したものが，誤差項 ξ を，内生変数と相関をもつ部分と相関を持たない部分に分解し，前者をコントロール関数と呼ばれる外生変数の関数として推定するアプローチである (Petrin and Train, 2010)．このアプローチでは，需要関数に含まれる内生変数（ここでは価格に注目している）が外生変数の関数として表され，更にその関数における誤差項 μ_{jt} が需要関数の誤差項 ξ_{jt} と相関を持つことを仮定する．そしてこの関数を推定して得られた

当たって，分析対象期間において販売されているすべてのビデオゲームが日本から輸入されていたことに注目し，米国と日本との間でのビデオゲームソフトに対する消費者の嗜好が全く異なることをソフトの販売動向から示したうえで，日本のビデオゲーム価格を米国の価格の操作変数に用いた．

11) 本補論では地理的市場を明示的に扱う式 (A-17) でのみ「市場」を示すインデックス s を用いる．ただし脚注 3 でも述べたように，市場 s を明示的に扱っても本補論の議論は本質的には変わらない．

残差を利用して需要関数の誤差項 ξ_{jt} を予測する．この予測値を需要関数の推定に用いることで需要関数の誤差項 ξ_{jt} のうち価格と相関のある部分を明示的に予測することが可能となり，内生性の問題に対処できる．

この点を詳述すると以下のようになる．まず商品 j の価格が下記のように市場に投入されているすべての商品の特性値ベクトル $x_t = (x_{1t}, \ldots, x_{J_tt})$，効用関数には直接含まれていない（操作変数を含む）外生的要因のベクトル $z_t = (z_{1t}, \ldots, z_{J_tt})$，そしてそれ以外の観測できない要因のベクトル $\mu_t = (\mu_{1t}, \ldots, \mu_{J_tt})$ の関数で表せるとする．

$$p_{jt} = W(x_t, z_t, \mu_t) \tag{A-18}$$

ここで，内生性の問題は需要関数の誤差項 ξ_{jt} と上式に含まれる μ_{jt} が互いに相関を持つことによって生じている．つまり，需要関数の誤差 ξ_{jt} が価格に与える影響は上式の μ_{jt} を通じてのみ観察されるということになる．したがって，もし適切なコントロールによって μ_{jt} を条件付けることができれば価格と ξ_{jt} は無相関となる．仮に，式 (A-18) が μ_{jt} に関して

$$p_{jt} = W(x_t, z_t; \phi) + \mu_{jt} \tag{A-19}$$

のように分離付加的に記述できる場合には，価格を外生変数 (x_t, z_t) の関数（たとえば，(x_t, z_t) の多項式）に OLS を用いて回帰すれば，その残差として μ_{jt} の予測値を得ることができる．なお，ϕ は推定すべきパラメータである．

さらに需要関数の誤差項 ξ_{jt} を μ_{jt} と相関を持つ部分と，それ以外の部分に分解する．

$$\xi_{jt} = \mathrm{CF}(\mu_{jt}; \psi) + \tilde{\xi}_{jt} \tag{A-20}$$

ここで $\mathrm{CF}(\mu_{jt}; \psi)$ は μ_{jt} とパラメータ ψ の関数として表されるコントロール関数である．コントロール関数の形状はもちろん未知であるが，仮にこの関数が μ_{jt} の 1 次式 $\mathrm{CF}(\mu_{jt}; \psi) = \psi \mu_{jt}$ で表せる場合には，ロジットモデルの需要関数は以下のように書き換えられる．

$$\log(\sigma_{jt}) - \log(\sigma_{0t}) = \delta_{jt} = x'_{jt}\beta - \alpha p_{jt} + \psi \mu_{jt} + \tilde{\xi}_{jt} \tag{A-21}$$

なお，より一般的なコントロール関数として μ_{jt} の 1 次項だけでなく，更に高次の項を加えた多項式を用いることもできる．このとき μ_{jt} を条件付けたもとで p_{jt} と $\tilde{\xi}_{jt}$ は無相関となることから，式 (A-21) の需要関数を OLS で推定することで価格の係数 α の不偏推定量を得ることができる．

具体的には，2段階のステップによって需要関数を推定する．第1段階では，内生変数 p_{jt} を観測可能な外生変数 (x_t, z_t) に回帰して式 (A-19) を推定する．そしてこの回帰の残差 $\hat{\mu}_{jt}$ を利用してコントロール関数を計算する．すなわち $\hat{\mu}_{jt}$ の関数として CF $(\hat{\mu}_{jt}; \psi)$ を求める．そして，第2段階では，需要関数の推定に用いる変数の他に第1段階で計算した CF $(\hat{\mu}_{jt}; \psi)$ を加えて式 (A-21) を推定する．なお第2段階の需要関数の推定では真の値 μ_{jt} の代わりに $\hat{\mu}_{jt}$ を用いるので，推定パラメータの標本分散に第1段階の推定による誤差の影響を考慮する必要がある．この計算にはブートストラップ (boostrap) や標準的な2段階推定の公式（たとえば，Murphy and Topel, 1985; Newey and McFadden, 1994 等を参照）を用いることができる．

第3節　消費者厚生

消費者厚生を経済学的に評価する際に補償変分を用いるのが一般的である．補償変分とは，経済環境の変化が起きた後に消費者が得ている期待効用水準を，変化が起こる前の水準と等しくするために必要な所得補償（あるいは所得控除）であり，以下の関係式を満たす CV_t の値である[12]．

$$E\left[\max_j \left\{u_{ijt}\left(p_{jt}^0, x_{jt}^0, \xi_{jt}^0, e_{ijt}\right)\right\}\right] = E\left[\max_j \left\{u_{ijt}\left(p_{jt}^1 - CV_t, x_{jt}^1, \xi_{jt}^1, e_{ijt}\right)\right\}\right] \quad \text{(A-22)}$$

ただし，$(p_{jt}^0, x_{jt}^0, \xi_{jt}^0)$ はそれぞれ変化が起こる前の価格，商品の属性値，観測できない属性を表し，$(p_{jt}^1, x_{jt}^1, \xi_{jt}^1)$ は変化が起こった後のこれら変数を表す．

ロジットモデルおよびネスト型ロジットモデルを用いる場合には，上記の期待効用が以下のようにクローズド・フォームとして解ける (Morey, 1999)．

$$E\left[\max_j \left\{u_{ijt}\left(p_{jt}, x_{jt}, \xi_{jt}, e_{ijt}\right)\right\}\right] = \log(D_t) + \kappa \quad \text{(A-23)}$$

ここで，κ はオイラー定数 (0.57721) を表す．ロジットモデルの場合には，D_t は以下で与えられる．

---

[12] ここでの補償変分は期待効用を等しくする平均値であることに注意する必要がある．本来の補償変分は，個々の消費者について効用水準を等しくする値 (cv_{it}) を求め，それらの期待値をとったもの，すなわち $E[cv_{it}]$ である．一般的には，CV_t と $E[cv_{it}]$ は一致しないが，想定している効用関数に所得効果が存在しない場合には両者が一致することが知られている (McFadden, 1999)．

$$D_t = \sum_{j=0}^{J_t} \exp(\delta_{jt}) \tag{A-24}$$

ネスト型ロジットモデルの場合は以下となる．

$$D_t = \sum_{g=0}^{G} \left[\sum_{j \in F_g} \exp\left(\frac{\delta_{jt}}{1-\rho}\right) \right]^{1-\rho} \tag{A-25}$$

効用関数において，平均効用を $\delta_{jt} = x'_{jt}\beta - \alpha p_{jt} + \xi_{jt}$ とした場合には，$\partial u_{ijt}/\partial p_{jt} = -\alpha$ であり所得効果が存在しない．この場合，所得の増加はすべての商品についての効用水準を一定値だけ変化させるのみであり，消費者の商品の選択確率には全く影響を及ぼさない．すなわち，$u_{ijt}(p_{jt} - \mathrm{CV}_t, x_{jt}, \xi_{jt}, e_{ijt}) = -\alpha \mathrm{CV}_t + u_{ijt}(p_{jt}, x_{jt}, \xi_{jt}, e_{ijt})$ と書ける．この場合，期待効用について以下が成り立つ．

$$\begin{aligned} & \mathrm{E}\left[\max_j \{u_{ijt}(p_{jt} - \mathrm{CV}_t, x_{jt}, \xi_{jt}, e_{ijt})\}\right] \\ &= -\alpha \mathrm{CV}_t + \mathrm{E}\left[\max_j \{u_{ijt}(p_{jt}, x_{jt}, \xi_{jt}, e_{ijt})\}\right] \end{aligned} \tag{A-26}$$

したがって，所得効果が存在しない場合には，式 (A-23) と式 (A-26) を用いて式 (A-22) を CV_t について解くことができる．

$$\mathrm{CV}_t = (1/\alpha)\left\{\log\left(D_t^1\right) - \log\left(D_t^0\right)\right\} \tag{A-27}$$

ここで，D_t の肩にある数字は，経済環境の変化前 (0) と変化後 (1) の状態であることを表している．なお，所得効果が存在する場合には，式 (A-27) を用いて CV_t を求めることはできない．所得効果があるときには，経済環境が変化する前後での D_t が等しくなるような価格の割引額を求め，CV_t とすることになる．

第4節　供給モデル

本書第 4 章および第 5 章では，需要関数の推定値を用いて企業の限界費用を導出し，シミュレーションや経済厚生の算出などを行った．本節では限界費用の導出について解説する．

価格は限界費用とマークアップの和である．そこでマークアップを推定できれば，限界費用は価格からマークアップを差し引いたものとして導出できる．マークアップの推定には，需要関数から推定される価格弾力性のみならず，分

第 4 節 供給モデル

析対象の商品市場において企業がどのような競争を行っているかにも依存する．もし完全競争を行っているのであれば，マークアップは 0 となるために，価格は限界費用に等しくなる．しかし不完全競争の場合には，競争形態に応じて，同じ需要の価格弾力性値であってもマークアップの値が異なる．第 4 章の太陽光発電では同質財クールノー競争を仮定し，また第 5 章の家庭用テレビ市場では差別化された財でのベルトラン競争を想定した．企業が利潤を最大化すると仮定すれば，こうした特定の市場競争の形態のもとで，企業の限界費用を求めることが可能になる．以下では，本補論で解説した離散選択モデルにて得られた需要関数を用いて，差別化された商品におけるベルトラン競争に基づいて限界費用の導出方法を説明する[13]．まず一般的なモデルを解説し，次に前述のロジットモデルとネスト型ロジットモデルについて限界費用を導出したい．

限界費用 mc_{jt} が一定のもとで企業 f ($f=1,\ldots,F$) が自社の商品から得られる利潤

$$\pi_t^f = M_t \sum_{j \in F_t^f} \sigma_{jt}(p_{jt} - mc_{jt}) \tag{A-28}$$

を最大化するように，自社商品の価格 p_{jt} を決定するものと仮定する．ここで M_t は時点 t での市場規模であり，F_t^f は企業 f が時点 t にて投入している商品の集合を表す．この場合，式 (A-28) を p_{jt} に関して 1 階微分して得られる 1 階条件は以下となる．

$$\sigma_{jt} + \sum_{l \in F_t^f} (p_{lt} - mc_{lt}) \frac{\partial \sigma_{lt}}{\partial p_{jt}} = 0 \ \ \text{for } j \in F_t^f \tag{A-29}$$

この 1 階条件は各市場で投入されている商品数 (J_t) の方程式からなるが，これを mc_{jt} について解くことで各商品の限界費用が求められる．式 (A-29) をベクトル表記したのが以下の式である．

$$\sigma + \Delta \cdot (p - mc) = 0 \tag{A-30}$$

ここで $\sigma = (\sigma_{1t},\ldots,\sigma_{J_tt})'$, $p = (p_{1t},\ldots,p_{J_tt})'$, $mc = (mc_{1t},\ldots,mc_{J_tt})'$ であり，Δ はその (j,k) 成分に $\partial \sigma_{kt}/\partial p_{jt}$ を持つ $J_t \times J_t$ 行列である．式 (A-30) において Δ が正則であれば限界費用は以下で求められる．

---

[13] なお市場競争の形態を事前仮定せずに，データから推定する手法も考えられる．その場合，市場競争の形態と限界費用とをどのように推定上識別するかが問題になる．この点の問題提起については Corts (1999) を参照のこと．

補論 A 構造形推定

$$mc = p + \Delta^{-1}\sigma \tag{A-31}$$

なお $\Delta^{-1}\sigma$ は価格と限界費用の差,すなわちマークアップを表している.この Δ には,各商品のシェアの価格微分 $\partial\sigma_{kt}/\partial p_{jt}$ が含まれているが,これは需要関数に用いた離散選択モデルのタイプによって異なる値をとる.たとえばロジットモデルでは

$$\Delta_{jk} = \frac{\partial \sigma_{kt}}{\partial p_{jt}} = \begin{cases} -\alpha\sigma_{jt}(1-\sigma_{jt}) & (j=k) \\ \alpha\sigma_{jt}\sigma_{kt} & (j \neq k) \end{cases} \tag{A-32}$$

となる.この場合,式 (A-32) を式 (A-31) に代入して整理すると,限界費用は次となる.

$$mc_{jt} = \log\left(p_{jt} - 1/\alpha\left(1 - \sum_{l \in F_t^f} \sigma_{lt}\right)\right) \tag{A-33}$$

また,ネスト型ロジットモデルでは

$$\Delta_{jk} = \frac{\partial \sigma_{kt}}{\partial p_{jt}}$$
$$= \begin{cases} -\frac{\alpha}{1-\rho}\sigma_{jt}\left[1 - \rho\sigma_{jt/g} - (1-\rho)\sigma_{jt}\right] & (j=k,\ j \in F_g) \\ \frac{\alpha}{1-\rho}\sigma_{kt}\left[\rho\sigma_{jt/g} + (1-\rho)\sigma_{jt}\right] & (j \neq k,\ (j,k) \in F_g,\ (j,k) \in F_t^f) \\ \alpha\sigma_{jt}\sigma_{kt} & (j \in F_g,\ k \notin F_g,\ (j,k) \in F_t^f) \\ 0 & (j \in F_t^f,\ k \notin F_t^f) \end{cases}$$
$$\tag{A-34}$$

となり,式 (A-34) を式 (A-31) に代入すればネスト型ロジットモデルに対応する限界費用を求めることができる.

補論B　イノベーション事例の選定方法

　第II部にて取り上げるイノベーション事例は，NISTEPによって2003年度から2004年度にかけて実施された「科学技術振興による経済・社会・国民生活への寄与の定性的評価・分析」(以下，「インパクト調査」)に基づき，同調査で取り上げられた310の評価対象技術リストから3つの技術事例を選定して用いている[1]．この補論では，3つのイノベーション事例を選定した経緯について説明をする．

第1節　インパクト調査

　インパクト調査は，技術の実現時期や社会・経済等への重要性を文部科学省(および旧科学技術庁)が定期的にモニターする「技術予測調査」(1971年より2001年まで約5年ごとに実施)をベースにした調査である．調査の目的は，個別の技術に着目して，その技術がもたらすインパクトを計測するとともに，インパクト実現の過程における公的研究開発・支援が果たした役割を検証することにあり，技術から社会への影響を計る，技術ベースのアプローチに特徴がある．
　同調査では2段階のスクリーニングを経て310の技術が抽出されている．第1段階では，「技術予測調査」で対象となった全技術課題(延べ6,458課題)から重要度の高い920の技術を抽出する作業を行う．そのうえで第2段階にて，科学技術基本計画で定められた8分野(ライフサイエンス，情報通信，環境，ナノテクノロジー・材料，エネルギー，製造技術，社会基盤，フロンティア)へ分類分けを行い，それぞれの分野の専門家に対して当該技術を用いて誕生した，もしくは今後誕生すると期待されている，製品・サービスの評価をヒアリングやアンケート調査を通じて実施することで，310の技術を抽出している．第2

---

[1]　同調査は，科学技術政策研究所 (2005) として公刊されている．
(http://www.nistep.go.jp/achiev/ftx/jpn/rep089j/idx089j.html)．

段階でのスクリーニングに当たっては，各技術を4つのインパクト指標（経済的インパクト，社会的インパクト，国民生活へのインパクト，および公的関与の程度．それぞれの指標は上限を100とする連続値）に基づいて指数化を行い，その指標に基づいて抽出を行っている[2]．

なおインパクト調査でのNISTEPによる技術抽出方法は，第2章で紹介したSPRUによる選定過程と類似する側面がある．両調査ともに，当該技術を用いて生み出された製品やサービスに対する専門家の評価を集約したうえで，技術やイノベーション事例を抽出しているからである[3]．

第2節　経済的・社会的インパクトからの事例選定方法

インパクト調査の310ある技術リストは，過去10年程度の間に実現し，既にインパクトをもたらしている「インパクト実現技術」と，今後10年程度の間に登場してインパクトを今後もたらすだろうと予想される「インパクト未実現技術」に分けられる．

第II部では既に実現した技術のうち経済的・社会的に重要な事例を取り上げて分析することが目的であることから，われわれは「インパクト実現技術」のリストの中から指標に基づくスクリーニングを行った．具体的には「経済的インパクト」と「公的関与の程度」の2指標の合計値が90以上，および「経済的インパクト」，「社会的インパクト」，「国民生活へのインパクト」の3指標の合計値が150以上を閾値として用いて第1次のスクリーニングを行った．この手続きの結果，図表B-1のように47の技術が選ばれた．

さらに下記のような手続きに基づいて第2次のスクリーニングを行った．まず選定技術は，第3期科学技術基本計画で掲げられる重要推進4分野（1 ライ

---

[2] 経済的インパクトは産業・企業に関するもので，新市場創出，新産業および雇用創造，各産業や企業の成長などが含まれる．社会的インパクトは環境に関するもの（汚染・有害物質・公害の減少，地球温暖化への対応など），エネルギー・資源に関するもの（省エネルギー・省資源化，持続可能な代替エネルギーの開発など），インフラに関するもの（交通・情報ネットワーク・ライフライン等の基盤整備，災害被害の防止・減少など），国民や社会全般の意識や認識に関するもの，など多岐にわたる．国民生活へのインパクトは主に生活の質の向上に関するもので，生活の効率化・多様化，新たなライフスタイルの創出，健康・平均寿命の上昇，安心・安全の拡充，精神的な豊かさの向上などが含まれる．

[3] なおNISTEPでは，技術から生み出されたイノベーションに対する評価を行う「技術予測調査」だけでなく，技術自体を専門家が評価する「デルファイ調査」も実施されている．イノベーションに焦点を当てる本書では後者の調査に言及しないものの，わが国の科学技術について検討する際には参考になる調査である．同調査の持つ含意については大橋 (2011) を参照のこと．

第 2 節　経済的・社会的インパクトからの事例選定方法　　211

フサイエンス，2 情報通信，3 環境，4 ナノテクノロジー・材料）に含まれるものに限定した．基本計画において重点推進 4 分野はイノベーション創出の観点からも政策的にも高い関心をもたれた分野であり，イノベーション政策に関心をもつ本書が扱う分野として適当と考えたためである．この結果，たとえばハイブリッドのように 4 指標の評点和が高い技術であっても，重点推進分野に含まれなければ本書のイノベーション事例の対象とはしなかった．また重点推進分野に含まれている技術の中で，特に環境関連の技術のように第 3 章で解説した手法を用いることが困難な事例は本書の対象から外している．これら手順を踏まえ，最終的に残ったライフサイエンス，情報通信，ナノテクノロジー・材料の 3 分野に対して，各分野のバランスを考慮し，それぞれ 1 つの技術を抽出することにした．

　次の手順として，ライフサイエンス，情報通信，ナノテクノロジー・材料の 3 分野に含まれる技術を「事象」と具体的な「製品」に大別した．「事象」と「製品」を区別する基準は具体的な市場を観念できるか否かを判断基準とした．たとえば，インターネット，がんの早期発見，低公害自動車などは具体的な市場を想定しにくいことから，「事象」に含まれることとした．本書で用いる微視的アプローチにおいては，具体的な市場を画定する必要があるため，この段階で「製品」に含まれる技術が優先的に取り上げられることになる．

　もちろん具体的に市場が想定できる「製品」に関連する技術であっても，全てが対象になるわけではない．たとえば，DNA チップや有機半導体デバイスなどは現在では製品化されているが，本書の分析を行う段階では十分に市場として立ち上がっていない状況だった．そのため，当該技術に関するデータが取りづらく，普及に関する事後評価が難しいという問題があった．

　これらを踏まえ，本書では，"実現技術の具体的な捕捉が可能かどうか"，"データが利用可能か"，"経済的価値の測定ができるか" という基準を設け，ライフサイエンス，情報通信，ナノテクノロジー・材料の 3 分野からそれぞれ技術を抽出した．

　最後に，本書の第 III 部でも扱うように，画期的なイノベーションの普及における公的部門の役割も重要である．その点を考慮して，上記の手順で抽出された技術において，公的インパクトの高い技術を高い優先度にて選択することにした．ただし，情報通信分野については，おしなべて公的寄与の点数が低いので，公的インパクトがこの分野で相対的に高い技術を選定した．

　上記の基準に従い，図表 B-1 に示す 47 の技術から最終的に 3 つの技術（太

陽電池,高精細度デジタルテレビ (HDTV) 技術,脂質異常症治療剤)を選定した.以下それぞれの技術について簡単に紹介をしたい.

第4章にて取り上げた技術である太陽電池は,現在脚光をあびているクリーンエネルギーの1つである太陽光発電の基幹技術であり,本格的な産業発展への期待など重要性が増している.抽出した技術リストには,関連技術として「住宅電力供給用太陽電池システム」や「新型太陽電池」なども含まれ,関連技術への波及効果も大きいとされる.第4章では,関連技術を含めた太陽光発電を産業として注目した.第5章では「高精細度デジタルテレビ (HDTV) 技術」としてハイビジョンテレビを取り上げた.旧来のブラウン管テレビに代わって,近年薄型テレビと呼ばれる液晶テレビやプラズマテレビなどが本格的に普及している.これらのテレビはデジタル放送に対応して双方向の受発信が可能なことや,高精細なハイビジョン放送を受信できることが特徴となっている.HDTV技術はディスプレイ技術,半導体技術,ソフトウェア技術などが複合したものであり,技術的な裾野が幅広い.また,HDTV技術やその具体化した製品は,日本の情報通信分野や製造技術分野において大きな経済的インパクトを与えている.最後に「高コレステロール症治療薬」として脂質異常症治療薬のスタチン系製剤を第6章にて取り上げた.先進国の多くが高齢化するなかで,医薬品の研究開発およびその普及はライフサイエンス分野の大きなテーマとなっている.LDLコレステロール値が過剰になる高脂血症,その結果併発する血管障害などが現代では大きな問題となっている.高コレステロール症治療薬の開発と普及は,ライフサイエンス分野での代表的なイノベーションとして社会的インパクトが大きいといえる.

以上の理由から,これらの3つの実現技術を取り上げ,経済学的な手法を用いて社会的・経済的な価値や効果を定量的に測定した.インパクト調査では主に自然科学分野の研究者や技術者の主観によって技術の評価がなされており,その意味で,自然科学分野の専門家評価をベースにして経済学的な定量評価を試みることは本邦初の試みであるとともに,学問横断的な見識が必要となる科学技術とイノベーションの議論への一里塚ともなろう.

選定方法のまとめ
[選定手順]

(1) 各分野の「インパクト実現技術」をピックアップし(「インパクト未実現技

術」を除き),「経済 + 公的関与」および「経済 + 社会 + 国民へのインパクト」の数値の高いものを選定.

(2) 分野ごとのバランスや,実現技術の具体的な捕捉が可能かどうか,データの利用可能性,経済的価値の測定ができるかどうか,当該技術の伝播範囲,他の技術との相互関連性を考慮しつつ技術を選定.

[定量的測定の対象技術]
なお,以下の技術番号のうち,527 は図表 B-1 の 47 技術には入っていない.
1. 太陽電池(技術番号 408,ナノテクノロジー・材料分野)
   [関連技術]住宅電力供給用太陽電池システム(技術番号 505,エネルギー分野)
   新型太陽電池(色素増感,塗料型等)(技術番号 527,エネルギー分野)
2. 高精細度デジタルテレビ (HDTV) 技術(技術番号 208,情報通信分野)
   [関連技術]高精細度大型カラーフラットディスプレイ技術(技術番号 207,情報通信分野)
   高性能かつ低消費電力のプロセッサ LSI 技術(技術番号 202,情報通信分野)
3. 高コレステロール症治療薬(技術番号 107,ライフサイエンス分野)
   [関連技術]動脈硬化の発症機構解明とその応用(技術番号 106,ライフサイエンス分野)

図表 B-1　大きなインパクトをもたらしている技術リスト (1)

分野	技術番号	技術	①経済IMP指数	②社会IMP指数	③国民IMP指数	④公的寄与指数	経済IMP公的寄与	インパクト合計
2	214	インターネット（オープンで低価格な利用環境によるグローバルなコンピュータ通信ネットワーク）	84	88	82	31	115	254
2	212	高機能、多機能化をもたらした携帯電話技術（高通話品質、小型・長寿命・充電容易・撮影機能等）	87	77	85	23	110	249
8	806	高精度測位衛星システム (GPS) とその応用	76	75	71	45	121	222
4	415	リチウム電池の小型化・長寿命化技術	71	68	70	36	108	209
1	103	がんの早期発見，診断技術	65	68	74	63	129	208
4	408	太陽電池	69	67	67	53	122	203
2	226	高性能パソコン（1990年代の大型コンピュータと同等機能）	71	67	62	20	91	201
3	316	大気汚染，騒音公害を起こさない低公害自動車（たとえば電気自動車）	66	70	62	40	106	198
7	711	ハイブリッド自動車	65	70	57	32	97	192
2	207	高精細度大型カラーフラットディスプレイ技術	72	54	64	21	93	190
2	203	高記録密度の光メモリ技術（DVD-RAM等）	73	57	61	22	95	190
2	202	高性能かつ低消費電力のプロセッサ LSI 技術	69	61	57	24	93	188
1	107	高コレステロール症治療薬	69	55	63	40	109	187
6	611	廃棄物選別回収システムおよび，再生原料や再生品を生産・流通・消費する循環システム	53	69	61	39	92	184
2	201	MPU用の高クロック周波数のLSI技術	71	58	53	26	97	182
4	404	シリコン単結晶製造技術	71	56	54	39	110	181
7	713	大型貨物自動車の窒素酸化物排出量低減技術	51	65	62	42	93	179

第2節 経済的・社会的インパクトからの事例選定方法　215

図表 B-1　大きなインパクトをもたらしている技術リスト (2)

分野	技術番号	技術	①経済IMP指数	②社会IMP指数	③国民IMP指数	④公的寄与指数	経済IMP公的寄与	インパクト合計
4	416	DNAチップ（遺伝子発現解析ツール）	55	64	58	67	122	178
4	407	有機半導体デバイス（有機ELを含む）	66	56	52	48	114	174
4	411	光触媒材料	57	61	56	54	111	174
4	402	超LSI製造のための高分解能の半導体微細加工・計測技術	68	57	48	51	119	174
2	205	高速光加入者系システム	59	59	56	32	91	173
2	206	光多重通信技術（大容量信号多チャンネルの多重化・伝送）	61	59	51	39	100	172
1	109	新興感染症の予防ワクチン	47	60	63	60	107	171
1	102	発がん過程を促進する環境要因の発見とそれに基づくがんの予防策	48	59	61	64	113	169
2	208	高精細度デジタルテレビ（HDTV）技術	58	53	58	37	95	169
3	306	オゾン層を破壊せず地球温暖化の点でも問題がないフロン・ハロン代替製造・利用技術	60	59	49	43	103	168
2	220	ITS（インテリジェント・トランスポート・システム）および要素技術（GPS, ETC, VICS等）	55	58	54	43	98	167
8	803	人工衛星によるリモートセンシング技術	56	59	52	66	122	167
8	805	自動車, 船舶, 航空機移動無線システムのための低軌道周回衛星通信システム	59	57	50	49	108	165
3	319	自動車のリサイクル技術	58	58	49	32	90	165
5	508	自動車動力用バッテリー技術	56	60	49	35	91	165
7	716	道路交通情報システム（VICS, カーナビ等で交通情報を提供）	54	53	57	40	94	164
3	301	衛星からの地表（地上, 海洋）のモニタリングシステム	55	63	45	73	127	163
1	112	AIDSの治療薬	44	62	56	60	104	162

図表 B-1 大きなインパクトをもたらしている技術リスト (3)

分野	技術番号	技術	①経済IMP指数	②社会IMP指数	③国民IMP指数	④公的寄与指数	経済IMP公的寄与	インパクト合計
7	703	震度7クラスの地震に対する建築物の設計・解析技術	53	56	52	51	104	161
3	311	窒素酸化物の排出量削減技術	54	54	52	42	96	161
7	702	巨大地震発生時の構造物や地盤の正確な挙動シミュレーション技術	46	61	52	63	109	160
1	106	動脈硬化の発症機構解明(一部解明を含む)とその応用	53	49	57	54	107	159
7	701	局地的な気象予報技術(集中豪雨・豪雪等の短時間予報を含む)	44	56	58	74	119	158
7	719	公共交通機関のバリアフリー化およびバリアフリーの街づくり技術	41	56	59	50	91	157
3	303	地球温暖化および気候変化の予測技術	45	61	50	65	110	156
5	505	住宅電力供給用太陽電池システム	47	57	52	46	93	156
1	101	がん化機構解明(転移機構,一部解明を含む)	49	51	55	65	114	156
8	804	人工衛星を利用した航空交通管制システム	50	58	46	56	106	154
1	121	動物培養細胞による医薬品等有用物質の生産技術	60	43	50	50	110	153
6	613	人間のアナログ的な認知と,コンピュータや通信などのデジタル処理をつなぐインターフェース技術	49	50	53	57	105	152

注) 分野の数値は該当する8分野を示す (1 ライフサイエンス, 2 情報通信, 3 環境, 4 ナノテクノロジー・材料, 5 エネルギー, 6 製造技術, 7 社会基盤, 8 フロンティア).
技術番号は科学技術政策研究所 (2005: 49–57) に記載されているインパクトアンケート調査対象技術リストによる.

補論C　ヘドニック法

本補論では，第5章および第6章にて紹介したヘドニック法について解説する．

第1節　ヘドニック法による欠損値の補完

ヘドニック法は，通常の価格指数を得ることが難しい場合に，その欠損値を補う手法として提案されたものである[1]．これは，第3章で紹介した特性アプローチと同様に，商品をさまざまな特性の「束」として捉える考え方に基づいている．商品の特性は，それらに対する消費者の選好や，生産費用などの差異を通じて，商品の価格を左右する重要な要因であると考えられる．そのため観察される価格と特性の関係を定めることができれば，特性だけがわかっていて価格のデータが得られない商品（現実には存在しない仮想的な商品など）について，その予想される価格を推定することができる．たとえば同じ疾患に対して効果のある薬のうち，あるものは1日3回服用する必要があるが，別のものは1日2回服用すればよい，というような属性の違いがあるとする．1日2回の服用ですむ方が患者にとって利便性が高いため，そのような薬に多少高い価格がつけられることも許容されるであろう．この場合，薬剤 j の価格を P_j，1日の服用回数を x_j として，

$$P_j = \alpha + \beta x_j + \epsilon_j \tag{C-1}$$

---

[1]　たとえば自動車のような商品群では，従来よりも高い機能を持つ商品が登場したり，陳腐化した既存商品が退出したりするため，過去のある時点と現時点とでは，市場を構成する商品が同質であるとは言い難い．このような商品群の価格指数を考える場合，市場で取引されている個々の商品の価格を，単純に基準時点と現時点とで比較する形で価格指数を定義するのは適切ではない．こうした問題意識に基づき，ヘドニック法の意義を考察した先駆的業績として，Court (1939) や Griliches (1961) がある．

という式を推定すれば，係数 β の推定値は，服用回数が 1 日 2 回のものと 3 回のものとで，価格にどれだけ差が見られるかを表している（ϵ_j は標準的な仮定を満たす誤差項である）．すなわち係数 β は，「1 日の服用回数」という特性の差が，どれだけの価格の違いをもたらすものであるかを表す指標と見なすことができる．

式 (C-1) が実際のデータから推定されれば，データとして観察されない商品の価格を推定できる．今，新たに服用回数が 1 日 1 回となる薬剤が登場したとすると，その価格 $\hat{P}$ は，

$$\hat{P} = \hat{\alpha} + \hat{\beta} \times 1 \tag{C-2}$$

になるものと推定できる．$\hat{\alpha}$, $\hat{\beta}$ は α, β の推定値である．価格に影響を及ぼす商品特性として十分に適切なものが得られれば（すなわち推定式 (C-1) の当てはまりがよければ），式 (C-2) から得られる推定値も，十分な信頼性を持っていると考えられる．服用回数以外の特性（薬効の強さ，副作用の出やすさなど）も価格に影響すると考えられれば，それらの特性も説明変数に加え，同様のことを行えばよい．

第 5 章ではこの考えを限界費用の推定に応用している．式 (C-1) の被説明変数を，価格ではなく限界費用とし，画面のサイズや地上デジタル放送への対応の有無など，さまざまなテレビの商品特性を説明変数とした式を推定した結果から式 (C-2) のような値を計算することで，現実には存在しない商品の限界費用を求めている．

第 2 節　品質調整済み価格指数

式 (C-1) における α は，薬剤ごとの服用回数の違いがもたらす価格の差異 (βx_j) を取り除いたうえで，この疾患に対する薬剤の平均的な価格水準を評価したものとなっている．もし価格と商品特性のパネルデータが得られれば，年々の α の変化を追うことで，品質の影響を調整した価格指数を構築することができる．すなわち時点 $t = 1, \cdots, T$ におけるパネルデータが利用可能で，考慮する商品特性がベクトル x_{jt} で表されるときに，式 (C-1) を一般化した

$$P_{jt} = \sum_{s=1}^{T} \alpha_s \cdot 1(t=s) + x'_{jt}\beta + \epsilon_{jt} \tag{C-3}$$

において，時点 t での薬剤 j の価格 P_{jt} は，商品特性ベクトル x_{jt} の違いによって説明される部分 $(x'_{jt}\beta)$ と，それを取り除いた後の平均的な水準 (α_t) とに分けられる（ϵ_{jt} は標準的な仮定を満たす誤差項であり，期待値は 0 となる）．つまり，年々の品質の差異を調整すれば，$t = 1$ におけるこれら薬剤の価格水準は，平均的に α_1 であり，その後 $\alpha_2, \alpha_3, \ldots, \alpha_T$ のように推移していると見なされる．なお，$1(t = s)$ は $t = s$ のときに 1，それ以外のときは 0 をとるダミー変数である．

品質調整済み価格指数は，このようにして得られる α_t を用いて，基準時点（ここでは $t = 1$ とする）の値が 100 となるように基準化した指数，

$$100 \times \frac{\alpha_t}{\alpha_1}$$

の形で表すことが多い．この値の変化は，仮に品質を一定としたときにつけられる価格の変化に対応しており，この値が低下しているようならば，同じ品質のものがより安価に取引されていることを意味するため，経済厚生は上昇しているといえる．なお式 (C-3) では，価格が商品特性ベクトル x_{jt} について線形の関数になるよう定式化しているが，一般には特定の関数形を先験的に当てはめることはできないため，いくつか異なる関数形を用いて結果の頑健性を確かめたり，何らかの統計的な判断基準（AIC や対数尤度など）に基づいて特定のモデルを選択するといった対応がなされる．関数形が異なればダミー変数の意味も変わりうるので，品質調整済み価格指数の式も異なることがある．第 6 章では，対数線形を選択した場合の品質調整済み価格指数の式を提示している．

また，商品特性に対する評価（すなわち β の値）が時とともに変化することもありうる．特に期間の長い (T が大きい) パネルデータが得られる場合には，この問題は顕著になることが予想される．この点を織り込むには，全期間のデータを用いて式 (C-3) を推定する代わりに，連続する 2 期間 ($t = \{s-1, s\}$, $s = \{2, \cdots, T\}$) のデータのみを用いて，

$$P_{jt} = \tilde{\alpha}_{s-1} + \alpha_s \cdot 1(t = s) + x'_{jt}\beta_s + \epsilon_{jt} \tag{C-4}$$

という ($T - 1$) 本の式を推定することが考えられる（$t = \{s-1, s\}$ のデータを用いて推定したときのダミー変数の係数 α_s と，$t = \{s, s+1\}$ のデータを用いて推定したときの定数項 $\tilde{\alpha}_s$ の値が異なることに注意）．各時点の品質調整済み価格指数は，それぞれの式におけるダミー変数の係数 α_s が，$(s-1)$ 年から s

年にかけての指数の変化を捉えたものになることを利用して求められる．時点 t における品質調整済み価格指数の値は，時点 $t-1$ における値に α_t を足したものになるが，時点 $t-1$ における値は，時点 $t-2$ における値に α_{t-1} を足したものである．この計算を繰り返していくと，時点 1 における値を $\tilde{\alpha}_1$ として，時点 t における品質調整済み価格指数の値が，

$$\tilde{\alpha}_1 + \sum_{s=2}^{t} \alpha_s$$

のように求められる（ただし上述のように関数形が線形でなければ，この式で表されるとは限らない）．

　ヘドニック法を用いた品質調整済み価格指数の分析は，品質の向上が著しく，品質と価格の結びつきも強いと考えられるパソコン（Berndt and Griliches, 1993 など），ソフトウェア（Gandal, 1994 など），ビデオデッキ（Ohashi, 2003 など）といった製品や，自動車（Ohta and Griliches, 1976 など）や住宅（Linneman, 1980 など）のように価格に影響する特性が多岐にわたる商品を対象とした研究をはじめとして，さまざまな分野で用いられている．また多くの国の公的統計において物価指数を作成する際にもヘドニック法が応用されており，日本ではパソコンやデジタルカメラの消費者物価指数（総務省作成）や，パソコン，プリンタなどの企業物価指数（日本銀行作成）にその例が見られる．

補論 D 技術の取得・提供に関する定量分析

本補論では,第 8 章にて触れたイノベーション創出に必要な技術の取得・提供に関する定量分析について,その手法と推定結果について紹介する.第 8 章で議論した 3 つの「手段」(特許のライセンス契約,アライアンスやコンソーシアムといった企業提携,およびオープンソース)を通じた技術の取得・提供に焦点を当てて定量的分析を行う.

第 1 節 分析モデルと推定手法

技術の取得・提供に関して JNIS では,対象企業に対して技術の取得・提供に関する有無を 3 つの「手段」別に尋ねている.本分析では,個々の企業が技術取得・提供をどのような要因で選択しているのかをプロビット・モデルによって推定する.具体的には以下の定式化を用いる.

$$TecA_i^{j*} = z_i' \gamma_1^j + \epsilon_{1i}^j$$

$$TecA_i^j = \begin{cases} 1 & (TecA_i^{j*} > 0) \\ 0 & (TecA_i^{j*} \leq 0) \end{cases} \quad \text{(D-1)}$$

$$TecP_i^{j*} = z_i' \gamma_2^j + \epsilon_{2i}^j$$

$$TecP_i^j = \begin{cases} 1 & (TecP_i^{j*} > 0) \\ 0 & (TecP_i^{j*} \leq 0) \end{cases} \quad \text{(D-2)}$$

なお式 (D-1) は技術取得,式 (D-2) は技術提供を規定する式である.被説明変数である $TecA_i^j$ ($TecP_i^j$) は企業 i がイノベーション活動に際して手段 j を用いて技術を取得(提供)した場合に 1,そうでない場合は 0 をとるダミー変数である.このダミー変数の値は観測されない変数 (latent variable) である $TecA_i^{j*}$

($TecP_i^{j*}$) によって決まる．この観測されない変数は，市場環境や企業属性の情報から構成される説明変数の行列 z_i から影響を受ける．推定すべきパラメータは γ_1^j (γ_2^j) であり，説明変数の各要素が技術の取得（提供）に与える影響を定量的に捉えるものになる．最後に，ϵ_{1i}^j と ϵ_{2i}^j はそれぞれ技術取得・提供に影響する要素のうち z_i で説明されない部分を捉える誤差項であり，標準正規分布に従うとする[1]．

説明変数 z_i は，次の3つの観点に基づいて選択した．(1) 第7章で取り上げたイノベーションに関わる「4つの視点」（すなわち市場規模，技術機会，市場構造，専有可能性）を捉える変数，(2) イノベーション活動の隘路（第8章第3節にて触れた）や当該商品を取り巻く市場環境に関する変数，そして(3) 産業特性に関わる変数である．

具体的に (1) では，市場規模に関わる変数として，市場が拡大したか否かを表すダミー変数，そして技術機会に関わる変数として，商品の市場投入にかかる費用が増加したかを表すダミー変数を用いた．また専有可能性に関わる変数として，イノベーションから得られる収益を保護する手段のうち法的枠組みに基づくもの（特許，実用新案など）が有効に機能したかを表すダミー変数，およびイノベーションから得られる収益を保護するその他の手段（商品の先行投入，設計等の複雑化，技術等の秘匿）が有効に機能したかを表すダミー変数を用いた．最後に，市場構造を代表する変数として国内で競合する企業数（2008年度）および企業規模を表すダミー変数を用いた．

(2) では，イノベーション活動の隘路を示す変数として，技術に関するノウハウが不足していたかを表すダミー変数，連携相手を見つけるのに問題が生じたかを表すダミー変数，そして当該イノベーション活動において企業内の反発があったかを表すダミー変数を用いた．また商品を取り巻く市場環境に関しては，商品・技術情報の伝播が早くなったかを表すダミー変数，商品のライフサイクルが短縮したかを表すダミー変数，そして競合他社が当該企業と技術的に同等のプロダクト・イノベーションを実現するまでにかかる年数を用いた．最後に (3) として産業を表すダミー変数（日本標準産業分類の大分類に対応）を含めている．

式 (D-1) と式 (D-2) のパラメータ (γ_1^j, γ_2^j) は最尤法によって推定する．誤差項が標準正規分布に従うという仮定のもとで，各式に対応する対数尤度は以下のように書ける．

---

[1] 誤差項の分散を1に基準化する．この基準化はプロビット・モデルを含む離散選択モデルの推定でしばしば必要とされる仮定である（たとえば Train, 2009 を参照）．

$$LL_1^j\left(\gamma_1^j\right) = \sum_i \left\{ TecA_i^j * \log \Phi\left(z_i'\gamma_1^j\right) + \left(1 - TecA_i^j\right) * \log\left(1 - \Phi\left(z_i'\gamma_1^j\right)\right) \right\}$$
(D-3)

$$LL_2^j\left(\gamma_2^j\right) = \sum_i \left\{ TecP_i^j * \log \Phi\left(z_i'\gamma_2^j\right) + \left(1 - TecP_i^j\right) * \log\left(1 - \Phi\left(z_i'\gamma_2^j\right)\right) \right\}$$
(D-4)

但し $\Phi(\cdot)$ は標準正規分布の累積分布関数を表す．式 (D-3)，式 (D-4) を最大化するようなパラメータ $(\hat{\gamma}_1^j, \hat{\gamma}_2^j)$ が推定値となる．

第 2 節　推定結果

　JNIS の回答企業に対して前節で紹介したモデルを用いてパラメータを推定した．JNIS の調査結果に含まれる 4,597 サンプルの中からイノベーション活動を実施し，かつプロダクト・イノベーションを実現している企業を抽出したうえで，国内に商品を供給していない企業を除外することで，929 社からなる分析標本を作成し推定を行った．ただし，プロダクト・イノベーションを実現した企業の中で，市場画期性，新商品の売上高，競合他社によるキャッチアップ年数の情報に欠損があるサンプルは除外した．以下では推定結果を，特許のライセンス契約，企業提携（アライアンスまたはコンソーシアム），オープンソースという 3 つの「手段」それぞれについて紹介する．

2.1　特許のライセンス契約

　図表 D-1 は特許のライセンス契約を通じた技術の取得・提供について推定した結果である．1 列目と 2 列目は式 (D-1) に基づく技術取得の有無，3 列目と 4 列目は式 (D-2) に基づく技術提供の有無についての推定結果に対応している．また，2 列目と 4 列目ではイノベーション活動における隘路や商品を取り巻く環境に関する変数を説明変数から除いて推定し，推定値の頑健性について確認を試みている．

　技術取得については，法的枠組みに基づく保護手段やその他の保護手段の有効性が 1 列目と 2 列目で共に有意に正に推定されているほか，大規模ダミーの係数も有意に正の推定値が得られている．この傾向は技術提供（3 列目，4 列目）に関してもほぼ同様であり，ライセンス契約を通じて技術取得する企業と技術提供する企業は似た特徴を持つことが示されている．保護手段の有効性の

係数が有意に正に推定されていることから，ライセンス契約を通じた技術のやり取りが活発化する要件として，特許などの法的な枠組みを含む収益の保護手段が有効に機能する環境が必要であることが推察できる．また，大規模ダミーの係数が正であることから示唆されるように，中小企業では必ずしも特許契約を通じた技術の取得・提供に積極的ではないと言える．

2.2 企業提携

図表 D-2 は企業提携を通じた技術の取得・提供についての推定結果である．技術取得の有無と技術提供の有無で似た結果が得られている．まず市場に新商品を投入する費用が大きくなるほどアライアンスやコンソーシアムに参加し，技術のやり取りを行う傾向が見られる．市場投入費用が増加するほど単独でのイノベーション活動が困難になると考えられるが，企業提携はこうした問題を緩和する 1 つの手段である．次に収益保護手段の有効性に目を移すと，特許契約の場合と同様に技術取得・提供のそれぞれについて係数が正に推定されている．アライアンスやコンソーシアムについても，法的な枠組みに基づくものを含む収益保護手段の有効性が技術の取得・提供の活発化と密接に繋がっている可能性が示唆される．最後に，規模ダミーについては大規模ダミーの係数が有意に正に推定されており，企業提携による技術のやり取りは，現状では大規模企業同士のものが中心であることが示される．

2.3 オープンソース

図表 D-3 はオープンソースを通じた技術の取得・提供についての推定結果である．収益保護手段の有効性や企業規模ダミーの係数が有意に推定されているという点では特許契約や企業提携に関する結果と同様であるが，その挙動にやや違いが見られる．収益保護手段の有効性についてみると，技術取得に関しては法的な枠組みに基づく保護手段の係数が有意ではなく，技術提供に関してはその他の保護手段の係数にも同様の傾向がみられる，またそれらの係数はともに図表 D-1 や図表 D-2 と比較して係数の大きさも小さくなっている．特許契約や企業提携と比べて，オープンソースを通じた技術の取得・提供は収益の保護手段と必ずしも強い関係を持たない可能性が指摘できる．また，規模ダミーについては大規模ダミーに加えて，小規模ダミーの係数が正に推定されている．小規模企業がオープンソースを利用して技術を取得しているに留まらず，自ら技術を外に出すような行動をとっていることは注目に値する．

図表 D-1 特許のライセンス契約についての推定結果

被説明変数	D-1 技術取得の有無		D-1 技術提供の有無		D-2 技術取得の有無		D-2 技術提供の有無	
	推定値	標準誤差	推定値	標準誤差	推定値	標準誤差	推定値	標準誤差
市場の拡大	0.20	0.13	0.22*	0.12	0.10	0.15	0.08	0.14
市場投入費用の増加	0.03	0.11	0.19*	0.1	0.15	0.13	0.33***	0.12
法的保護の有効性	0.34***	0.12	0.36***	0.12	0.46***	0.14	0.51***	0.14
その他の保護の有効性	0.39***	0.13	0.45***	0.13	0.44***	0.17	0.51***	0.16
競合企業数	-0.001	0.0072	0.0006	0.007	0.0001	0.0086	0.0014	0.0082
小規模ダミー	0.19	0.21	0.14	0.21	0.10	0.27	0.05	0.26
大規模ダミー	0.53***	0.15	0.51***	0.15	0.58***	0.19	0.53***	0.18
技術ノウハウの不足	0.22**	0.11			0.13	0.13		
連携相手に関する問題	0.40**	0.16			0.45***	0.17		
企業内の反発	0.22	0.19			0.25	0.22		
情報伝播の早期化	0.36***	0.12			0.39***	0.15		
ライフサイクルの短縮	0.035	0.12			0.026	0.14		
キャッチアップ年数	0.0018	0.028			0.076**	0.031		

注：***，**，*はそれぞれ 1%，5%，10%水準での統計的有意性を表す．

図表 D-2　企業提携についての推定結果

被説明変数	D-1 技術取得の有無		D-1 技術取得の有無		D-2 技術提供の有無		D-2 技術提供の有無	
	推定値	標準誤差	推定値	標準誤差	推定値	標準誤差	推定値	標準誤差
市場の拡大	0.092	0.13	0.072	0.12	0.045	0.15	0.044	0.14
市場投入費用の増加	0.24**	0.11	0.29**	0.11	0.22*	0.13	0.39***	0.12
法的保護の有効性	0.39***	0.12	0.42***	0.12	0.47***	0.14	0.52***	0.14
その他の保護の有効性	0.47***	0.13	0.48***	0.13	0.41**	0.16	0.45***	0.15
競合企業数	0.0031	0.0071	0.0038	0.007	−0.0083	0.0085	−0.0065	0.0081
小規模ダミー	0.13	0.21	0.12	0.21	0.27	0.24	0.24	0.23
大規模ダミー	0.42***	0.15	0.42***	0.15	0.34*	0.18	0.34**	0.17
技術ノウハウの不足	−0.074	0.11			0.11	0.13		
連携相手に関する問題	0.42***	0.16			0.54***	0.17		
企業内の反発	0.41**	0.19			0.47***	0.20		
情報伝播の早期化	0.049	0.12			0.37**	0.15		
ライフサイクルの短縮	0.0035	0.12			0.058	0.14		
キャッチアップ年数	0.023	0.028			0.085***	0.03		

注) ***, **, * はそれぞれ 1%, 5%, 10%水準での統計的有意性を表す．

図表 D-3　オープンソースについての推定結果

被説明変数	D-1 技術取得の有無 推定値	D-1 技術取得の有無 標準誤差	D-1 技術提供の有無 推定値	D-1 技術提供の有無 標準誤差	D-2 技術提供の有無 推定値	D-2 技術提供の有無 標準誤差	D-2 技術提供の有無 推定値	D-2 技術提供の有無 標準誤差
市場の拡大	−0.036	0.14	0.0049	0.14	−0.11	0.19	−0.04	0.18
市場投入費用の増加	0.21	0.13	0.32***	0.12	0.17	0.17	0.37**	0.15
法的保護の有効性	0.046	0.13	0.033	0.13	0.43**	0.18	0.44**	0.18
その他の保護の有効性	0.30**	0.15	0.36**	0.14	0.14	0.20	0.24	0.19
競合企業数	0.00018	0.0079	0.0028	0.0077	0.007	0.011	0.0086	0.01
小規模ダミー	0.51**	0.21	0.50**	0.21	0.73**	0.36	0.68*	0.35
大規模ダミー	0.37**	0.17	0.39**	0.17	0.77**	0.30	0.77*	0.30
技術ノウハウの不足	0.075	0.12			0.16	0.16		
連携相手に関する問題	0.12	0.18			0.34	0.21		
企業内の反発	0.17	0.20			−0.27	0.31		
情報伝播の早期化	0.24*	0.14			0.37*	0.20		
ライフサイクルの短縮	0.14	0.13			0.35**	0.17		
キャッチアップ年数	−0.031	0.034			0.046	0.039		

注）***，**，*はそれぞれ 1%，5%，10%水準での統計的有意性を表す．

おわりに

　本書は長い助走期間を経て，ようやく上梓にたどり着いた．手帳の記録を振り返ると，本書の第 II 部の原型がまとまったのが 2009 年 3 月，そして第 2 章の下敷きになっている JNIS の調査結果がまとまったのが 2010 年 10 月である．それから更に 3 年以上も本書をまとめるのにかかってしまったことは，ひとえに編著者（大橋）の責によるところが大きい．敢えて弁明をするならば，2011 年の東日本大震災後における政策の方向性を見極めるのに，編著者が 1 年以上を要してしまったところに遅れの原因があった．とりわけ第 4 章の太陽光発電の政策における位置付けは，大震災の前後で大きく変化してしまった．この結果として，執筆後 3 年間余りにおける政策や社会情勢の変化に併せて，全章の大幅な書き換えや追記を行う必要がでてきた．もしこの遅れを肯定的に捉えることを許されるのであれば，執筆時には進行中だった技術や政策の動向を，過去の事象として客観的に振り返ることができる機会を得たと言えるかもしれない．それによって政策の観点からも本書の「賞味期限」が若干でも延びることになったのであれば，編者にとっては救いである．

　本書のすべての章は，著者らによる数回にわたる討議を経て内容を確定した．草稿が仕上がった段階で，大橋が各章の表現や内容の統一を行い，本書を 1 冊の書籍として一体感を持たせることに最大限の意を払った．その際に中村豪氏に様々なアドバイスを頂いた．数式の最終的なチェックは五十川氏が行い，参考文献の整理は大橋研究室の江口智子氏が担当した．最後の校正作業は，各著者が本書の全章を個別に目を通す形で行った．そのために校正作業は煩雑さをきわめたが，東京大学出版会の岸純青氏に大変お世話になった．

参考文献

[英文]

Acemoglu, D. and U. Akcigit (2012) "Intellectual Property Rights Policy, Competition and Innovation," *Journal of the European Economic Association*, 10(1): 1–42.

Acemoglu, D. and J. Linn, (2004) "Market Size in Innovation: Theory and Evidence from the Pharmaceutical Industry," *Quarterly Journal of Economics*, 119(3): 1049–90.

Acs, Z. J. and D. B. Audretsch (2010) "Knowledge Spillover Entrepreneurship," in Z. J. Aces and D. B. Audretsch (eds.), *Handbook of Entrepreneurship Research* 5, Springer: 273–301.

Aghion, P., R. Blundell, R. Griffith, P. Howitt and S. Prantl (2004) "Entry and Productivity Growth: Evidence from Microlevel Panel Data," *Journal of the European Economic Association*, 2(2–3): 265–76.

Aghion, P., N. Bloom, R. Blundell, R. Griffith and P. Howitt (2005) "Competition and Innovation: An Inverted-U Relationship," *Quarterly Journal of Economics*, 120 (2): 701–28.

Archibugi, D. and M. Pianta (1996) "Measuring Technological Change through Patents and Innovation Surveys," *Technovation*, 16(9): 451–68.

Arrow, K. (1984) *The Economics of Information*, Harvard University Press.

Arrow, K. J. (1962) "Economic Welfare and the Allocation of Resources for Invention," *The Rate and Direction of Inventive Activity: Economic and Social Factors*, Princeton University Press, 609–26.

Aschhoff, B., T. Doherr, C. Köhler, B. Peters, C. Rammer, T. Schubert and F. Schwiebacher (2008) *Innovation in Germany: Results of the German Innovation Survey 2007*, ZEW.

Baker, J. and T. Bresnahan (1985) "The Gains from Merger or Collusion in Product Differentiated Industries," *Journal of Industrial Economics*, 33(4): 427–44.

Benkard, C. L. (2000) "Learning and Forgetting: The Dynamics of Aircraft Production," *American Economic Review*, 90(4): 1034–54.

Berndt, E. R. and Z. Griliches (1993) "Price Indexes for Microcomputers: An Exploratory Study," Chapter 2 in M.F.Foss, M.E. Manser, and A.H.Young (eds.), *Price Measurements and Their Uses*, University of Chicago Press.

Berndt, E. R. (1996) "Cost, Learning Curves, and Scale Economies: From Simple to Multiple Regression," Chapter 3 in *The Practice of Econometrics Classic and Contemporary*, Addison-Wesley.

Berry, S. (1994) "Estimating Discrete-Choice Models of Product Differentiation," *Rand Journal of Economics*, 25(2): 242–62.

Berry, S., J. Levinsohn and A. Pakes (1995) "Automobile Prices in Market Equilibrium" *Econometrica*, 63(4): 841–90.

Berry, S., J. Levinsohn and A. Pakes (2004) "Differentiated Products Demand Systems from a Combination of Micro and Macro Data: The New Car Market," *Journal of Political Economy*, 112(1): 68–105.

Boldrin, M. and D. K. Levine (2008) *Against Intellectual Monopoly*. Cambridge: Cambridge University Press.（山形浩生・守岡桜訳（2010）『<反>知的独占：特許と著作権の経済学』NTT出版）

Borenstein, S. and A. Shepard (1996) "Dynamic Pricing in Retail Gasoline Markets," *Rand Journal of Economics*, 27(3): 429–51.

Branstetter, L. (2001) "Are Knowledge Spillovers International or Intranational in Scope? Microeconometric Evidence from the U.S. and Japan," *Journal of International Economics*, 53(1): 53–79.

Branstetter, L. and M. Sakakibara (1998) "Japanese Research Consortia: A Microeconometric Analysis of Industrial Policy," *Journal of Industrial Economics*, 46(2): 207–33.

Bresnahan, T. F. (1986) "Measuring the Spillovers from Technical Advance: Mainframe Computers in Financial Services," *American Economic Review*, 76(4): 742–55.

Bresnahan, T. F. and R. J. Gordon (1997) *The Economics of New Goods*, University of Chicago Press.

Bresnahan, T. F., S. Stern and M. Trajtenberg (1997) "Market Segmentation and the Source of Rents from Innovation: Personal Computers in the Late 1980s," *RAND Journal of Economics*, 28(0): S17–S44.

Brynjolfsson, E. and A. McAfee (2012) *Race Against the Machine*, Digital Frontier Press.（村井章子訳（2013）『機械との競争』日経BP社）

Cardell, N.S. (1997) "Variance Components Structures for the Extreme Value and Logistic Distribution," *Econometric Theory*, 13(2): 185–213.

Christensen, L. R., D. W. Jorgensen and L. J. Lau (1975) "Transcendental Logarithmic Utility Functions," *American Economic Review*, 65(3): 367–83.

Clements, M. and H. Ohashi (2005) "Indirect Network Effects and the Product Cycle: U.S. Video Games, 1994–2002," *Journal of Industrial Economics*, 53(4): 515–42.

Cohen, W. M. (2010) "Fifty Years of Empirical Studies of Innovative Activity and Performance," Chapter 4 in B.H. Hall and N. Rosenberg (eds.,), *Handbook of the Economics of Innovation*, 1: 129–213.

Cohen, W. M. and R. C. Levin (1989) "Empirical Studies of Innovation and Market Structure," Chapter 18 in R. Schmalensee, R. Willig (eds.), *Handbook of Industrial Organization*, 2: 1059–107

Corts, K. S. (1999) "Conduct Parameters and the Measurement of Market Power," *Journal of Econometrics*, 88(2): 227–50.

Coscelli, A. and M. Shum (2004) "An Empirical Model of Learning and Patient Spillovers in New Drug Entry," *Journal of Econometrics*, 122(2): 213–46.

Cottrel, T. and K. Koput (1998) "Software Variety and Hardware Value: A Case Study of Complementary Network Externalities in the Microcomputer Software Industry," *Journal of Engineering and Technology Management*, 15(4): 309–38.

Council on Competitiveness (2004) *Innovate America*. Available at http://www.compete.org/images/uploads/File/PDF%20Files/NII_Innovate_America.pdf

Court, A. T. (1939) "Hedonic Price Indexes with Automotive Examples," in C. F. Roos (ed.), *The Dynamics of Automobile Demand*, 99–117. New York.

David, P. A. (2012) "The Innovation Fetish among the Economoi: Introduction to the Panel on Innovation Incentives, Institutions, and Economic Growth," in J. Lerner and S. Stern (eds.), *The Rate and Direction of Inventive Activity Revisited*, University of Chicago Press, 509–14.

Deaton, A. and J. Muellbauer (1980), "An Almost Ideal Demand System," *American Economic Review*, 70(3): 312–26.

Docquier, F. and H. Rapoport (2012) "Globalization, Brain Drain, and Development," *Journal of Economic Literature*, 50(3): 681–730.

Dubé, J. P., J. T. Fox and C. L. Su (2012) "Improving the Numerical Performance of Static and Dynamic Aggregate Discrete Choice Random Coefficients Demand Estimation," *Econometrica* 80(5): 2231–67.

Economides, N. and V. B. Viard (2012) "Pricing of Complements and Network Effects," in G. R. Faulhaber, G. Madden and E. Petchey (eds.), *Regulation and the Performance of Communication and Information Networks*, Edward Elgar Publishing, 157–90.

European Communities (2006) *Creating an Innovative Europe*. Available at http://www.eua.be/Libraries/Research/aho_report.sflb.ashx

Fisher, F. M. and K. Shell (1998) *Economic Analysis of Production Price Indexs*, Cambridge University Press.

Foray, D. and F. Lissoni (2010) "University Research and Public-Private Interaction," Chapter 6 in B. Hall and N. Rosenberg (eds.), *Handbook of the Economics of Innovation* 1, Elsevier

Gandal, N. (1994) "Hedonic Price Indexes for Spreadsheets and An Empirical Test for Network Externalities," *RAND Journal of Economics*, 25(1): 160–70.

Griliches, Z. (1961) "Hedonic Price Indexes for Automobiles: An Econometric Analysis of Quality Change," in NBER, *The Price Statistics of the Federal Government*, NBER Staff Report 3, General Series (73): 173–96.

Griliches, Z. (1987) *R&D, Patents and Productivity*, University of Chicago Press.

Griliches, Z. (1990) "Patent Statistics as Economic Indicators: A Survey," *Journal of Economic Literature*, 28: 1661–707.

Hargadon, A. (2010) "Technology Policy and Global Warming: Why New Innovation Models Are Needed," *Research Policy* 39(8):1011–23

Hausman, J. (1996) "Valuation of New Goods Under Perfect and Imperfect Competition," Chapter 5 in T. Bresnahan and R. Gordon (eds.), *The Economics of New Goods*, University of Chicago Press.

Hausman, J. A. and G. K. Leonard (2002) "The Competitive Effects of a New Product Introduction: a Case Study," *Journal of Industrial Economics*, 50(3): 237–63.

Hausman, J., G. Leonard and J. D. Zona (1994) "Competitive Analysis with Differentiated Products," *Annales D'Economie et de Statistique*, (34): 159–80.

Havranek,T and Z. Irsova (2011) "How to Stir Up FDI Spillovers: Evidence from a Large Meta-Analysis," DP at the William Davidson Institute, University of Michigan.

Jaffe, A. (1989) "Real Effects of Academic Research," *American Economic Review*, 79(5): 957–70.

Jaffe, A. and M. Trajtenberg (2002) *Patents, Citations, and Innovations: A Window on the Knowledge Economy*, MIT Press.

Jones, I. C. and J. C. Williams (1998) "Measuring the Social Return to R&D," *Quarterly Journal of Economics*, 113(4): 1119–35.

Lancaster, K. J. (1966) "A New Approach to Consumer Theory," *Journal of Political Economy*, 74(2): 132–57.

Lerner, J. (2009) *Boulevard of Broken Dreams:Why Public Efforts to Boost Entrepreneurship and Venture Capital Have Failed-and What to Do About It*, Princeton University Press.

Lerner, J. and J. Tirole (2002) "Some Simple Economics of Open Source," *Journal of Industrial Economics*, 50(2): 197–234.

Levin, R. C., W. M. Cohen and D. C. Mowery (1985) "R&D Appropriability, Opportunity, and Market Structure: New Evidence on Some Schumpeterian Hypotheses," *American Economic Review*, 75(2): 20–4.

Levin, R. C., A. K. Klevorick, R. R. Nelson, S. G. Winter, R. Gilbert and Z. Griliches (1987) "Appropriating the Returns from Industrial Research and Development", *Brookings Papers on Economic Activity*, (3), Brookings Institution Press., 783–831.

Lichtenberg, F. R. and T. J. Philipson (2002) "The Dual Effects of Intellectual Property Regulations: Within- and Between-patent Competition in the U.S. Pharmaceuticals Industry," *Journal of Law and Economics*, 45(2): 643–72.

Linneman, P. (1980) "Some Empirical Results on the Nature of the Hedonic Price Function for the Urban Housing Market," *Journal of Urban Economics*, 8(1): 47–68.

Little, R. J. A and D. B. Rubin (1986) *Statistical Analysis with Missing Data*, Wiley-Interscience.

Louviere, J. J., D. A. Hensher and J. D. Swait (2003) *Stated Choice Methods*, Cambridge University Press.

Luce, D. (1959) *Individual Choice Behavior*, John Wiley and Sons, New York.

Luce, D. and P. Suppes (1965) "Preferences, utility and subjective probability," in R. Luce, R. Bush and E. Galanter (eds.), *Handbook of Mathematical Psychology*, John Wiley and Sons, New York, 249–410.

Mansfield, E. (1968) *Industrial Research and Technological Innovation: An Econometric Analysis*, W.W. Norton & Company.

参考文献 235

Marschak, J. (1960) "Binary Choice Constraints on Random Utility Indications," in K. Arrow (ed.), *Stanford Symposium on Mathematical Methods in the Social Sciences*, Stanford University Press, Stanford, CA, 312–29.

Martino, J. P. (1985) "About this issue," *Technological Forecasting and Social Change*, 27(2) - (3): 105–355.

McFadden, D. (1974) "Conditional Logit Analysis of Qualitative Choice Behavior," Chapter 4 in P. Zarembka (eds.), *Frontiers in Econometrics*, Academic Press, New York.

McFadden, D. (1978) "Modelling the Choice of Residential Location," in A. K. Lundqvist, F. Snickars and J. Weibull (eds.), *Spatial Interaction Theory and Planning Models*, North-Holland, Amsterdam, 75–96.

McFadden, D. (1999) "Computing Willingness-To-Pay in Random Utility Models," Chapter 15 in J. R. Melvin, J. C. Moore and R. Riezman (eds.), *Trade, Theory and Econometrics: Essays in honor of J.S. Chipman*, Routledge, London and New York.

Morey, E. R. (1999) "TWO RUMs unCLOAKED: Nested-Logit Models of Site Choice and Nested-Logit Models of Participation and Site Choice," Chapter 4 in J. A. Herriges and C. L. Kling (eds.), *Valuing Recreation and Environment*, Edward Elgar.

Mukhtar, R. Y. A., J. Reid and J. P. D. Reckless (2005) "Pitavastatin," *International Journal of Clinical Practice*, 59(2): 239–52.

Murphy, K. and R. Topel (1985) "Estimation and Inference in Two Step Econometric Models," *Journal of Business and Economic Statistics*, 3(4): 370–79.

Murtha, T. P., S. A. Lenway and J. A. Hart (2004) "Industry Creation and the New Geography of Innovation: The Case of Flat Panel Display," in M. Kenney and R. Florida (eds.), *Locating Global Advantage: Industry Dynamics in the International Economy*, Stanford, CA: Stanford University Press: 175–202.

Nagaoka, S. and J. P. Walsh (2009) "Who Invents? Evidence from the Japan-U.S. inventor survey," Discussion paper Series 09034, *RIETI*.

Nagaoka, S., K. Motohashi and A. Goto (2010) "Patent Statistics as an Innovation Indicator," Chapter 25 in B. Hall and N. Rosenberg (eds.), *Handbook of the Economics of Innovation*, 2, Elsevier.

Nakamura, T. and H. Ohashi (2012) "Effects of Re-invention on Industry Growth and Productivity: Evidence from Steel Refining Technology in Japan, 1957-1968," *Economics of Innovation and New Technology*, 21(4): 411–26.

National Research Council (2004) "Measuring Innovation in Business and Industry," in L. D. Brown, T. J. Plewes and M. A. Gerstein (eds.), *Measuring Research and Development Expenditures in the U.S. Economy*. National Academies Press, 91–101.

Nelson, R. R. (1959) "The Simple Economics of Basic Science Research," *Journal of Political Economy*, 67(3): 297–306.

Nemet, G. F. (2010) "Demand-pull, technology-push, and government-led incentives for non-incremental technical change," *Research Policy*, 38(5): 700–9.

Nevo, A. (2000) "A Practitioner's Guide to Estimation of Random-Coefficients Logit Models of Demand," *Journal of Economics & Management Strategy*, 9(4): 513–48.

Nevo, A. (2001) "Measuring market power in the ready-to-eat cereal Industry," *Econometrica*, 69(2): 307–42.

Newey, W. and D. McFadden (1994) "Large Sample Estimation and Hypothesis Testing," in Z. Griliches and M. Intriligator (eds.), *The Handbook of Econometrics*, 4, Amsterdam: Elsevier Science Publishers, 2111–45.

Nordhaus, W. D. (1997) "Do Real-Output and Real Wage Measures Capture Reality? The History of Lighting Suggests Not," Chapter 1 in T.F.Bresnahan and R.J.Gordon (eds.), *The Economics of New Goods*, University of Chicago Press.

OECD (2009) *Innovation in Firms: A Microeconomic Perspective*. OECD Publishing.

Ohashi, H. (2003) "Econometric Analysis of Price Index for Home Video Cassette Recorders in the U.S., 1978–1987," *Economics of Innovation and New Technology*, 12(2): 179–97.

Ohashi, H. and T. Nakamura (2008) "Effects of Technology Adoption on Productivity and Industry Growth," *Journal of Industrial Economics*, 56(3): 470–99.

Ohta, M. and Z. Griliches (1976) "Automobile Prices Revisited: Extensions of the Hedonic Hypothesis," in Terleckyj, Nestor E. (ed.), *Household Production and Consumption*, NBER, 325–98.

Pakes, A. and Z. Griliches (1984) "Patents and R&D at the Firm Level: A First Look," Chapter 3 in Z. Griliches (ed.), *R&D, Patents, and Productivity*, University of Chicago Press: 55–72.

Pakes, A. and M. Schankerman, (1984) "An Exploration into the Determinants of Research Intensity," Chapter 9 in Z. Griliches (ed.), *R&D, Patents, and Productivity*, University of Chicago Press: 209–32.

Pavitt, K. (1983) "Some Characteristics of Innovation Activities in British Industry," *Omega*, 11(2): 113–30.

Pavitt, K. (1984) "Sectoral Patterns of Technological Change: Towards a Taxonomy and a Theory," *Research Policy*, 13(6): 343–73.

Petrin, A. (2002) "Quantifying the Benefit of New Products: The Case of the Minivan," *Journal of Political Economy*, 110(4): 705–29.

Petrin, A. and K. Train (2010) "A Control Function Approach to Endogeneity in Consumer Choice Models," *Journal of Marketing Science* (XLVII): 1–11.

Robson, M., J. Townsend and K. Pavitt (1988) "Sectoral Patterns of Production and Use of Innovation in the UK: 1945–1983," *Research Policy*, 17(1): 1–15.

Rogers, E. M. (2003) *Diffusion of Innovations*, 5th Edition, Free Press.（三藤利雄訳（2007）『イノベーションの普及』翔泳社）

Romer, P. M. (2000) "Endogenous Technological Change," *Journal of Political Economy*, 98(5): 71–102.

Rosenberg, N. (1974) "Science, Invention and Economic Growth," *Economic Journal*, 84(333): 90–108.

Scherer, F. M. (1967) "Market Structure and the Employment of Scientists and Engineers," *American Economic Review*, 57(3): 524–31.

Scherer, F.M. (1982) "Demand-Pull and Technology Invention: Schmookler Revisited," *Journal of Industrial Economics*, 30(3): 225–37.

Schmookler, J. (1962) *Invention and Economic Growth*, Cambridge, Harvard University Press.

Schumpeter, J. A. (1934) *The Theory of Economic Development: An Inquiry into Profits, Capital, Credit, Interest, and the Business Cycle*, Transaction Publishers. (塩野谷祐一・中山伊知郎・東畑精一訳（1977）『経済発展の理論』岩波文庫)

Schumpeter, J. A. (1942) *Capitalism, Socialism, and Democracy*, Harper & Row, Publishers. (中山伊知郎・東畑精一訳（1995）『資本主義・社会主義・民主主義』東洋経済新報社)

Scotchmer, S. (2004) *Innovation and Incentives*, MIT Press. (青木玲子・安藤至大訳（2008）『知財創出――イノベーションとインセンティブ』日本評論社)

Selgin, G. and J. L. Turner (2011) "Strong Steam, Weak Patents, or the Myth of Watt's Innovation-Blocking Monopoly, Exploded," *Journal of Law and Economics*, 54(4): 841–61.

Shapiro, C. (2012) "Competition and Innovation Did Arrow Hit the Bull's Eye?," In J. Lerner and S. Stern (eds), *The Rate and Direction of Inventive Activity Revisited*, University of Chicago Press: 361–410.

Shook, L. R. (2007) *Miracle Medicines: Seven Lifesaving Drugs and the People Who Created Them*, Portfolio Hardcover. (小林力訳（2008）『新薬誕生――100 万分の 1 に挑む科学者たち』ダイヤモンド社)

Smith, K. (2005) "Measuring Innovation," *The Oxford Handbook of Innovation*, Oxford University Press, 148–77.

Steinmueller, W. E. (2010) "Economics of Technology Policy" Chapter 28 in B. Hall and N. Rosenberg (eds.), *Handbook of the Economics of Innovation*, 2, Elsevier.

Stone, J. (1954) "Linear Expenditure Systems and Demand Analysis: An Application to the Pattern of British Demand," *Economic Journal*, 64(255): 511–27.

Theil, H. (1965) "The Information Approach to Demand Analysis," *Econometrica*, 33(1): 67–87.

Toffler, A. (1980) *The Third Wave*, Bantam Books. (徳岡孝夫監訳（1982）『第三の波』中央公論社)

Tol, R. S. J. (2005) "The Marginal Damage Costs of Carbon Dioxide Emissions: An Assessment of the Uncertainties," *Energy Policy*, 33(16): 2064–74.

Train, K. E. (2009) *Discrete Choice Methods with Simulation*, 2nd (eds.), Cambridge University Press.

Trajtenberg, M. (1989) "The Welfare Analysis of Product Innovations, with an Application to Computed Tomography Scanners," *Journal of Political Economy*, 97(2): 444–79.

Trajtenberg, M. (1990) "A Penny for Your Quotes: Patent Citations and the Value of Innovations," *RAND Journal of Economics*, 21(1): 172–87

von Hippel, E. (1976) "The Dominant Role of Users in the Scientific Instrument Innovation Process," *Research Policy* 5(3): 212–39.

von Hippel, E. (2006) *Democratizing Innovation*, MIT Press. (榊原清則訳（2005）『民主化するイノベーションの時代』ファーストプレス)

Waal, E. D., K. Schönbach and E. Lauf (2005) "Online Newspapers: A Substitute or Complement for Print Newspapers and Other Information Channels?," *Communications*, 30(1): 55–72.

Williamson, O. E. (1968) "Economies as an Antitrust Defense: The Welfare Trade-offs", *American Economic Review*, 58(1): 18–36.

［邦文］

青木玲子（2011）「科学・技術・イノベーション政策の経済学」経済研究 62(3): 270–80.

朝野賢司（2009）『太陽光発電は需要創出によりどこまでコストが下がるのか』電力中央研究所報告書.

姉川知史（2007）「日本の医薬品産業」吉森賢編『世界の医薬品産業』第 6 章，東京大学出版会.

五十川大也・大橋弘（2012）『イノベーション活動と政策効果分析——動学性を踏まえた構造推定』フィナンシャルレビュー 112(5): 26–54.

遠藤章（2006）『新薬スタチンの発見——コレステロールに挑む』岩波科学ライブラリー 123, 岩波書店.

大橋弘（2011）「経済危機後の新しい産業政策についての試論」NIRA 研究報告書『時代の流れを読む——自律と連帯の好循環』.

大橋弘・遠山祐太（2012）『現代・起亜自動車の合併に関する定量的評価』RIETI DP 12-J-008.

大橋弘・中村豪・明城聡（2010）『八幡・富士製鐵の合併（1970）に対する定量的評価』経済学論集，76(1): 75–107.

大橋弘・明城聡（2009）『太陽光発電の普及に向けた新たな電力買取り制度の分析』NISTEP DP 57.

小笠原敦・松本陽一（2006）「テレビ産業の競争と利益獲得方法の多様化」榊原清則・香山晋編著『イノベーションと競争優位——コモディティ化するデジタル機器』第 6 章，NTT 出版.

小川進（2013）『ユーザーイノベーション：消費者から始まるものづくりの未来』東洋経済新報社.

小田切宏之（2006）『バイオテクノロジーの経済学——「越境するバイオ」のための制度と戦略』東洋経済新報社.

科学技術振興機構（2010）『エビデンスに基づく政策形成のための「科学技術イノベーション政策の科学」の構築』.

科学技術政策研究所（2005）『科学技術振興による経済・社会・国民生活への寄与の定性的評価・分析報告書』NISTEP Report 89.

科学技術政策研究所（2007）『イノベーションの測定に向けた基礎的調査報告書』NISTEP Report 103.

科学技術政策研究所（2010）『第 2 回全国イノベーション調査報告』NISTEP Report 144.

科学技術政策研究所（2012）『「イノベーション」に対する認識の日米独比較』NISTEP 調査資料 208.

金間大介・河本洋（2008）「高効率を目指す太陽電池セルの研究開発動向」『科学技術動向』 82.

河本洋・奥和田久美（2007）「高純度シリコン原料技術の開発動向太陽電池用シリコンの革新的製造プロセスへの期待」『科学技術動向』70.

桑野幸徳著・日本太陽エネルギー学会編（2011）『太陽電池はどよのうに発明され，成長したのか——太陽電池開発の歴史』オーム社.

国立国会図書館（2011）『科学技術政策の国際的な動向』調査資料 2010-3.
小林信一（2012）『社会技術概論』放送大学教育振興会.
後藤晃・永田晃也（1997）「イノベーションの専有可能性と技術機会――サーベイデータによる日米比較研究」NISTEP Report 48.
榊原清則（2005）『イノベーションの収益化――技術経営の課題と分析』有斐閣.
槌屋治紀（1999）『学習曲線による新エネルギーのコスト分析』太陽エネルギー，26(5): 37-41.
中山茂（1995）『科学技術の戦後史』岩波新書.
西川浩平・大橋弘（2010）「国際比較を通じた我が国のイノベーションの現状」NISTEP DP 68.
濱本賢一（2006）「変革期を迎えたディスプレイ関連産業」『知的資産創造』2006 年 1 月号: 72-9.
一橋大学イノベーション研究センター（2001）『イノベーション・マネジメント入門』日本経済新聞社.
深尾京司（2012）『「失われた 20 年」と日本経済』日本経済新聞社.
明城聡・大橋弘（2009）「太陽光発電の普及に向けた新たな電力買取制度の分析」NISTEP DP 57.
村上陽一郎（2010）『人間にとって科学とは何か』新潮社.
文部科学省（2011）『平成 23 年 科学技術白書』.
山家公雄（2009）『ソーラー・ウォーズ――激動する太陽電池ビジネスの全貌』エネルギーフォーラム.
山田武（2001）「医薬品開発における期間と費用――新薬開発実態調査に基づく分析」医薬産業研究所リサーチペーパーシリーズ 8.
山村卓・石上眞人（2007）「HMG-CoA 還元酵素阻害薬（スタチン）」日本臨床増刊号 65（増刊 7）『脂質代謝異常高脂血症・低脂血症』: 458-64.
吉川洋（2000）『現代マクロ経済学』創文社.
和田木哲哉（2008）『爆発する太陽電池産業――25 兆円市場の現状と未来』東洋経済新報社.

事項索引

[あ行]

隘路（ボトルネック）　176, 188
アウトサイド・グッズ　195
アホ (Aho) レポート　5
アライアンス　→　企業提携
異質性　9, 28, 49
一致推定量　196
一般化最小 2 乗推定量 (GLS)　87
　実行可能な――(FGLS)　87
イノベーション
　――売上高　36, 39, 44, 46
　――崇拝 (innovation fetish)　183
　――政策　1, 4, 6–8, 12, 13, 19, 153, 155, 158, 166, 171–173, 175, 176, 184, 192, 211
　――測定　9, 10, 15, 17, 19, 49, 51, 52
　――の連続性・累積性　128
医薬分業　141
因果関係　80, 161
インセンティブ　73, 78, 84, 125, 145, 153, 164, 165, 179, 180
インパクト調査　209, 210, 212
ウェイトバック集計　42
薄型テレビ (FPD)　98, 103, 212
液晶テレビ (LCD)　97, 98, 101, 102, 212
エクイティファイナンス　76
エコポイント　13, 99, 101, 125
エネルギー・セキュリティ　95
エネルギー・ペイバック・タイム (EPT)　71
欧州排出量取引制度 (EU-ETS)　90
横断面（クロスセクション）データ　60
置き換え (replacement) 効果　165
オスロ・マニュアル　19, 21–24, 27, 29, 41, 42
オーナーシップ・コスト　82

オープンソース　176, 189, 221, 223, 224
温室効果ガス　93

[か行]

海外進出　160
外生変数　203, 204
外部効果　→　外部性
外部性　93, 95, 127, 154, 175
科学イノベーション政策の科学 (SciSIP)　7, 8
科学技術イノベーション政策　1, 8, 19, 175
科学技術基本計画　6, 210
科学技術振興機構　6
科学技術政策研究所　5, 21, 163
科学技術白書　1
価格弾力性　84, 197, 200, 206
学習効果　69, 75–78, 87–89, 138, 143
確率効用モデル　→　ロジット
確率係数 (random-coefficient) ロジット　201
加工組立型製造業　27, 30–32, 34, 35
化合物系太陽電池　73, 74
寡占　57, 77, 86, 193
仮想現実　→　反事実
仮想市場　→　反事実
画像処理用半導体デバイス　162
画期性　12, 17, 20, 29, 33–40, 44–46, 49, 50, 52, 53, 155, 157, 163, 165
片対数線形モデル　83
家電　50, 97
カニバリゼーション（とも喰い）　38
ガラス基板（マザーガラス）　103
環境省　90, 92
完全競争　52, 56, 193, 207
冠動脈疾患　148
関連性のない選択肢の独立性 (IIA)　197, 201

機会費用　8, 52
企業
　――合併　13, 176
　――合併審査　181
　――活動基本調査　171
　――提携（アライアンス）　13, 176, 179, 224
　――年齢　174, 185
　――物価指数　220
起業・ベンチャー（新産業）　164, 187, 190
技術機会　13, 155, 157, 158, 162, 163, 166, 222
技術
　――取得　221
　――進歩　173
　――提供　221
　――的イノベーション　28–30, 43
　――予測調査　209, 210
基礎素材型製造業　27, 30–32, 34–35
期待効用　199
規模の経済　77
逆U字　164–166, 185
キャッチアップ　168
京セラ　75
行政刷新会議　7
競争回避効果　165
競争制限効果　181
競争力協議会　5
共同研究組合（コンソーシアム）　176, 179, 180, 221, 223, 224
極値分布　107, 195, 200
クラウド・アウト　5, 183
グラクソ・スミスクライン　133
グリーン・イノベーション　12
クリーンエネルギー　71, 72
クールノー競争　86, 207
経験財　167
経済成長　171
系統容量　95
結晶系シリコン太陽電池　74
限界被害金額　92
限界費用　69, 86–89, 114–116, 119, 120, 122, 124, 197, 201, 206–208, 218
減価償却　105
研究開発（R&D）　2, 5–8, 12, 17, 19, 69, 71, 75, 162, 173, 174, 176, 178, 179, 187, 190
顕示選好　57, 58
鉱工業技術研究組合　→　共同研究組合
工業企業イノベーション調査　19
高コレステロール症治療剤　→　脂質異常症治療剤
高コレステロール血症　→　脂質異常症
高精細度デジタルテレビ　→　ハイビジョンテレビ
交差価格弾力性　61
高脂血症　→　脂質異常症
構造形推定　12, 14, 49, 63–65, 67, 80, 93, 114, 182, 183, 193
後続スタチン　134, 135
公的研究開発　209
公的助成　13, 79, 176, 181–184, 190–192
高品位テレビ　→　ハイビジョンテレビ
効率性向上効果　180
交流サイト（SNS）　2
高齢化　191
国際比較　18–20, 41, 43, 44
国民健康・栄養調査　130
国立国会図書館　6, 8
コースの推論　183
固定価格買い取り制度　70, 72, 73, 81, 95
個票データ　58
コブ・ダグラス型関数　86
コブ・ダグラス型費用関数　77
コーホート　146
コモディティ（汎用）化　105
雇用　171
コルモゴロフ–スミルノフ検定　37
コンソーシアム　→　共同研究組合
コントロール関数　203–205

[さ行]

最小2乗法（OLS）　60, 84, 87, 111, 112, 140, 196, 201, 204

再生可能エネルギー　70, 72, 73, 81
　　──法 (EEG)　72
再発明　128
サセックス大学　18
サーチャージ　→　付加金
産学連携　163
三共　→　第一三共
産業育成　95
産業組織論　49, 53, 164
サンシャイン計画　71
サンテックパワー　76
サンプルセレクション　18
参入障壁　76, 77
三洋電機　75
ジェネリック　131, 145
色素増感型太陽電池　75
識別　40, 58, 63
事業所・企業統計調査　27
事業仕分け　7
資金制約　174
次元の問題　59
自己相関モデル　87
脂質異常症　50, 129, 138, 212
　　──治療剤　50, 128, 212
市場
　　──規模　2, 13, 43, 44, 98, 99, 110, 130, 139, 140, 147, 155, 157–162, 164, 166, 193, 207, 222
　　──構造　11, 13, 136, 155, 157, 158, 164, 166, 222
　　──創出効果　38, 40, 143, 144, 153
　　──データ　58, 63, 64, 107
　　──の失敗　5, 13, 125, 155, 157, 167, 169, 171–173, 175, 176, 184, 191
実用新案　177
私的限界純便益　173
私的誘因　→　インセンティブ
シミュレーション　11, 65, 89, 93, 95, 114–118, 123, 124, 135, 143, 144, 146, 148, 182, 206
社会厚生　12, 50–52, 54–57, 59, 64, 65, 93, 95, 155, 172, 180, 181, 184

シャープ　75, 102
習熟曲線　77, 78
住民基本台帳人口　110
重点8分野　6
需給政策　175
需要関数　13, 55, 56, 59–64, 82–86, 89, 95, 107, 108, 110, 111, 113, 115, 116, 122, 135–137, 139–141, 149, 155, 158, 193, 194, 196, 197, 200, 201, 203–208
需要（モデル）推定　49, 59, 84, 107, 110
循環器疾患基礎調査　139, 147
蒸気機関　178
消費者
　　──厚生　50, 52–56, 93, 116, 120, 125
　　──効用　120
　　──物価指数 (CPI)　83, 220
商品代替効果　38, 40, 143, 144
情報源　163
情報通信　157
情報伝播の早期化　167
情報の非対称性　166, 167, 173–175
職業訓練　173
職務発明　173
所得効果　206
シリアル　62
シリコン価格　84
シリコン系　73
新エネルギー財団 (NEF)　79
新エネルギー・産業技術総合開発機構 (NEDO)　181
新規着工住宅戸数　84
人口減少　191
新古典派的成長理論　173
新産業　→　起業・ベンチャー
新商品　33, 36–40
　　──の売上高　38–40
人的資本　173
新薬創出加算制度　153
新薬承認　161
信頼財　167
垂直磁気記録　2
垂直統合型ビジネスモデル　76

裾野産業　69
スタチン　130, 132, 157
　──系製剤　11, 67, 157
頭脳流出　184
スピルオーバー　→　波及効果
スマートシティ　70
スムージング　39
スルツキー行列　60
成果（アウトカム）　2, 3, 6, 8, 9, 17, 20, 33, 46, 50, 72, 127, 158, 165, 166, 173, 177, 180, 183–185, 191
生活関連型製造業　27, 30–32, 34, 35
生産関数　10
生産者厚生　50, 52, 54, 93, 114, 116, 120, 121, 124, 193
生産性　10
製品　31
　──差別化　59, 107
　──属性　107–109, 111, 115, 136–138, 141–143, 149, 150
政府の失敗　192
設備投資　69
線形支出モデル　59
先行者利益　105
選好の分離性　61
全国イノベーション調査（JNIS）　11, 15, 17–28, 30, 33, 34, 39–43, 46, 47, 49, 155–157, 159, 162, 165, 167, 168, 171–174, 176, 177, 179–182, 184, 185, 188, 189, 191, 221, 223
全国消費実態調査　110
先発スタチン　135
全米科学振興協会　→　AAAS
専有可能性　13, 93, 95, 125, 153, 155, 157, 158, 166–169, 171–173, 176, 177, 180, 181, 183, 184, 190, 192, 222
総合科学技術会議（CSTP）　7
総コレステロール値　139
操作変数　60, 62, 63, 83, 84, 110–112, 140, 141, 196, 201–204
総務省統計局　27, 110, 139
組織イノベーション　4

組織改革　175
ソーラーグレードシリコン　75
ソフトウェア　220

[た行]

第一三共　13, 131
対照群　114
大統領府科学技術政策局（OSTP）　8
太陽光発電　11, 67, 69–71, 155, 157, 212
　──システム　71
太陽電池　70, 73–75, 211, 212
　──セル　75
　──モジュール　75
多結晶シリコン太陽電池　71, 75
多重共線性　60, 86
多段階予算（multi-stage budgeting）モデル　60–62
タッチパネル　15
ダミー変数　110, 149, 203, 219, 221, 222
ターンキー・ソリューション　76
地球温暖化　69, 92
知識　1–6, 8, 13, 129, 133, 140, 166–168, 179, 184
　──創出活動　3–9
知的財産権　13, 153, 168, 177, 178
地上デジタル（地デジ）放送　13, 67, 97, 99–101, 109, 112, 121, 122, 124, 125
　──受像機の世帯普及率　101
ツィッター　2
中小企業　13, 161, 172, 181
　──基盤整備機構　181
低炭素社会　92
データのコーディング　109
デルファイ調査　210
電気事業便覧　83, 84
電子情報技術産業協会（JEITA）　110
特性　11, 18, 49, 51, 53–59, 61–63, 68, 71, 73, 76, 99, 102, 109, 136, 193, 194, 197, 198, 202, 204, 217–220
独占　4, 9, 51, 164, 165, 177

事項索引　245

特許　8, 9, 17, 51, 72, 125, 131, 133, 145, 153, 159, 163, 177–179, 188, 189, 221–224
とも喰い　→　カニバライゼーション

[な行]

内生性　62, 83, 84, 112, 140, 141, 161, 180, 201, 203, 204
内生的成長理論　173
内生変数　83, 84, 87, 110, 194, 196, 197, 201, 203, 205
内部化　180
ナショナル・イノベーション・イニシアティブ　5
ナノテク・材料　157
2次的なイノベーション　128
2段階最小2乗法 (2SLS)　60, 63, 84, 111, 112, 141–143, 196, 201
日本動脈硬化学会　139
日本標準産業分類12改訂版　27
ネスト型ロジット　107, 137, 198–200
ネットワーク効果　173

[は行]

排出原単位　90
排出権取引　90
ハイビジョンテレビ（高精細度デジタルテレビ，高品位テレビ，HDTV）　11, 50, 97, 99, 114, 155, 157, 212
ハイビジョン放送　13, 157
ハイブリッド　53, 54
薄膜系シリコン太陽電池　74
波及効果（スピルオーバー）　13, 70, 105, 127, 128, 152, 153, 167, 177, 179, 180, 182–184, 191, 212
　　異時点における——　127, 128
パソコン　220
パネルデータ　83, 136, 185, 203, 218, 219
パネル部材　105
パルミサーノ (Palmisano) レポート　5
反事実（仮想現実・仮想市場）　64, 65, 115, 116, 119, 121, 124

半導体　73, 75
ハンプトン・サミット　5
販売時点情報管理　→　POS
東日本大震災　1, 12, 70
微視的アプローチ　11, 15, 16, 49, 67, 155
ビタミンB_{12}　162
ビーチャム　→　グラクソ・スミスクライン
ビデオゲーム　202, 203
ビデオデッキ　220
一橋大学イノベーション研究センター　3
費用関数　77, 82, 86–89
標準化　77
費用対効果　7
表明選好　57, 58
品質調整済み価格指数　136, 148–150, 218–220
フィード・イン・タリフ制度　72, 73, 80, 81
フィブラート系　130
フェイスブック　2
フォローオン・イノベーション　128, 134, 155
付加金（サーチャージ）　73, 81
不確実性　174
不完全競争　181, 207
俯瞰的アプローチ　11, 15–17, 155
福島第一原子力発電所　1, 70
物質特許　133
ブートストラップ　205
ブラウン管テレビ (CRT)　98
プラズマテレビ (PDP)　97, 98, 101, 102, 212
ブラックボックス化　177
フリーライダー問題　180
フリーランチ　127
プロジェクションテレビ　103
プロシューマー　162
プロセス・イノベーション　4, 10, 14, 21, 28–31, 43, 44

プロダクト・イノベーション　4, 10–14, 17, 19, 21, 28–40, 43–47, 50, 55, 159–161, 163, 165–168, 171, 174, 178, 181–183, 185–187, 189–191, 222, 223
分散型エネルギー　→　分散型電源
分散型電源　70, 159
分散不均一　87
分離付加的　194, 204
平均独立 (mean independent)　196
米国イノベーション戦略　5
ヘドニック法　115, 122, 136, 148, 217
ペニシリン　130
ベルトラン競争　207
ベンチャーキャピタル　191
補完財　13, 97, 121, 124, 125, 128, 155, 175–177
　　──供給　175–177
補償変分　116, 119, 120, 205
補助金　80, 81, 89
ボトルネック　→　隘路

[ま行]

マークアップ　206–208
　　──率　197
マーケティング・イノベーション　4
マザーガラス　103, 105, 106
マッチングファンド　191
三菱電機　75
無作為抽出　21, 58
メバチロン　13, 50, 131, 160
面取り数　103
モジュール　76, 86
メルク　133

[や行]

薬価　139, 149
　　──差　139
有機物系　73
誘導形推定　64
ユナイテッドソーラー　76
要素技術　69
予算の多段階性　61

余剰電力買い取り制度　73, 78, 83, 95

[ら・わ行]

ライセンス　223
ライフ・イノベーション　12
ライフサイエンス　157
ライフサイクル　105, 167
　　──の短縮　167
リーケージ　176, 191
離散選択　193–195, 207, 208, 222
　　──モデル　60, 62, 193, 195
リニアモデル　3
リピトール　13, 131, 133, 162
リポバス　131
リーマンショック　5
両対数線形モデル　83
緑色螢光タンパク質　2
臨床試験　147
累積生産量　77, 78, 87, 89

連鎖モデル　3
レント獲得　192
ローコール　134
労働市場　173, 176
ロジット　107, 108, 137, 195–201, 204–208
割引現在価値　82

[欧文]

AAAS　8
AIC　219
AIDS モデル　61
AR(1)　87
Breusch and Pagan 検定　87
Business R&D and Innovation Survey　19
CAD　161
Carnegie Mellon Survey　19
CES　61
CIS　18–21, 28, 41, 47, 74
CIS-4　41

CO_2 排出枠取引 90
Contingent valuation 58
Coordinated effect 180
CPU 53
cross-industry studies 158
CRT → ブラウン管テレビ
CV → 補償変分
CSTP → 総合科学技術会議
demand pull 162
Durbin Watson 検定 87
NEF → 新エネルギー財団
EEG → 再生可能エネルギー法
EPT → エネルギー・ペイバック・タイム
EU-ETS → 欧州排出量取引制度
European Communities 5
EU（欧州連合）5
EU 新戦略 5
FPD → 薄型テレビ
Feasible GLS → 実行可能な一般化最小2乗法
German Research Association 18
GfK データ 108
GLS (Generalized Least Squares Estimator) → 一般化最小2乗推定量
HDL コレステロール 129
HDTV → ハイビジョンテレビ
HEMS（家庭内エネルギー管理システム）70
Ifo Institute Survey 19
inclusive value 199
Independence of Irrelevant Alternatives (IIA) → 関連性のない選択肢の独立性
Industrial Research and Development 19
Innovation fetish → イノベーション崇拝
Innovation in Firms 41
iPad 15
iPS 細胞 2
JEITA → 電子情報技術産業協会
JNIS → 全国イノベーション調査

LCD → 液晶テレビ
LDL コレステロール 129
lead users（先導者）161
LOWESS 39
Mean independent → 平均独立
National Research Council 19
NEDO → 新エネルギー・産業技術総合開発機構
NIPPON DATA80 148
NISTEP 19, 46
NSF 8
NTSC 方式 99
OECD 5, 41
——イノベーション戦略 5
OLS → 最小2乗法
omitted variable bias 203
OSTP → 大統領府科学技術政策局
PACE Survey 19
PDP → プラズマテレビ
Pico-economics 157
POS（販売時点情報管理）13, 58, 108
PV NEWS 86
Q-Cells 76
Rotterdam モデル 59
RPS (Renewable Portfolio Standard) 81
SBAIDB 18
Schumpeter の命題 164
SciSIP → 科学イノベーション政策の科学
SNS → 交流サイト
SPRU 18, 20, 157, 210
——データベース 20
technology push 162
Unilateral effect 181
X 線結晶学 162
Yale Survey 19

2SLS → 2段階最小2乗法

人名索引

[和文]

青木玲子　175
朝野賢司　78, 87
姉川知史　142
石上眞人　132
五十川大也　182, 190
岩崎俊一　2
遠藤章　131, 133
大橋弘　43, 83, 95, 181, 182, 190, 210
奥和田久美　69
小川進　6
小田切宏之　3

金間大介　69
桑野幸徳　69
河本洋　69
後藤晃　19, 162
小林信一　2

榊原清則　44
下村脩　2

槌屋治紀　78
遠山祐太　181

永田晃也　19, 162
中村豪　181
中山茂　2
西川浩平　43
深尾京司　187

明城聡　83, 95, 181
村上陽一郎　2

山家公雄　69
山田武　145

山村卓　132
吉川洋　7

和田木哲哉　69

[英文]

Acemoglu, D.　161, 179
Acs, Z.　18
Aho, E.　5
Aghion, P.　164, 165
Akcigit, U.　179
Archibugi, D.　20
Arrow, K.　4, 9, 10, 166, 168, 173
Aschhoff, B.　41
Audretsch, D.　18

Baker, J.　61
Benkard, C.　77
Berndt, E.　77, 220
Berry, S.　111, 140, 193, 200
Bloom, N.　164, 165
Blundell, R.　164, 165
Boldrin, M.　178
Borenstein, S.　61
Branstetter, L.　179, 180, 184
Bresnahan, T.　10, 14, 61, 202
Brynjolfsson, E.　172

Cardell, N.　200
Clements, M.　202
Cohen, W.　158, 162, 164
Corts, K.　207
Coscelli, A.　138
Council on Competitiveness　5
Court, A.　217

David, P.　183

Deaton, A. 61
Docquier, F. 184
Doherr, T. 41
Dubé, J. 201

European Communities 5

Fisher, F. 10
Foray, D. 19
Fox, J. 201

Gandal, N. 220
Gilbert, R. 9, 157
Gordon, R. 14
Goto, A. 8
Griffith, R. 164, 165
Griliches, Z. 8, 9, 10, 157, 217, 220

Hausman, J. 62, 112, 202, 203
Havranek, T. 184
Hensher, D. 57
Howitt, P. 164, 165

Irsova, Z. 184

Jaffe, A. 8, 184
Jones, I. 172

Klevorick, A. 9, 157
Köhler, C. 41

Lancaster, K. 53
Leonard, G. 62, 112, 202, 203
Lerner, J. 191
Levin, R. 9, 157, 158
Levine, D. 178
Levinsohn, J. 111, 140, 193
Lichtenberg, F. 145
Linneman, P. 220
Linn, J. 161
Lissoni, F. 19
Little, R. J. 42

Louviere, J. 57
Luce, D. 195

Mansfield, E. 10
Marburger, J. 8
Marschak, J. 195
Martino, J. 51
McAfee, A. 172
McFadden, D. 195, 196, 205
Morey, E. 205
Motohashi, K. 8
Mowery, D. 158
Muellbauer, J. 61
Mukhtar, R. 132
Murphy, K. 205

Nagaoka, S. 8, 10
Nakamura, T. 77, 162
National Research Council 19
Nelson, R. 4, 9, 157, 173
Nevo, A. 111, 201, 203
Newey, W. 205
Nordhaus, W. 10

OECD 28, 41, 163
Ohashi, H. 77, 162, 202, 220
Ohta, M. 220

Pakes, A. 8, 111, 140, 158, 193
Palmisano, J. 5
Pavitt, K. 18
Peters, B. 41
Petrin, A. 193, 203
Philipson, T. 145
Pianta, M. 20
Prantl, S. 165

Rammer, C. 41
Rapoport, H. 184
Reckless J. 132
Reid J. 132
Robson, M. 18

Rogers, E. 128
Rosenberg, N. 19, 162
Rubin, D. 42

Sakakibara, M. 179, 180
Schankerman, M. 158
Scherer, F. 162, 164
Schmookler, J. 159, 162
Schubert, T. 41
Schumpeter, J. 4, 158, 164
Schwiebacher, F. 41
Scotchmer, S. 179
Selgin, G. 179
Shapiro, C. 164, 181
Shell, K. 10
Shepard, A. 61
Shook, L. 133
Shum, M. 138
Smith, K. 17–20
Solow, R. 173
Steinmueller, W. 173, 175
Stern, S. 202

Stone, J. 59
Su, C. 201
Suppes, P. 195
Swait, J. 57

Theil, H. 59
Toffler, A. 162
Tol, R. 92
Topel R. 205
Townsend, J. 18
Train, K. 203, 222
Trajtenberg, M. 9, 184, 201, 202
Turner, J. 178

von Hippel, E. 6, 161

Walsh, J. 10
Williams, J. 172
Williamson, O. 180
Winter, S. 9, 157

Zona, J. 62

執筆者および分担一覧

大橋　弘　［編者，第1章・第7章・第8章］
東京大学大学院経済学研究科教授．米国ノースウェスタン大学博士（経済学）．ブリティッシュ・コロンビア大学（カナダ）経営・商学部助教授を経て，2012年より現職．主著に『モバイル産業論』（東京大学出版会，2010，共著編）．第1回 宮澤健一記念賞（公正取引協会 2001），第3回 円城寺記念賞（日本経済新聞社 2012）受賞．

西川　浩平　［第2章・第6章・補論B］
摂南大学経済学部講師．大阪府立大学経済学研究科博士後期課程修了（博士（経済学））．文部科学省科学技術政策研究所研究員を経て，2011年より現職．主著に，「人工透析患者における外来受診行動についての分析」（季刊社会保障研究，2009，共著），「プロダクト・イノベーションと科学技術イノベーション政策」（知財管理，2011，共著）．

近藤　章夫　［第4章・第5章・補論B］
法政大学経済学部教授．東京大学大学院総合文化研究科博士課程修了（博士（学術））．文部科学省科学技術政策研究所研究員を経て，2013年より現職．主著に，『立地戦略と空間的分業』（古今書院，2007），『産業立地と地域経済』（放送大学教育振興会，2012，分担執筆）．

明城　聡　［第4章・第5章・補論A］
法政大学経済学部准教授．筑波大学大学院システム情報工学研究科修了（博士号（社会工学））．文部科学省科学技術政策研究所研究員，神戸大学大学院経済学研究科准教授を経て，2012年より現職．主著に "On Asymptotic Properties of the Parameters of Differentiated Product Demand and Supply Systems When Demographically-Categorized Purchasing Pattern Data are Available" (*International Economic Review*, 2012). 第1回 宮澤健一記念賞 (2010) 受賞．

中村　豪　［第6章・補論C］

東京経済大学経済学部教授．東京大学大学院経済学研究科博士後期課程修了（博士（経済学））．東京工業大学大学院社会理工学研究科助手を経て，2013年より現職．主著に "Effects of Technology Adoption on Productivity and Industry Growth: A Study of Steel Refining Furnaces" (*Journal of Industrial Economics*, 2008, 共著).『日本のバイオイノベーション』（白桃書房，2009，分担執筆）．

五十川　大也　［補論D］

東京大学大学院経済学研究科特任研究員．東京大学大学院経済学研究科（修士）．2013年より現職．主著に「イノベーション活動と政策効果分析——動学性を踏まえた構造推定」（フィナンシャル・レビュー，2013，共著），「動学的環境におけるプロダクト・イノベーション——政策評価に係わる試験的な分析」（経済研究，2011，共著）．

プロダクト・イノベーションの経済分析

2014 年 2 月 14 日　初　版

［検印廃止］

編　者　大橋　弘
　　　　おおはし　ひろし

発行所　一般財団法人　東京大学出版会

代表者　渡辺　浩

153-0041 東京都目黒区駒場 4-5-29
電話 03-6407-1069　　Fax 03-6407-1991
振替 00160-6-59964

印刷所　三美印刷株式会社
製本所　牧製本印刷株式会社

Ⓒ2014 Hiroshi Ohashi, *et al.*
ISBN 978-4-13-040261-3　Printed in Japan

JCOPY〈(社) 出版者著作権管理機構　委託出版物〉
本書の無断複写は著作権法上での例外を除き禁じられています．複写される場合は，そのつど事前に，(社) 出版者著作権管理機構 (電話 03-3513-6969, FAX 03-3513-6979, e-mail: info@jcopy.or.jp) の許諾を得てください．

川濱　昇・大橋　弘・玉田康成 編
モバイル産業論　その発展と競争政策　　　　　A5 判/272 頁/3,800 円

丹羽　清
技術経営論　　　　　　　　　　　　　　　　　A5 判/386 頁/3,800 円

丹羽　清
イノベーション実践論　　　　　　　　　　　　A5 判/176 頁/2,600 円

丹羽　清 編
技術経営の実践的研究　　　　　　　　　　　　A5 判/256 頁/3,800 円
イノベーション実現への突破口

松原　宏 編
日本のクラスター政策と地域イノベーション　　A5 判/344 頁/6,800 円

後藤　晃・児玉俊洋 編
日本のイノベーション・システム　　　　　　　A5 判/340 頁/5,200 円
日本経済復活の基盤構築にむけて

後藤　晃・長岡貞男 編
知的財産制度とイノベーション　　　　　　　　A5 判/424 頁/4,800 円

出口　弘・田中秀幸・小山友介 編
コンテンツ産業論　混淆と伝播の日本型モデル　A5 判/384 頁/4,400 円

　　　　　　　ここに表示された価格は本体価格です．ご購入の
　　　　　　　際には消費税が加算されますのでご了承下さい．